U0654406

安泰纵横集

（第一辑）

——上海交通大学行业研究院行研时论精选

陈方若 主编

陈宏民 田新民 颜世富 副主编

内容提要

本书收集了近20位教授学者的时事评论，包括了对行业的热点和难点问题的分析和建言。其中大部分文章来自上海交通大学行业研究院公众号"安泰研值"的原创行研文章，也有些是刊登在知名媒体上的时事评论，小部分节选自教授学者们的公开演讲。本书适合政府决策者、企业管理者和对行业有兴趣的人士阅读。

图书在版编目(CIP)数据

安泰纵横集：上海交通大学行业研究院行研时论精选．第一辑／陈方若主编．—上海：上海交通大学出版社，2021.10

ISBN 978－7－313－25330－9

Ⅰ．①安…　Ⅱ．①陈…　Ⅲ．①经济管理－文集　Ⅳ．①F2－53

中国版本图书馆CIP数据核字(2021)第170235号

安泰纵横集(第一辑)

——上海交通大学行业研究院行研时论精选

ANTAI ZONGHENG JI(DI YI JI)

—— SHANGHAI JIAOTONG DAXUE HANGYE YANJIUYUAN HANGYAN SHILUN JINGXUAN

主　　编：陈方若

出版发行：上海交通大学出版社　　地　　址：上海市番禺路951号

邮政编码：200030　　电　　话：021－64071208

印　　制：上海盛通时代印刷有限公司　　经　　销：全国新华书店

开　　本：710 mm×1000 mm　1/16　　印　　张：18

字　　数：301千字

版　　次：2021年10月第1版　　印　　次：2021年10月第1次印刷

书　　号：ISBN 978－7－313－25330－9

定　　价：88.00元

序 FOREWORD

三年前，上海交通大学安泰经济与管理学院提出了“纵横交错，知行合一”的学院战略，旨在彻底改变商学院的研究范式，回归到理论与实践紧密结合的商学研究本源。传统的商学研究范式主要是以学科为导向，这种（学术）研究我们称之为“横向”，而安泰战略是在传统的研究范式基础之上，开拓“纵向”的行业研究，即以行业问题为导向的研究，目标是打造一个学术研究与行业研究相辅相成、交错发展的新商学生态。2018 年底，上海交通大学行业研究院应运而生，其目的是汇集各方资源，培养、扶持、推动学院派的行业研究，并把研究成果用来反哺学术研究与人才培养。在过去的几年里，安泰师生们秉承“纵横交错，知行合一”的学院战略，频频走出校园，深入了解行业实践，也积累了许多成果。这本集子记录了在过去的一年里，他们的所见所闻与所思所想。

纵观全球商学院，以学科为导向的研究范式（即所谓的横向模式）由来已久。我们把管理问题分门别类，如财务会计问题、金融经济问题、营销问题、运营问题、人力资源问题、战略问题等。对每一类问题的研究都吸引了一大批学者，他们的研究工作日积月累，最终形成了完整的学科体系。因此，每一位管理学者都有自己的“身份”，代表着他/她的学科领域。这个身份通常是终身的，因为更换身份的代价是很大的。每一个学科领域都有自己的“游戏规则”，有一套完整的流程对研究成果（主要是论文）进行评价、认定、发表，而论文发表的质与量在很大程度上决定了一位学者在其学术生涯阶梯上的位子。这是管理学理论的“专业化生产”模式，好处是“专”，所以“深”，坏处也是“专”，所以“不通”。

我们就来说说这个“不通”的问题吧。中国的一句古话“隔行如隔山”其实已经把这个道理讲得很清楚了，“行”或“行业”的存在是因为专业化生产的需求，而结果就是人们对其他行业陌生了、不了解了，也就是说因为

“专攻一术”而使得我们的知识面受到了限制。坦率地说，“不通”或“隔山”是必然规律，因此无可厚非，其根本原因是我们人类的能力、精力有限，无法面面俱到。虽然“隔行如隔山”，但“行行出状元”啊！每个行业都有自己对社会的贡献，大家各司其职、安居乐业，天下太平。

但是，学术界的“不通”问题没这么简单！就拿商学院为例吧。传统的、以学科为导向的研究范式有三大“不通”问题。第一，学科与学科之间不通。诚然，学科分类是为了更好地把握一个复杂的管理问题，化繁为简，便于消化、研究。我们应该意识到每一个学科看到的只是一个复杂问题的某个方面，我们为了便于研究而对一个复杂的问题进行分解，但最终还是要还原到原来的问题，提供一个综合的解决方案。可是，学科之间的壁垒使得这样一个综合的解决方案难以实现。盲人摸象的结果是认知的局限性，使得我们很难看到问题的本质。更糟糕的是，一个局部问题的解决可能给另一个局部造成新的问题，我们因此不断地救火，叹息总有解决不完的问题。第二，学术与管理实践不通，或者说学界与业界的割裂。这应验了前面提到的“隔行如隔山”的道理，学界是一“行”，业界是另一“行”，楚河汉界，不相往来。这件事如果是放在业界，大家大可不必惊慌，各行各业都在做着自己的贡献，实现着自己的价值，它们之间不需要太多的往来（这是专业化生产的美妙之处）。但是，学界和业界的割裂，特别是管理学与管理实践的分离，问题要严重得多。原因是管理学界的贡献或价值不能在自己的行当里实现，而是要在另一个行当中去实现，即在管理实践中去实现管理理论的价值，在解决实际问题中创造价值。这种“跨界”才能实现价值的特点使得学界和业界之间不可分割。第三，学术与人才培养的需求不通。商学院的首要任务是为社会培养优质的管理人才。前面的两个“不通”造成了商学院的研究与人才培养目标严重脱节：一方面，我们传授给学生们的知识通常是碎片化的，学科条块分割影响了综合能力的培养；另一方面，由于学术与管理实践的分离，商学院的知识创造从一开始就先天不足。因此，我们的研究成果的实用性以及课堂上讲授的知识的有用性都会大打折扣。总之，学界与业界的“隔山”严重阻碍了商学院的人才培养。

综上所述，传统商学院的研究范式亟待改变。问题不是出在学科导向的“专业化生产”模式上，而是因为缺乏有效地连接学术与管理实践的桥梁。安泰经管学院提出的“纵横交错，知行合一”发展战略，就是希望通过行业研究来搭建起一座连接学界与业界的桥梁。我们相信这座桥梁能够解决前面提到的三大“不通”问题，从而使商学院回归到本来应有的样子，真正实现商学院的社会价值。

我们非常高兴地看到行业研究的理念已经得到广大安泰师生和校友们的积极响应，企业与社会调研、跨界交流与合作蔚然成风，行业研究系列成果正在逐渐形成，行业讲座与课程如雨后春笋，一个跨学科、跨院校、跨学界业界的行业研究生态已现雏形。但是所有这一切都掩盖不了这项改革的难度，因为毕竟行业研究对许多商学院的老师来说，还是一件极具挑战性的新生事物。挑战是多方面的：一个是个人层面的挑战，包括大量的时间和精力的投入，认真虚心地学习行业实践、了解行业问题，以及在这个过程中遇到的种种不确定性，还有跨学科、跨界研究团队的组织与管理；另一个是组织层面的挑战，其中最关键的是（广义）科研成果评价体系的建立，包括行业研究成果的评定。值得欣慰的是，安泰师生没有被困难压倒，他们积极探索、总结经验，不断把改革推上新的高度。改革之路不会平坦，但我们的步伐是坚定的，我们对未来充满信心。

路漫漫其修远兮，吾将上下而求索！

谨以此序祝贺《安泰纵横集（第一辑）——上海交通大学行业研究院行研时论精选》的出版！我们希望未来每年出版一辑，作为安泰改革探索心路历程的一个真实写照。丛书封面的底色将取自七色光谱，每年一种不同的颜色，七年一轮回；不同颜色代表着正在研制中的“全光谱考核评价体系”，象征着学院多元化发展的远景目标。最后，也借此机会向社会各界长期以来对安泰经管学院的关注与支持表示衷心的感谢！

陈方若

上海交通大学安泰经济与管理学院院长

2021 年 8 月 18 日

目
录
CONTENTS

知行合一

改变知行分离，要让教授们摆脱“成功的诅咒”[①]

陈方若[②]

【摘要】

当下的中国商学院要实现持续快速发展，必须扎根中国，深入中国的经济管理实践，发现问题，提出想法，建言献策，进而升华凝练为具有实践基础的经济管理理论。然而，长期以来中国的商学院存在实践与理论脱节的通病，而开展行业研究，推动理论与实践的密切结合，很有可能正是解决这一问题的破题之举。

改革开放以来，身处中国的商业实践，中国商学院也同样经历了快速成长。如何建设世界级的商学院？作为与实践联系最密切的学术机构，当下的中国商学院要实现持续快速发展，必须扎根中国。所谓扎根中国，不是道听途说，不是纸上谈兵，更不是舶来主义，而是深入中国的经济管理实践，发现问题，提出想法，建言献策，进而升华凝练为具有实践基础的经济管理理论。这是商学院实现高质量发展的破局之道，更是学术机构的社会责任。

但是，长期以来，中国的商学院在深入实践方面做得远远不够，不仅商学院，高校的一些科研也存在实践与理论脱节的通病。对商学院来说，行业研究

① 原文发表于《文汇报》2020 年 8 月 21 日。

② 上海交通大学安泰经济与管理学院院长、上海交通大学行业研究院院长、上海交通大学光启讲席教授。

很有可能正是解决这一问题的破题之举。行业研究可以改变我们对“科研”的认识，推动理论与实践的密切结合。加之 2019 年国家相继出台了许多导向性政策，高校“破五唯”的导向让我们更有底气去推行行业研究。

一、推行行业研究，现实世界并没有针对单一领域的问题

中国的大学发展至今，已经有了一些成功的经验，包括商学院也是如此，但是这些成功的经验都是基于国家经济的快速发展。反观学术机构对行业乃至经济发展的反哺，除了文献的发表以外，其实还可以做得更多。

大学这一学术机构，除了育人以外，还承担了科研任务。大学里的科研分为两类：基础理论方面的突破和实践研究方面的建树。

前者为后者提供基础，而后者往往为前者提供持续发展的动力，两者应该相辅相成。但从商学院的发展来看，两者缺乏关联，导致两者都没有得到很好的发展。即便在商学院内部，要就科研深入服务实践的理念达成共识也并非畅通无阻。

很久以前，商学院的一个主要研究范式是“企业蹲点”，蹲几个月甚至几年，把自己变成企业的一员，睁大眼睛、开动脑筋，把积累的大量素材带回学校，再进行总结提升。管理学大师彼得·德鲁克就曾在通用汽车蹲点两年，形成了自己的一套管理学理论。

遗憾的是，这样的优良传统目前已经荡然无存，在全球商学院皆是如此。我们大多数管理学院的教师们已经习惯于坐在书桌前读论文，看资料。

除此之外，我们还面临另一个困境。长期受困于学术评价的枷锁，商学院的教师已形成一种“自觉”——从理论到理论。商学院的每一位教师都已经在自己的研究领域耕耘多年，在一个特定的领域有了很深的造诣，但是，他们同时也形成了一种根深蒂固的思维习惯，这种思维习惯限制了他们的想象力，使得他们在做行业研究的时候，只见熟悉的树木，而看不见森林。

现实问题通常比较复杂，并非单纯对应某个研究领域，在传统的思维习惯下，我们很容易错过一些最重要、最根本的问题。这种错过不仅仅是远离了学术对实践的指导，还会使我们在理论研究方面越走越偏。这在学术上被称为“成功的诅咒”（the victim of own success）。令人担忧的是，这种现象在研究工作中经常发生。这也是为何我们有些学生毕业后走上重要的管理岗位，还经常感慨不得不把很多所学的知识忘掉，因为只有这样才能看清行业中的根本

问题。

同时，我们所熟悉的大多数大学教师早已习惯单打独斗，尊奉个人英雄主义。这在学术领域是常见的，甚至是被鼓励的，比如，独立作者的论文通常在评估体系中可以加分。但当下这个时代，管理学研究不可能仍然是单一学科，或者凌驾于其他学科之上，更不可能由一个人坐在书桌前完成。

管理学研究需要的是跨学科。产业的快速发展，使得管理学研究牵涉到的学科领域包罗万象。这些不同的领域会有完全不同的问题，需要的研究背景也完全不同。

如果我们的教师不能走出跨学科、跨领域合作这一步，自然就会成为井底之蛙，而自己却不会觉得有任何问题。

正是基于此，上海交通大学安泰经管学院在 2018 年开始推行行业研究。行业研究本身的实践意义不用多言，而且行业研究同样有其复杂性，没有一个行业是针对某一个领域的，即便是集成电路这样专业性极强的行业，要研究透彻，也牵涉到材料、器件、微电子、供应链、工程技术等诸多领域，这样的研究势必会推动教师走出单一的学科，也走出校园。

二、破除“成功的诅咒”，如果不能打破枷锁，那就另辟蹊径

很多人认为，大学里的老师应该是自由地按照自己的兴趣进行研究。这个想法很有意思，说对也不对。鼓励教师研究的兴趣驱动，鼓励他们自由探索固然有重要的积极意义，但是小到一个人，大到学术机构，其发展往往大概率会受制于环境，同时人也会对环境起反哺作用。

诺贝尔经济学奖得主约瑟夫·斯蒂格利茨写过一本书《美国真相》，其中提到，西方国家太注重市场的作用，总认为市场有一只无形的手。但实际上，这只无形的手总是失灵。这是为什么？斯蒂格利茨提出，也许这只无形的手根本就不存在。同样，商学院的发展，乃至大学的发展也有相似之处，学术有其自身发展的逻辑，但是并非完全遵循某个规律，老师们的研究必须基于兴趣自由，也必须要有一些自上而下的导向，尤其是商学院，更需要通过组织行为，将“指导实践”的导向渗透到科研、教学之中。

为了破除“成功的诅咒”。我们用“纵横交错，知行合一”来鼓励老师横向进行学科交叉，纵向与行业和产业链直接形成密切的融合。希望老师能够带着自己的理论积累和头脑出去看看业界，用更长的时间去钻研一个行业，并且

形成一些管理理论。

说实话，要推动老师们走出去并不容易。刚开始也有反对的声音，很多人都会问：现在的行业研究那么多，商学院的行业研究有什么不一样？

商学院的行业研究不只是为了投资。不论是投行或者咨询公司都有行业研究，甚至近年来出现了企业自设研究院的热潮，但是，象牙塔中的行业研究应该更“超脱”一些，也更“综合”一些。仅以养老行业研究为例，在这个行业研究团队中，有研究养老产业的专家，有医学院的专业人士，有负责制定公共卫生领域政策的学者，甚至还有研究人工智能的学者，因为这与养老的智能装备有关系。商学院的行业研究扎根大学，注重跨界交流，需要的是多方面的理论基础。

推动老师们走出去的另一个困难在于评价机制。

虽然我们鼓励老师“把论文写在祖国大地上”，但是职称晋升、项目审批乃至学科评估，仍然需要考虑学术成果。为此，我们鼓励一些已经进入终身教职序列的老师率先走出去。因为他们受到各项评估指标的束缚相对比较小，理论积累相对也更深厚，如果他们能够走出去深入行业研究，对年轻人也能起到更多的引导作用。

虽然说服老师们走出去并不容易，但是老师们真的愿意走出去后，如何做好行业研究同样不容易。

大家已经习惯于坐在办公室里读文献。如果暂时没有制度保障的话，那学院和学校就要充分调动资源，为老师走出去参与行业研究提供保障。目前，我们的校友成为行业研究的丰富资源和支持力量，更有校友企业听说我们在做行业研究时，第一时间加入，在多次参与行业研究活动后，毫不犹豫地捐赠千万。

三、从小环境到大气候，耐心等待 10 年也不为久

对于学校老师而言，原先成果能够发表就是成功，而现在对国家贡献度的考核也被纳入评估体系。但是对于学院来说，晋升的评价体系仍然很难快速改变。而这也取决于行业研究是否会产生具有显示度的成果。但是这绝非短期就能实现，可能需要 5 年、10 年，甚至更长时间。

幸运的是，目前我们不仅得到了行业众多企业的认可，同时在 2019 年开始逐渐为政府决策提供一些真正的咨政参考。

要参透一个行业的奥秘需要多少时间？可能 1 年，可能 2 年，而很多人花了一辈子的时间。在我看来，推动行业研究与当下中国商学院发展的逻辑是一致的。当然，我们也需要潜心等待，才能真正收获有价值、有分量的咨政报告。

推动行业研究，收获真正有分量的成果，并且使得实践和理论结合成为一种习惯，同样需要多方共同的支持。

事实上，在过去很长时间，研究界、产业界和相关部门的急功近利也助推了商科教授研究发展的“脱轨”。虽说经管学科是与现实联系最密切的专业，经管学科的教授不能真正地坐冷板凳，必须走到实践中去，但是经管专业的教师们也不是万金油，不能对一个问题没有深入地研究就发表各种所谓的“洞见”，这是不合适的。这样的行业研究或者区域经济发展方向的报告，带来的危害更直接，因为那样形成的只可能是充满误导的报告。

2019 年是开展行业研究工作的元年。老师们响应热烈，80 多位老师在以学科为主线的横向研究的基础上，组成了 25 支以行业为主线的纵向研究团队。行业研究论坛从第一期的只有业界专家上台演讲发展到现在我们有不少老师能以深度内容与业界专家交流。2020 年团队扩展到 30 多个，覆盖金融、大健康、在线新经济、人工智能、零售、智能网联汽车等重要领域。同时，为了更好地给各行各业输送最为鲜活的行业智慧，聚焦金融科技、创新创业、汽车这 3 个领域的行业社群试点班于 2019 年启动，近 50 个名额有 1 000 多人报名。目前，已有一些理论上的突破正在酝酿之中。

案例研究：实践走向理论的“二传手”①

陈宏民②

【摘要】

在“理论—实践”周而复始的互动升华中，有三个相对独立的环节：把实践问题提炼为理论问题，在理论层面的升华，以及用理论成果解决实践问题。当实践复杂多变，与系统的理论距离甚远时，三个环节上的研究可能需要独立进行，协同发展。在现实中，后两个环节上的成果能够独立评价，有较强的激励机制，而相对而言，第一个环节上的成果难以独立评价，缺乏有效激励。强调案例研究在理论研究中的作用或许能够弥补这方面的欠缺。

日前，在教育部学位中心的推动下，“中国案例研究期刊联盟”在北京隆重成立。教育部副部长郑富芝、中国社会科学院副院长高培勇、清华大学党委书记陈旭等都纷纷到场祝贺。《管理世界》《经济研究》《管理科学学报》等26本国内知名学术期刊共同发起组成这一联盟，我担任主编的《系统管理学报》也在其中。

多年来，案例教育一直是商学、法学等经验性学科实践教育的重要形式。然而，这次“中国案例研究期刊联盟”的成立，意味着管理层正在探索赋予案例以更新的定位。

---

① 原文发表于上海交通大学行业研究院官方微信公众号《安泰研值》2021年3月28日。

② 上海交通大学安泰经济与管理学院教授、上海交通大学行业研究院副院长、上海交通大学行业研究院“互联网+”行研团队负责人、中国管理科学与工程学会副理事长、上海市人民政府参事。

习近平总书记指出："新时代改革开放和社会主义现代化建设的丰富实践是理论和政策研究的'富矿'，我国经济社会领域理论工作者大有可为。"① 总书记的指示对于我国人文社会科学的发展有着重要的导向意义，也为我国案例研究的定位探索指引着方向。

理论与实践的相互促进，是个永恒的主题。理论来自实践，又需要回归于实践，这是绝大多数人的共识。但是如何有效实现理论与实践之间的长期健康互动，却是一个世界级难题。

在推进理论与实践互动的过程中，有三大环节：一是把实践中出现的新问题及时提炼成新的理论问题，即从实践到理论；二是用科学手段去解决提炼出来的理论问题，以获得理论成果，即理论层面的升华；三是用理论成果去解释和指导实践，以改善实践的效果和价值，即从理论回归实践。这三个环节周而复始，形成闭环，从而促进理论与实践同步发展。

要使得每个环节都能够发展顺畅，相互促进，就必须有足够的动力机制加以引导。而在现实中，我们发现，后两个环节有着很强的激励机制，相对来讲第一个环节则显得较弱。

在理论层面的升华这个环节上是有着强有力的激励机制的。我国每年投入大量的科学研究经费，支持各个领域的理论研究。学者们不仅能获得充足的科研经费，还能凭借他们的理论成果晋升职称，获得各种荣誉称号。成千上万的自然科学和人文社会科学的学者们在这条道路上辛勤耕耘着，但是他们中的相当一部分人对于理论结果对实践的指导和解释是不擅长的，甚至是不关心的。

理论回归实践的环节虽然不是很理想，但仍有较强的激励机制。我国确实有不少成果束之高阁，甚至当初申请专利不是为了落地，而只是为了交差。但是企业在市场竞争的压力下，需要提升技术，改善产品和服务，要创新商业模式，所有这些都通过市场机制引导着学者和研究人员积极投身到理论成果的转化中去。政府也采取了一系列鼓励措施来加快科技成果的转化，比如国家投资十几亿元在上海新建的以促进前沿技术和基础医学研究成果向临床应用转化为目标的国家转化医学中心就是无数案例中的一个。

所以，相对而言，在由三个环节所构成的"理论—实践"闭环中，从实

---

① 习近平：在经济社会领域专家座谈会上的讲话［EB/OL］.（2020－08－24）［2021－03－25］. https：//baijiahao.baidu.com/s?id＝1675921859079344793&wfr＝spider&for＝pc.

践到理论这个环节，即把丰富的经济社会实践中呈现出来的新问题及时提炼成新的理论问题的这个环节是最为薄弱的。说白一点，就是如果你不能把这些提炼出来的问题加以解决的话，没人为这个环节的成果买单。

这个情况之所以变得日益突出，甚至严重阻碍了“理论—实践”的持续升华，是因为我们面临的实践越来越复杂多变了。传统的理论与实践之间的距离还没有那么远，许多研究者能够把自己从实践中提炼出来的问题直接加以解决，即同时完成第一和第二环节的工作，甚至把第三环节的工作也做了。这样一个学者或者一个团队就把“理论—实践”的闭环走完了，成本和绩效都是内在实现的。然而如今面临的现实一是复杂，都是综合性问题，而理论却随着学科分类越来越细，每个学者都只是一个视角方向的专家，容易出现片面性；二是多变，随着技术、商业模式和政府政策的推动，实践中的问题不断变化，原有理论的分析框架可能不再适合分析新问题，需要及时调整。所以一个学者不再适合同时开展三个环节或者两个环节的研究工作，或者不再有优势，需要在更大范围分工协作。

“理论—实践”的闭环运行，与打排球很相像。当“实践”把一个球发过来时，“理论”需要完成接发球、二传、扣球等一系列动作，才能获得一分。如果“实践”发过来的球难度不大，那么一位学者能独立完成整套动作：提炼问题，解决问题，最后反馈和作用于实践。但是，当“实践”给出的问题难度很大时，一个学者甚至一个研究团队也未必能够高质量地完成整套动作，这就需要学界在更大范围内分工合作，有人致力于扣球，也有人专攻接发球和二传。

在“理论—实践”的价值链里，案例研究应该就是一个“二传”的作用。好的二传能够把状态很差的球传递到位，让扣球者有效发挥优势，完成一个淋漓尽致的扣杀。排球队是个团体，所以成绩是大家的；而理论研究却因为难以把第一个环节“单独计分”，所以就限制了更大范围内分工协作的可能性和有效性。

从这个意义上讲，加强学术期刊对案例研究的关注，正是在探索案例研究的学术价值，是在规范案例研究的基础上，把它纳入理论研究的范畴。如前所述，这种探索显然会增强“理论—实践”闭环中第一个环节的独立评估能力，对于促进理论与实践的循环互动以及健康发展有着极其重要而深远的意义。尤其在当前经济社会发展迅猛、实践的特征持续变化的背景下，如何及时提炼，使理论界所研究的问题不再是过时的问题而是当前亟待解决的问题，实在是非常迫切的。

数字经济

从“商品经济”到“市场经济”：构建基于场景的数据要素市场化治理体系[①]

蒋　炜[②]　王鸿鹭[③]

【摘要】

党的十九届四中全会通过的《中共中央关于坚持和完善中国特色社会主义制度、推进国家治理体系和治理能力现代化若干重大问题的决定》（以下简称《决定》）中，首次明确提出“数据”作为生产要素参与分配。2020 年 3 月，中共中央、国务院发布了《关于构建更加完善的要素市场化配置体制机制的意见》（以下简称《意见》），提出土地、劳动、资本、技术、数据五个要素领域的改革方向。如何对数据进行有效治理，使其在资源配置过程中“数尽其用”，是学界和业界共同面临的挑战。

生产要素是经济学的基本范畴，是人类进行生产经营活动需要的主要资源。古典经济学家将生产要素归纳为土地、资本和劳动，而随着社会进步和生产力水平的不断提高，生产要素也不再局限于上述要素。

在今天的数字经济时代，社会数据化的趋势不断加强。同时，数据催生了新的界面和平台，并逐渐主导了人们的生活，使得人类劳动也随之发生了转向，成为以生产数据和处理数据为典型形式的数字劳动。数字经济的生产力要

---

① 原文发表于《文汇报》2021 年 2 月 9 日。

② 上海交通大学安泰经济与管理学院教授、上海交通大学行业研究院智能网联汽车行研团队负责人。

③ 上海交通大学行业研究院智能网联汽车行研团队成员。

素中最具突破性的变革是数据成为劳动对象，数据作为一种强大的生产要素注入经济活动中，并对资源配置效率产生重大影响。

数据具有海量性和实时性的特点，用户在网络平台上无时无刻不在产生数据，这些海量数据被类似于亚马逊、Facebook 等大公司所占有，通过对诸如性别、爱好、年龄、职业等众多数据化的个人信息整合分析，并形成相应的数据群进行交换买卖，进而完成相应的广告推送以获取数据资本。因此，网络平台凭借对用户私人数据的无偿使用而形成绝对优势，并可能进一步形成行业的进入壁垒或扩张壁垒，或因数据产品而形成市场支配地位并滥用。

数据正在成为数字经济时代日益重要的战略资源，对国家治理能力、经济运行机制、社会生活方式等方面都将产生深刻影响。因此，有必要加快推进数据治理体系的构建，规范行业秩序，助力数字经济的发展。

任何生产要素都避不开竞争和垄断的问题，数字经济时代下，以数据作为第一要素的企业商业模式和竞争策略，有诸多理论和实践问题亟待解决。同时，由于数据要素与其他生产要素存在复杂的交互作用，也会导致在评价数据要素的贡献及价值分配的过程中可能存在效率失真和公平失范问题。因此，需要通过合适的政策保障来有效配置数据生产要素资源，构建数据要素的市场化治理体系。

首先，建立数据科学分类体系，解决数据权属问题。数据作为一种重要的战略资源，需要最大限度地利用好、保护好。从经济学角度看，富足而零边际成本的数据资源的一个显著特征就是“非争用”（共享性），意味着数据可以供多人重复使用。数据可以供不同的主体重复使用并且不存在使用效用递减的问题，相反，可以通过不断挖掘数据来发挥其最大功用。但数据在不同主体间的反复使用，又同数据的隐私保护形成矛盾，因此，需要设计制度保障体系使数据成为准公共物品，即具有“有限的限用性”。

其次，要促进数据—算法—场景的融合贯通。数字经济的基石是经济活动的数字化和代码化：所有商业行为都可以被数字化，从而产生数据；一切商业运行的规则都可以用逻辑来表示，也就是代码化。数据如何使用、产生价值并变现是数字经济的核心；商业逻辑的代码化则以算法形式实现，其金字塔顶端是人工智能。所以，未来数字经济竞争的着力点是如何优化使用数据和如何优化商业逻辑及相应代码化的进程。而数据和算法的具体价值在不同商业应用场景中会有不同的体现。数据、算法、场景之间相互作用、相互影响，构成了数字经济的三大核心要素。数据的价值需要通过算法来实现，但其价值在不同应用场景中不尽相同。所以数据有效的价值实现必须对应于相应的算法和场景，这就需要实现基于一定应用场景下的数据和算法间的智能匹配。另外，确定数据和算法（在特定应用场景下）各自的贡献，从而基于场景的应用价值进行收益分配，也是未来需要解决的难点。

最后，建立基于场景的数据—算法收入分配机制。在市场经济中，生产要素所有者凭借对生产要素所有权获取收益的方式有很多，但主要途径有三种：一是把生产要素当作商品，通过让渡生产要素的所有权获取收益；二是把生产要素当作“资本商品”，通过让渡生产要素的使用权获取收益；三是把生产要素当作资本，也就是说把生产要素作为各种职能资本使用，在生产经营中赚取利润。在数字经济时代，数据是核心生产要素已成为共识。而算法的优劣将直接影响生产效率、产品质量、生活服务等，算法就是数字经济时代的通行“语言”和生产力体现。推动数字经济的发展，不仅需要数据，更重要的是既要为各行各业的海量数据匹配最合适的算法，充分挖掘数据的内在价值，也要为人工智能、机器学习算法匹配高质量的训练数据，促进算法的优化迭代和升级流转，并落地于合适的应用场景。因此，需要构建基于场景化的数据—算法要素市场化配置保障机制，提供完善的数据—算法的确权、追踪、安全、定价、交易、结算、交付、数字资产管理等综合配套服务，发挥数据—算法在数字经济时代的“资本商品价值属性”和“资本职能”，重构公平高效的数据—算法价值链。

全面推进城市数字化转型，要在“三横三纵”上发力[①]

陈宏民[②]

【摘要】

“十四五”规划纲要明确提出，加快建设数字经济、数字社会、数字政府，以数字化转型整体驱动生产方式、生活方式和治理方式变革。面对扑面而来的数字化转型浪潮，上海如何继续保持优势，成为先行先试的排头兵呢？本文认为，无论从顶层设计的理念，还是从经典场景的高度，上海在全面推进城市数字化转型中必须注重“三横三纵”。

2021年年初，上海市发布了《关于全面推进上海城市数字化转型的意见》（以下简称《转型意见》），明确提出要整体性转变、全方位赋能、革命性重塑，到2035年，上海要成为具有世界影响力的国际数字之都。其实，最近几年来，数字化转型已经成为举国上下的共同呼声，在全国两会刚刚通过的“十四五”规划中，国家提出“加快建设数字经济、数字社会、数字政府，以数字化转型整体驱动生产方式、生活方式和治理方式变革”。

面对扑面而来的数字化转型浪潮，上海如何继续保持优势，成为先行先试的排头兵呢？上海市委书记李强多次指出：“城市数字化转型是上海事关全局、

---

① 原文发表于《解放日报》2021年3月21日“思想者”栏目。

② 上海交通大学安泰经济与管理学院教授、上海交通大学行业研究院副院长、上海交通大学行业研究院“互联网+”行研团队负责人、中国管理科学与工程学会副理事长、上海市人民政府参事。

事关长远的重大战略。”要“坚持谋划为先、应用为王、技术为基、制度为要”。我在学习过程中形成了这样的看法：上海在全面推进城市数字化转型中，无论在顶层设计的理念上，还是在经典场景的高度上，都必须注重“三横三纵”。

一、数字化的“横向三领域”：全方位覆盖

所谓城市数字化转型，是通过数字化升级来推进城市经济社会的整体转型和升级。因此，城市数字化转型需要全方位覆盖，主要面向的是“横向三领域”，即《转型意见》中强调的推动“经济、生活、治理”三大领域全面数字化转型，这与国家“十四五”规划的要求一脉相承。事实上，这三大领域对应着一座城市的三大行为主体：企业、市民和政府。城市化转型当然要让这三类主体都有获得感，市民需要生活数字化，企业需要经济数字化，而政府则需要治理数字化。把这三大领域做好了，市民、企业和政府在各自的工作和生活能级上得到明显提升，城市的整体能级就得到升华。

经济数字化，是把各类经济活动进行数字化覆盖。从创意到研发，从制造到销售，通过数字化连接，快捷、柔性、可追溯；实现数字化替代，安全、新颖、低成本。这些年，数字化在我国许多产业，尤其是消费服务领域取得了举世瞩目的成就，零售、餐饮、医疗、教育、金融、传媒，都发生了翻天覆地的变化。然而，即便在这些领域，产业数字化依然有很大的发展空间，许多领域的核心业务距离数字化服务还有相当距离，基于数字化的数据挖掘和利用还有很长一段路要走，数据孤岛和信息安全仍是一对矛盾。更重要的是，在工业制造领域，数字化的应用才刚刚起步，工业互联网，无论是跨行业赋能还是同行业连接，都有着巨大的发展空间。

生活数字化，是为市民的城市生活打造更加便利安全的数字化服务体系。虽然消费互联网发展迅猛，可是从用户视角看，依然存在许多亟待完善的问题。零售餐饮的质量和食品安全，需要用数字化去提升追溯能力；养老领域面临的日益增加的需求压力，需要用数字化设备让老年人群更加适应；医疗教育领域的核心业务在线化，需要用数字化去营造新场景；而快速兴起的互联网医院更是为医疗的线上线下一体化服务开辟了巨大的空间。

治理数字化，是为了提高现代化城市的治理效能。对于上海这样的特大型都市，这是最为迫切需要面对和解决的问题。上海“一网通办”和“一网统管”的两张网建设，开启了数字化治理的征程，未来政府会运用数字化在服

务和管理上持续发力。

二、数字化的“纵向三效应”：整体化提升

数字化转型，除了必须覆盖上述横向三大领域之外，还应该从纵向的视角考察，即要实现“纵向三效应”：价值效应、示范效应和平台效应。对于上海而言，只有在横向三个领域里持续提升纵向三个效应，才能使上海的城市数字化转型达到应有的高度，使上海真正成为“国际数字之都”！

这是本文重点想展开的内容，下面逐一阐述这三个效应。

第一层是价值效应。通过数字化转型和升级，上海的各个产业，无论是新兴产业还是传统产业，在效率上要得到提高，在能级上要得到提升，整个经济的财富创造能力和价值实现能力要获得根本性的改善，并为未来的持续发展开辟广阔的空间。在市民的生活质量和城市的治理能力等方面，同样要强调用创造和转移价值的能力来衡量数字化转型的效果。

数字经济的发展应该是价值驱动的。当前有人讨论，数字经济的核心究竟是“数字产业化”还是“产业数字化”，其实这个题目是没有多大意义的。从某种程度上讲，“数字产业化”和“产业数字化”是数字经济发展的两翼，是供给和需求的两个侧面。“数字产业化”是对基于数字化的技术和设备实现规模化的量产，而“产业数字化”则是经济社会对数字技术、数字设备和基于数字的商业模式提出的巨大需求，两者不可偏废。诚然，这些年我国基于互联网的数字经济发展迅猛，场景丰富，许多产业尤其是消费服务领域在数字化转型上取得了举世瞩目的进展；相对而言，在数字技术和数字装备的基础技术等方面没有及时跟进，补短板迫在眉睫。然而从整体上看，我国产业数字化仍有巨大的发展空间。事实上，只有基于数字化的供求两旺，数字经济和数字化社会才能持续发展；同时，也只有“数字产业化”和“产业数字化”两翼齐飞，政府、企业和社会才能协调发展，相互助力。

第二层是示范效应。数字化转型是前所未有的一项巨大的系统工程。无论在企业层面，还是在社区层面，无论是经济数字化还是治理数字化，都涉及新技术、新装备和新模式之间的有机整合，都关系到原有利益结构的打破，都面临着政策对于传统业态和新型业态的合理调节，所有的利益群体都在进行试错性的探索。所以，大量工作，尤其是前期工作有着很强的示范效应。这种示范对于在上海如何全面推进数字化有着极为重要的作用和意义。要及时总结经

验，为更多后来者提供信息，减少走弯路的成本。政府不仅要顶层设计，提供财力上的支持，更要营造宽松的政策环境，及时披露信息。

示范效应不仅是对内的，更重要的还是对外的。城市数字化转型是全国的大趋势，不同城市都会在自己原有的基础上，因地制宜地推进转型。上海作为中国经济发展综合实力最强、人才资源最丰富、市场化程度最高的城市之一，在全面推进城市数字化转型的进程中，不仅要对本市的经济社会发展做出贡献，还要能起到重要的示范和样板作用，通过各种探索给兄弟省市和地区创造好的经验。

总之，上海的城市数字化转型推进工作要体现示范效应，要为“经济数字化”建立上海模式，为“生活数字化”形成上海风格，为“治理数字化”制定上海标准。这也是上海继续充当全国排头兵的应有之义。

第三层是平台效应。上海以及长三角地区作为中国经济社会持续发展的重要增长极，对于全国其他地区的价值和意义，不仅在于示范，更重要的应该是赋能！如果在这次城市数字化转型的全面推进中，上海在一些重要产业和重要功能方面，依托数字化技术和新型商业模式，形成了一系列产业平台和功能性平台，通过有效连接，精准匹配，帮助各地进行各类资源对接，为它们的发展转型赋能，那么，这将是反过来对上海的发展在更高层面上做出的贡献。

上海要成为数字之都，不仅要实现数字经济全国领先，数字化设施世界一流，更重要的是提升数字化辐射能力，在数字经济的新高度上成为中国经济乃至世界经济的一个重要增长极。这就要发挥巨大的示范效应和平台效应。不仅在城市竞争中占据优势，更需要在区域合作中有赋能作用。

这是中央对于上海未来的期望，也是上海在全面推进城市数字化转型中需要努力的方向。

平台效应与示范效应不同。示范效应是指我做得好，你们可以向我学习，从而提升你们的水平；而平台效应是借力打力，通过各类数字化平台，聚集周围更多城市和企业，利用大数据、人工智能等先进技术，发挥网络效应，为更多的伙伴赋能。

以数字化医疗为例。我们用数字化技术改善医疗服务，检验、诊疗、康复等各个环节的技术和场景都得到提升，治疗水平提高，患者获益，这是价值效应。我们基于数字化技术，建立一批互联网医院，医保、支付实行在线闭环，实体医院积极探索线上线下一体化，这是示范效应。而如果我们能够搭建互联网医院的公共服务平台，不仅把上海的互联网医院，甚至把全国的互联网医院统一纳入，建立统一入口和统一界面，规范管理，保障数据安全，这就是平台效应。当然，这里的平台建设主要是市场行为，能够吸纳全国的互联网医院凭借的是良好的服务。

平台效应是比示范效应更有价值，更具有可持续性的效应。偌大中国，各地资源环境、人文情况各有不同，正所谓“橘生淮南则为橘，生于淮北则为枳”。所以常常遇到不少样板虽好，却难以效仿的例子，从而失去了示范的意义。况且示范效应越强，意味着趋同性越强；各地以同一种模式运行，难免不形成竞争态势。

平台效应则不同。通过搭建平台，与以往的竞争对手拉开差距，发挥整合能力，使得竞争成为合作。对方不必向你学习，而只是享受你对他的赋能。而实际上你对周围合作伙伴的赋能，恰恰来自它们各自的优势；每个伙伴既是你为之赋能的客户，又是你为其他客户赋能所需的资源。你要做的只是形成自己的独特优势，提升资源整合的能力。所以平台效应是发展空间更大的一种效应。

价值效应、示范效应、平台效应是三个不同的层级，也是上海以数字化转型整体驱动生产方式、生活方式和治理方式变革时应该关注的方向。这三个层次是纵向的，一层比一层高，一层比一层难，但也一层比一层更为重要，影响更为广泛和长远。

三、提升城市数字化转型的平台效应的意义

对于国家和世界，上海始终具有强烈的使命感。过去是如此，现在也是如此。

习近平总书记在浦东开发开放 30 周年庆祝大会上发表重要讲话，他指出：“新征程上，我们要把浦东新的历史方位和使命，放在中华民族伟大复兴战略全局、世界百年未有之大变局这两个大局中加以谋划，放在构建以国内大循环为主体、国内国际双循环相互促进的新发展格局中予以考量和谋划，准确识变、科学应变、主动求变，在危机中育先机、于变局中开新局。”①

① 习近平对浦东开发开放提出新要求［EB/OL］.（2020－11－12）［2021－03－05］. https：//baijiahao.baidu.com/s?id=1683147363312621066&wfr=spider&for=pc.

在当前国际国内的政治经济大环境下，上海在推进城市数字化转型的进程中，始终强调并大力提升平台效应，有着特别重要的意义。

第一，发挥数字化建设的平台效应有利于主动服务新发展格局，促进国内统一大市场的发展和完善。

新发展格局是党中央审时度势制定的大战略，是在新发展阶段与新发展理念相辅相成的创新思路。各地都在“十四五”规划的指引下积极转变理念，调整格局，以适应新的发展模式。

但是，我们也要注意一种新的令人担忧的现象，各地似乎都在努力打造“封闭式内循环”的全产业链，尤其在一些新兴产业领域！内循环必须是全国一盘棋，构建的是开放型的国内统一大市场！地方行政力量对经济发展的过度干预，尤其是画地为牢的苗头必须及时遏制。而数字化转型能够有效促进信息的交流与远程的合作，对于加快构造国内统一大市场起到积极的作用。上海如果能借力这次数字化转型，发挥自身优势，积极打造产业平台，将会有力促进全国统一大市场的发展和完善。

比如在生物医药行业方面，上海有很强的创新能力，拥有全国三分之一的创新能力。但是受地域和环境限制，上海不可能打造全产业链。上海的生物医药创新模式确实具有一定的示范效应，苏州现在就积极向上游延伸，按现在的模式，两地竞争会加剧。但是，如果我们积极打造平台，把各类与生物医药有关的资源整合起来，赋能各地，不仅将大大促进中国生物医药产业的发展，而且或许能弱化与各地的竞争，因为我们是提供服务，走的是全体人民共同富裕的道路。

只有重视和发挥数字化转型的示范效应和平台效应，上海的城市数字化才能真正成为“主动服务新发展格局的重要战略”。

第二，发挥数字化建设的平台效应有利于上海与全国其他地区错位竞争，保持优势。

发展数字经济是“英雄所见略同”，如今，生物医药、集成电路、人工智能，成为许多地方不约而同选择重点发展的战略性新兴产业。各地蜂拥而起，全力以赴地争夺国家资源，争夺全球人才。在这新一轮发展中，各地的竞争态势显然远远超过合作意愿。上海在这中间虽然具有一定优势，但也面临重重挑战。如果能够凭借这轮数字化转型，提升自身的平台效应，则可以与周边地区和其他城市区域不仅错位竞争，更能发展为互补关系，彼此赋能，共同发展。

第三，发挥数字化建设的平台效应有利于提升长三角一体化发展的整体效应。

区域协同发展，既是我国未来经济社会发展的热点，也是非常大的难点之一。长三角地区是我国行政区域之间经济社会发展相互依存度最高的地区。高能级城市和低等级城市之间的差异化程度不够，趋同化倾向始终存在，所以竞争激烈。以往的思路是高能级城市发展高端产业，低能级城市发展低端业务。然而现实情况是，低能级城市未必甘愿低就，而高端产业的门槛也不高，所以分工协作流于形式，说到底，彼此在同一层面上。如果我们重视平台思维，积极搭建和发展产业化功能化平台，就会使得城市之间的差异化加大，同时平台一旦建成，门槛就不容易跨越。

四、上海的平台之路

在这些年的经济社会发展中，上海其实一直具有强烈的营造和发展平台的意愿。无论是打造“五个中心”，还是后来提出强化“四大功能”，以及最近提出要打造成为国内大循环的中心节点和国内国际双循环的战略链接，实际上都有着浓厚的平台色彩。

长三角一体化发展成为国家战略后，上海联合苏浙皖三省，积极推进协同发展。从长三角一体化发展示范区的打造，到最近推出的虹桥国际开放枢纽的建设，无一不是为了打造能够产生聚集效应和扩散效应的综合型平台，集创造价值、打造样板和营造平台于一体。

如果上海能够在这次城市数字化转型的进程中，依托中心地位，发挥数字化优势，在诸多产业和功能方面，多层次、全方位地实现平台效应，则必将向国际数字之都大大迈进一步。

上海至少可以在如下三个方面加以探索。

一是平台要有平台的优势。平台就是整合资源，在这方面，上海有着不可替代的优势。尤其随着强化“科技创新策源”和“高端产业引领”两大功能，上海在研发和高端制造方面还会继续积累优势，作为拓展各类平台的力量。

二是平台要有平台的思维。平台的作用在于赋能，特点在于共生。比如一些面向企业的信息平台，其赋能体现在价值共创，其中又可以分解为几个维度，如共同制订计划、共同解决问题和灵活做出调整等。平台掌握的信息资源是重要的战略性资产，平台可以通过大数据服务技术，向企业提供相关的信息服务。平台可以运用信息来策划与用户的共同行动，以契约方式形成深度融合，进而带动相关企业，形成广泛开放的产业生态，实现更加宏大的目标。

三是平台要有平台的追求。要形成平台效应，就必须与其他被赋能的城市、地区形成差异，追求不一样的目标。互联网平台在这方面的做法值得借鉴。比如一般企业追求销售额和利润，而平台型企业则追求用户规模，追求流量，追求 GMV（商品交易总额），而所有这些指标都代表着吸引更多的用户上平台，代表着能让它的合作伙伴获得更多利益，代表着形成了更大的商业生态圈，而不是局限于自身有多大利润和收益。

这种不同的具有宽容性的追求，不仅平台要有，而且平台的股东方也必须有。中国的互联网平台之所以迅猛发展，除了政府的大力支持之外，资本市场的宽容是非常重要的原因。

总之，确如上海市委书记李强所说，上海的城市数字化转型事关全局，事关长远。因此，不仅要考虑“横向三领域”的全方位覆盖，更要关注“纵向三效应”的整体化提升。

“互联网+监管”方兴未艾，线上线下机会均等[1]

陈宏民[2]

【摘要】

本文在加强互联网监管的大背景下，分析央行最新发布的《非银行支付机构条例（征求意见稿）》（以下简称《条例》）主要条款的作用和对支付行业可能产生的影响。分析认为，监管的基本原则是让线上线下机会均等，从而维护整体市场的持续健康发展。

2021 年 1 月 20 日，中国人民银行（以下简称“央行”）发布了《非银行支付机构条例（征求意见稿）》。条例对于非银行支付机构的监管，从业务分类到专营规范，从数据使用到市场份额限制，还包括备付金管理、跨机构支付等，都给出了前所未有的清晰且可操作的规范要求。

功能监管是《条例》的重要准则。以往常常有些企业在名称上玩技巧，行走在监管的灰色地带。5 年前，当人们还在思考 P2P 网贷算不算金融企业，饿了么算不算餐饮企业的时候，我就在《解放日报》上发表文章，提出对互联网企业要强调只要它们进入某个具体行业，就必须接受该行业的监管。3 年前，我又在《财新周刊》上发表文章《公平是清算市场的永恒准则》，呼吁支付领域的分业原则和公平原则。在这次《条例》中清晰地贯穿着“同样业务

---

① 原文发表于上海交通大学行业研究院官方微信公众号《安泰研值》2021 年 1 月 22 日。

② 上海交通大学安泰经济与管理学院教授、上海交通大学行业研究院副院长、上海交通大学行业研究院“互联网+”行研团队负责人、中国管理科学与工程学会副理事长、上海市人民政府参事。

遵守相同规制”的原则，这是监管的一大进步。

这次《条例》将支付业务重新划分为储值账户运营和支付交易处理两类业务，表明监管当局进一步促使支付业务回归本源的决心。这是继2016年央行等部委联合发布《非银行支付机构风险专项整治工作实施方案》，以及2017年以来，央行在备付金、跨行清算、业务许可、条码支付等方面持续加大监管力度之后的又一个重要举措。这次的《条例》对于备付金管理、跨结构支付等依然坚持和确认了原有的“强监管”措施。

在加强互联网领域反垄断的大背景下，《条例》也对支付业务的反垄断给出了相当具体可操作的规定，包括对市场支配地位的预警（如单个企业市场份额超过1/3将被约谈）和认定（如单个企业在全国的市场份额超过1/2），这些规定有助于未来的反垄断监管，也会给其他领域政策法规的细化起到示范效应。

可以预计，《条例》的实行会对支付领域的市场格局和未来走势产生长期的影响。

支付业务，从盈利能力和产业规模而言，在以投资融资为主要目标的金融领域里并不显眼，曾经被认为是边缘性业务。然而在降低经济运行的交易成本、提升消费者便利性方面，支付业务却起着十分重要的作用。当互联网大潮迎面扑来时，我国的支付业务是金融领域里最早拥抱互联网的。10年时间，我国的支付业务发生了翻天覆地的变化，网络支付、移动支付日益普及，新型支付工具层出不穷。支付业务的迅猛发展为我国经济发展、产业转型以及人民生活品质改善立下了汗马功劳。

与此同时，一些互联网企业依托支付等业务迅速崛起，构建起错综复杂的商业生态，控制和影响着众多社会场景，掌握着巨量的用户数据和资金，形成了对经济和社会举足轻重的庞然大物。如此巨大的商业帝国，无论从金融安全的角度，还是社会公平的角度，都会引起社会和政府的深度关注。

从2020年年底开始，互联网巨头面临着前所未有的严厉监管。

2020年11月初，蚂蚁集团高调筹备上市却被临时叫停，随即国家市场监督管理总局出台了《关于平台经济领域的反垄断指南（征求意见稿）》。12月24日，监管当局宣布，阿里巴巴集团因涉嫌“二选一”等垄断行为被立案调查。2天后，央行、中国银保监会和中国证监会等多家金融监管机构第二次联合约谈蚂蚁集团管理层。2021年1月15日，中国银保监会、中国人民银行发布《关于规范商业银行通过互联网开展个人存款业务有关事项的通知》，对商业银行互联网存款业务进行规范。最近连续几次中央政治局会议都提出了“强化反垄断和防止资本无序扩张”的观点，更预示着这波浪潮的力度和高度。此外，针对数字经济的数字税也在热议之中。

统计数据表明，2020 年我国的数字经济达到 35 万亿元，在整个国民经济中三分天下有其一。这既说明我国持续多年对“互联网+”行动的鼓励和支持发挥了积极的效果，互联网以及在其基础之上衍生的大数据、云计算、人工智能等新技术已经深入诸多传统行业；同时也意味着，已经到了可以而且应该把各个领域里的互联网业务一视同仁地纳入监管范围，既不歧视也无优待的时候。这应该是互联网企业得以持续健康发展的必由之路吧。

智能算法与外卖骑手安危[①]

史占中[②]　成际鹏[③]　李浩然[④]

【摘要】

2020 年 9 月，《外卖骑手，困在系统里》一文在社交媒体上迅速刷屏，外卖骑手安危成为焦点话题，聚焦问题背后是行业相关法规缺失、平台相关算法和管理机制缺乏合理性、骑手安全意识淡薄、外卖市场包容性不足等原因。对此，我们提出健全行业法律法规和强化行业监管、提升平台算法合理性和管理水平、加强骑手安全意识教育、引导外卖市场的包容性和人文关怀等针对性建议。

2020 年 9 月，《外卖骑手，困在系统里》一文迅速刷屏，在网络上引起热烈反响。它主要关注的是在以饿了么和美团为代表的外卖服务平台在外卖系统的算法和经济利益的驱动下，不断压缩送餐时间，使得外卖骑手悄然成为高危职业。

现代智能技术给每一位消费者带来的便捷，似乎都建立在一个个“蓝衣”“黄衣”战士与时间赛跑、与红绿灯危险博弈的困境之上。这背后隐藏的交通

---

① 原文发表于上海交通大学行业研究院官方微信公众号《安泰研值》2020 年 9 月 24 日。

② 上海交通大学安泰经济与管理学院教授、上海交通大学行业研究院“人工智能+”行研团队负责人。

③ 上海交通大学安泰经济与管理学院硕士生。

④ 上海交通大学安泰经济与管理学院硕士生。

隐患令人“触目惊心”。交通违规的罪魁祸首真的只是这些穿梭在大街小巷的骑手吗？外卖骑手安危已成为焦点话题。外卖骑手逆行横冲、闯红灯的现象屡见不鲜，为了抢一个灯，冲过一个路口，不惜危及自身和路上行人的性命。是什么让骑手无视交通规章和人身安全铤而走险？问题亟待解决。

问题的背后是压缩配送时间的算法系统，以及建立在最优配送算法基础上的考核与管理机制。简单来说，在算法的推动下，极致压榨骑手的工作时间，追求最大收益，带动配送效率。那么究竟谁应为外卖骑手的安危负责？我们认为，健全相关法规和强化行业监管，提升配送时间算法的合理性，健全平台管理机制，加强骑手的安全意识教育，引导外卖市场的包容性等应该是解决当前外卖骑手安危问题的关键。

一、当前骑手安危问题的症结

1. 配送时间算法缺乏合理性

关于配送时间的系统算法缺乏合理性，以美团为例，在其引以为傲的配送时间算法中，时间估测方法、装置和电子设备是一个核心专利。专利的底层逻辑是对所有接单骑手进行数据画像和模拟估测，简单来说是在算法环境下压榨骑手的劳动力。骑手的行为逻辑由算法逻辑决定，但从结果来看，算法提供的配送时间驱使着骑手去践踏规则。配送时间算法如果忽视骑手潜在的危险性，不考虑算法的合理性，将使外卖骑手安危问题更加严峻。

（1）对出餐和交付时间的准确估计的合理性。在订单的配送过程中，骑手在商家、用户处的取餐和交付时间会占到整个订单配送时长的一半以上。准确估计出餐和交付时间，也可以减少骑手的额外等待，避免出现“人等餐”或“餐等人”的时间错配现象。但对出餐时间的预估，无法单纯通过机器学习实现预测，所以需要利用骑手的历史数据建立合理的全面反映出餐能力的预测模型。

（2）模型优化数据的合理性。机器学习领域有一个谚语“garbage in, garbage out”，说明了精准的基础数据对于人工智能类项目的重要性。平台对于配送时间的预估基于骑手配送的历史数据，而历史数据的可靠性和合理性是未知的。比如，这个数据背后的骑手违规与否、超时与否都是未知的。大量准确性难以保证的数据造成了模型的优化结果渐渐变得不符合实际，算法的设计本应充分考虑交通规则、路况等因素，但从结果来看，交通规章并没有足够地体现，也没有对骑手产生有效约束。

（3）系统配单的合理性。为了配送的便捷，由同一个骑手配送的几单之间会出现相互影响的情况。当骑手同时配送两单时，如果一单突发状况导致另一单延误，骑手为了赶时间，就会做出违章行为。

2. 平台管理机制存在漏洞

资本在追求超额收益、极致效率的过程中，如果缺乏约束，极有可能走偏和失衡，甚至无视世间规则和人性边界。在这个过程中，原本价值中立的技术手段，会变成资本膨胀失衡的利器，如今的算法系统和突飞猛进的技术，更使之加剧。平台内部盲目的竞争机制以及奖惩机制极大地诱导了外卖骑手无视交通规章和人身安全，竞争和奖惩机制确实有利于激发员工的工作积极性，但一切都应当以遵纪守法和保障人身安全为前提。

3. 骑手缺失安全意识教育

正是因为骑手的安全意识淡薄，他们才会铤而走险，违纪违法，为了准时送达外卖，置个人和行人人身安全于不顾，所以加强骑手的安全意识教育尤为重要。

4. 外卖行业缺乏合理包容性

“多等 5 分钟”真的有效吗？

时间回到 4 年前，经过几番残酷的市场争斗，“饿了么”和“美团”逐步在江湖厮杀中确立了行业老大和老二的地位，市场份额占比分别为 41.7%和 41%，那时候骑手送单的普遍用时在 3 公里 50 分钟左右，而到了 4 年后的今天，这一时间被压缩到了 30 分钟。

随着人工智能和互联网时代的到来，短期内用户增长红利驱动的粗放发展模式，已越来越难适应未来的市场角逐。以美团为例，其拥有全球最精准的 O2O 算法，最狼性的地推团队，高达 60 万的日活跃骑手，用户和骑手的扩容又不断强化了算法和地推优势，美团日订单量曾一度突破了 4 000 万，平均每人每日超过 60 单，很多人不得不忍受着精神和身体的双重摧残。对受教育水平不高的骑手们而言，他们需要这份工作来维持家庭生计，送单越多收入提成越高，所以“饿了么”推出的“多等 5 分钟”方案并不能从根本上解决问题。根据一项相关调查，有接近 45%的消费者表示愿意接受配送时间的延长，而更多的用户却表示反对或者相机行事。

在“多等 5 分钟”的选项里，最后骑手的超时很容易变成归责于消费者不选择多等。人和资本都是逐利的，长此以往，愿意等待的消费者会被标注有耐心“可等待”，被延迟派送更久，而不愿多等的消费者会被认为是不耐心的“饥渴用户”，由此形成的两极分化会变成平台“向后者加价”，外卖平台重新把“皮球”丢给了消费者，间接地转移了外卖平台与骑手之间的矛盾，骑手本身仍是被动的，消费者也默默成了额外成本的买单者，这让善良有耐心的消费者遭受了“不公平”待遇，亦是极其不合理的。

蓬勃发展的外卖行业带来了生活的便利，但同时产生的骑手安全问题也是行业的痛点和亟待解决的问题。雪崩时没有一片雪花是无辜的。来自公司、消费者等各方的巨大压力，最终将骑手逼上了争分夺秒、枉顾交通法规的万丈悬崖。行业要有包容性，主导服务型行业的原则应该是“以人为本”，而不仅仅是技术至上。

二、解决当前骑手安危问题的建议

（1）相关的政府监管部门应该介入，强化对外卖平台的监管，完善相应的法律法规，制定统一的安全标准，尤其是平台与骑手之间应当订立保护骑手合法权益的劳动合同。

从现实角度来看，外卖市场发达的地区往往是经济社会发达且人口密集的地区（即大城市），大城市高昂的生活成本对于骑手而言意味着巨大的送单压力，一旦骑手们的利益得到法律保护，焦虑自然就会减轻。

此外，监管部门可以敦促外卖平台将员工安全教育、安全生产无事故和员工有无违规操作行为等作为重要的 KPI 考核指标，而不是一味推行收入提成至上论；不断培养员工（骑手）对公司的归属感和荣誉感，让骑手们不再认为自己是公司可有可无的棋子。

同时，交管部门对于违规骑行可以考虑实行类似针对酒驾的严规，进一步强化骑手群体的安全意识，从主观上防止惨剧的发生。以上这些工作都有待于政府部门强化有效监管。

（2）外卖平台也应该进一步改进算法，提升配送时间算法的合理性，优化骑手送单路径，杜绝逆行，结合实时路况尽量避开人流车流高峰路段；健全平台管理机制，加强骑手的安全意识教育。

配送时间算法是解决外卖配送时间问题的关键节点。平台应该从多个方面合理优化配送时间算法，给外卖骑手留有充足的弹性时间。优化模型准确估计出餐和交付时间，合理考证模型所采用的数据的准确性，筛去类似违反交通规章所得的数据，使得预估的配送时间更科学、更合理、更人性化。同时优化配单的智能算法，减少出现订单堆积、订单错配的现象。加强实时监控和调度也是重中之重，根据异常外卖骑手的实时数据反馈来做出宏观把控和及时调整，提升配送时间算法的合理性。

值得注意的是，很多商家表示通过外卖平台售卖的物品往往要比自己单独销售的价格低，结果就是商家出单的积极性不断削弱，排单的优先级也往后延迟。外卖平台可协助广告公司合作推广，对于不同商家分级定制个性化广告，这将大大提高其出单积极性，且平台、广告公司和商家三方都能从中获益。

平台相关制度的制定要彰显人性化，优化对骑手的配送考核制度，避免不健康的畸形竞争，建立合理、有效、健康的管理机制和奖惩制度。

除了为骑手营造一个人性化的客观外部环境之外，加强骑手的安全意识教育也非常有必要。公司不仅要与骑手签订安全责任协议书，对骑手开展安全教育大会，还可以邀请交通警察来做相关知识和法律的普及，同时制定骑手违规考核机制，强化骑手的安全意识。

（3）通过技术迭代、广告创收以及其他人力成本节约改善外卖平台的财务状况。

值得关注的是，“美团外卖”盈利仅有 1 年时间，最新的 2020 年二季度数据显示：美团每单毛利为 5 毛钱，而“饿了么”至今还未盈利。

只有当外卖平台获得更多资金积累后才有可能推出更多的“治本”举措，比如提高骑手们的福利水平，提高员工的安全保障投入。

（4）社会层面探索新的送餐方式，合理引导外卖行业的包容性。

随着经济社会的发展和城市化的进一步拓展，外卖市场一定还会持续扩张。或许可以开发出类似顺风车服务的“顺风外卖”，让有条件的商家开设私人车辆短暂停靠服务窗口，并在小区设立自取柜。依托“滴滴出行”这类平台，添加外卖送单服务，让普通人扮演“外卖司机”的角色，这样可以很好地分担骑手们的压力，送单也更为安全。外卖平台无须支付高昂费用给这些私人司机，从而有效节约相关成本。

外卖行业作为蓬勃发展的新兴服务行业，给生活带来了很大的便利，但公司、外卖骑手及消费者之间的关系，以及行业的秩序和规章也需要加以规范，从而合理地引导外卖行业的持续健康发展。

人工智能、互联网的发展是新时代经济社会发展的主旋律，数字技术服务能使我们的生活更加便捷、更加美好。但智能算法终究只是工具，骑手们的职业生涯不应该被数字技术背后的算法所束缚，他们同样需要社会各个层面更多的关注。

重视骑手的生命安全才是对他们真正的人文关怀。

引导人工智能技术的包容性发展，倡导“公平、公正和普惠”原则①

史占中② 谢一鸣③

【摘要】

当前，全世界正在经历一场由人工智能技术推动的新一轮科技革命和产业变革。作为一种“创造性破坏”，人工智能技术正在颠覆传统的技术—经济范式，推动生产、交换、分配和消费等一系列环节的变革。在孕育新产业、新模式和新业态的同时，人工智能技术也潜藏着大量已知和未知的社会风险。这些社会风险的出现往往与人工智能技术开发和应用方面的包容性不足有关，最终又会反过来制约人工智能技术在经济增长和产业变革中发挥的作用。因此，增强人工智能技术发展的包容性，推动人工智能应用往公平和普惠方向发展，是化解人工智能的社会风险、解决当前人工智能治理问题的关键。

一、人工智能技术的应用必须体现包容性

经济合作与发展组织秘书长安吉尔·古里亚曾说，如果人工智能没有以人为中心的价值观和包容性，那么它就没有任何价值。所谓“包容性”的价值

---

① 原文发表于上海交通大学行业研究院官方微信公众号《安泰研值》2020 年 8 月 18 日。

② 上海交通大学安泰经济与管理学院教授、上海交通大学行业研究院“人工智能+”行研团队负责人。

③ 上海交通大学安泰经济与管理学院博士生。

观，就是寻求社会和经济协调发展，倡导机会平等的增长，其最基本的含义是各类人群能够公平合理地分享技术进步带来的经济增长。而人工智能技术的开发和应用如果忽视其包容性，不考虑为全体人民服务，开发负责任的、对社会有益的人工智能，构建包容性市场，就有可能带来潜在的风险，产生不可估量的负面影响，具体如下：

1.“机器换人”冲击劳动力市场，引发就业挑战

人工智能技术对就业的影响主要有两种效应。第一种是劳动力替代效应，美国麦肯锡咨询公司预测，未来10~20年，人工智能可能使9%~47%的现有工作岗位受到威胁，重复性任务和以数字技术为特征的岗位需求从目前的40%下降到30%。低技能劳动力，甚至是从事程序化较强工作的中高技能劳动力都将面临失业的风险。第二种是技术进步效应：一方面，人工智能技术可以提高企业生产效率，扩大生产规模，进而拉动相关岗位对劳动力的需求；另一方面，人工智能本身就可以创造更多新的就业岗位。而如果不重视人工智能技术发展的包容性，劳动力替代效应将占据主导，短期内将会使得大量工作岗位消失，由此社会将面临大规模结构性失业问题。

2.“数字鸿沟”分化不同人群和地区，扩大贫富差距

如果忽视人工智能技术发展的公平性和普惠性，在基础设施建设、算法设计、数据获取和反馈，以及商业化开发方面都过多地向高收入人群和发达地区倾斜，那么低收入群体和相对落后的地区接受人工智能赋能的程度就会相对不足，进而可能产生“数字鸿沟”。长此以往，低收入人群和相对落后的地区就可能会被排斥在人工智能技术所构建的新市场体系之外，难以融入其中进行价值获取和价值创造，最终使财富分配格局进一步两极分化，贫富差距日益扩大。以我国为例，我国人工智能产业主要分布在京津冀、长三角、珠三角城市群，人工智能人才培养高校也集中于这些地方，使得这些地区的人们能够优先参与以人工智能为基础的新经济，获得经济水平和知识水平的提升，而对于其他地区的人们，他们的这种机会可能变得更少，从而进一步加剧区域经济发展水平的差距。

二、加快推进人工智能技术包容性发展的对策建议

（1）以包容性创新为价值导向，开展人工智能伦理与安全的研究，制定人工智能行业技术标准。在研发设计方面，应符合人类基本价值观和伦理道德，

体现多样性和包容性，使各类人群和地区能够共享人工智能发展的福利，同时要强调市场主体对潜在伦理风险与隐患负责，提高技术水平，控制各类风险。在数据获取和使用方面，建设数据安全示范应用系统，严防数据泄密，探索允许用户撤销个人数据授权的机制及计算平台，提升个人数据安全性。在治理体系方面，要对“机器换人”保持包容和谨慎态度，探索更能发挥人类优势和特点的新工作，并广泛开展国际合作，共享人工智能治理经验。

（2）扩大人工智能领域公共物品和服务的有效供给，保障各类人群融入人工智能市场的权利，消弭“数字鸿沟”。在教育和职业培训方面，基础教育应更加重视基础数学和科学技术教育，增加人工智能教育内容；高等教育应及时新增人工智能专业，设立人工智能学堂班，采用交叉联合学科培养方式，培养面向机器人、智能制造、人工智能等领域的领军人才。职业培训则要及时对最可能被人工智能取代的工作进行判定，并为受到影响的劳动力提供免费教育和再培训的机会。而在人工智能基础设施建设方面，应更加注重区域协调和人群普惠，推动各地区数据共享，加快弥补欠发达地区人工智能技术的空白，改善落后地区的人工智能基础设施环境，提高低收入人群对人工智能技术的可利用性。

（3）挖掘人工智能市场需求，重视低收入人群，积极开发服务于低收入人群的解决方案和商业模式。企业应积极探索能够使低收入人群资源市场化和低收入人员市场化的商业模式，促使低收入人群能平等地参与市场竞争，其拥有的资源也能够纳入正规的市场体系以内。这就要求企业在开发相关产品和服务时，充分考虑到使用人群和应用场景的多样性。通过考虑特定人群的需求和体验，不断改进和持续提高产品的包容性。比如，在当前信息高度不对称的金融行业，我国有许多来自低收入群体的贷款申请者，他们由于没有信用卡，也没有银行的信贷记录，因此很难申请到银行的贷款。百融云创公司则抓住这一市场痛点，利用大数据，结合深度学习与 AI 算法来帮助银行评估低收入人群的信用，缓解信息不对称的问题，从而使得低收入人群能够通过贷款进行创业，并依靠市场体系，运用自身拥有的资源进行价值的获取和创造，进而增进社会福利，这充分体现了人工智能发展的包容性、公平性和普惠性。

“十四五”数字经济引领高质量发展[①]

彭　娟[②]

【摘要】

从 2017 年到 2021 年（除 2018 年），数字经济有 4 年被写入政府工作报告。数字经济是我国现阶段在国内外不确定环境中，提升经济动能、实现高质量发展的重要发力点，基于此，本文从“十四五”数字经济的发展趋势说起，提出数字经济发展过程中面临的现实问题，并提出相应的对策建议。

数字经济继 2017 年、2019 年、2020 年后，在 2021 年被第四次写入政府工作报告。从 2017 年的“促进数字经济加快成长”，到 2019 年的“壮大数字经济”，到 2020 年的“打造数字经济新优势”，再到 2021 年“十四五”规划“建设数字中国”，可谓一步一个台阶，充分表明了我国政府加快数字经济发展的决心。

一、“十四五”数字经济的发展趋势

展望未来，我国数字经济红利将得到进一步释放：数据流通服务创新加快，数字经济与传统经济加速融合，数字新基建向更广范围推进，新型业态，新商业模式日趋成熟，数字化治理更加务实，数字贸易水平进一步提升。

---

① 原文发表于《社会科学学报》“思想工坊”栏目 2021 年 4 月 4 日。

② 上海交通大学安泰经济与管理学院副教授、上海交通大学行业研究院会计与审计行研团队负责人。

我国基础应用软件、高端芯片、核心元器件等关键核心技术创新投入将会持续加大，数据赋能效应与技术乘数效应相协同，将推动以要素共融、资源共享、价值共创为核心的应用场景创新走向深入，加速产业要素裂变、融合、重构，数字经济一个又一个新的增长点得以出现，为国内经济持续增长提供潜能。

公共领域和重点行业“双向发力”，数据流通服务创新将大量兴起，数据要素市场领先优势争夺将日益激烈。

国有大型企业和民营中小企业数字化“携手并进”，数字经济和实体经济融合将持续深入，数字强链、稳链成为重要方向。

以5G、工业互联网、大数据中心和人工智能为代表的“数字基建”将从投资期加速向建设运营期迈进，在区域一体化战略引导下，各地政府将立足“数字基建”纵深推进，补充、优化、延伸打造具有地区特色的数字产业链，为构建梯次分明、分工明确、相互衔接、具有国际竞争力的数字产业集群提供坚实支撑。

传统行业与智能技术碰撞产生的新业态、新模式“火花”将不断涌现，为消费者带来更智能的交互终端、更丰富的内容资源、更有趣的场景体验，为生产者提供更智慧的生产决策、更精准的流程控制、更低廉的人力和资源成本。

数字政府和智慧城市协同并进，将有更多地方致力于打造统一集约的“城市大脑”平台，基于政务数据整合共享进一步推进各领域数据的汇聚、融合和治理，通过平台数据、技术、工具的逐步丰富，不断强化软件定义、灵活配置、按需调用、安全可靠的“城市智脑”能力，赋能政府管理、城市治理、民生服务、行业应用等各类场景建设。

服务输出和规则输出两相并重，数字贸易将成为对外开放的核心议题，助力国内国际“双循环”加快构建。

二、数字经济发展过程中亟待解决的现实问题

一是数字经济发展路径同质化趋势明显。各地政府纷纷把数字经济作为“十四五”规划的重点领域，在数字产业化、产业数字化、智慧城市、数据要素市场培育等方面都进一步加大投入。但由于缺少地区间统筹规划和分工协调，大多数地区在产业方向、政策设计、项目建设等方面的举措和路径相似，

并没有深入思考和研究本地区的天然禀赋和条件约束，导致数字经济规划特色和亮点不足，而没有产生预期的经济和社会效益。

二是企业经营面临的不确定性风险增加，数字经济营商环境有待进一步优化。面对需求多元、产品加速迭代的市场，企业经营诉求已从便捷准入向政策宣贯、精准补贴、市场对接、包容创新等方向转变，而部分现行政策扶持精准度不高、奖励兑现较慢、“刚性兑现”不足等问题亟待进一步优化。

三是数字平台垄断监管加强可能阻碍市场创新，平台自治、数据垄断等监管难点亟待突破。随着数字平台规模的不断扩大，平台对资本、流量、技术、数据等的控制力随之增强，“大数据杀熟”“二选一”等利用算法规制用户的现象频出，平台对于用户行为、企业运作、市场运营等的自治规则有强买强卖的胁迫行为。如何在监管加强时，不影响平台企业的创新、自治，这是考验监管机构管理艺术和平台企业社会责任担当的问题。

三、数字经济未来发展的政策建议

1. 进一步加强数字经济协同发展顶层设计

（1）总结和推广数字经济创新发展试验区的特色经验，进一步扩大试验区范围，推动试验主体向市区县级下沉，聚焦新基建、数字产业化、产业数字化、数字贸易等发展主题，支持探索立足地方产业基础、体现区域特色的数字经济发展路径。

（2）结合京津冀协同、粤港澳大湾区、长三角一体化、成渝双城经济圈等国家重大区域战略，支持组建区域数字经济一体化发展协作小组，以开放、共享、共建、共赢为原则，以数字基础设施通、数据要素市场通、智慧城市服务通、数字产业集群等“三通一集群”建设发展为牵引，以数字经济赋能跨区域、跨领域、跨主体资源优化配置和要素融合创新，打造数字经济区域发展高地。

（3）聚焦关系国家安全和发展命脉的数字产业，实施全国统筹和相对集中布局，结合地区优势推进产业链协同建设和供应链高效配置，避免各地全产业链建设造成的资源浪费和重复投入。

2. 持续推进数字经济政策服务手段创新

（1）深化各类数字技术在问题研究、政策设计、落地实施、政务服务中的应用，充分掌握企业在政府购买服务、市场拓展、上下游协作、培训咨询等方面的需求，主动精准施策，提高服务效能。

（2）完善重大政策和专项基金的事前评估和事后评价制度，疏通企业及个人参与政策制定的渠道，提高决策水平。

（3）支持有能力的地区和研究机构研究发布数字经济相关业态指数，为企业战略制定、市场拓展等提供指引。

3. 构建公平透明高效的多元协同监管体系

（1）明确政府、企业、行业协会各主体的责权利，针对不同类型的数字平台实行差别化监管、精准施策。

（2）加强人工智能、大数据、区块链等数字技术在平台治理与监管中的应用，提高监管效率，创新监管模式。

（3）遵循平台经济的发展规律，厘清数字平台的责任与义务，明确互联网服务模式的监管范围，优化平台治理方式，激发市场创新能力。

4. 统筹推进、分类施策数字基础设施建设

（1）在充分考虑各地财政和债务承受能力的前提下，明确“数字基建”涉及各领域投资的重点和次序，制订详细的投资计划和设定投资金额，做到建设“一盘棋”。

（2）对“数字基建”不同领域实施不同发展策略，例如非竞争性、非排他性的“数字基建”，包括5G基站、轨道交通、能源互联网等，应由政府主导；对于涉及高新技术和专门领域的“数字基建”，比如人工智能、工业互联网、新能源充电设备以及部分大数据中心等，应充分发挥市场主体的积极性，政府则重点做好环境营造和政策引导工作。

数字经济以信息网络作为基础设施，以平台应用作为生产工具，以数据作为基本生产要素，其发展对区域、资源、环境依赖性更小，也更符合新发展理念要求。但从数字经济自身发展而言，随着信息技术不断进化、监管治理能力提升，数字经济发展也是一个逐步升级、不断向高质量发展前进的过程。

AI 为我们带来了什么

——从自动驾驶谈起[①]

邵　帅[②]　贾佳宇[③]　史占中[④]

【摘要】

自动驾驶是 AI 最受关注的应用场景，为社会生活带来了基础设施、车辆以及顶层设计上的突破。人工智能主要通过环境感知与决策规划两个环节实现驾驶自动化，并通过提升算法、算力与数据支持加深赋能，与此同时，自动驾驶领域的安全治理问题也不容忽视。

AI 技术的不断发展促使人工智能应用的进程不断加快，并走向智能化的更高阶段——社会智能化，这一阶段是全社会和全球范围内智能协作与制度的创新阶段，也是与我们日常生活联系最为紧密的阶段。

随着传统汽车逐步向电动化、智能化、网联化、共享化发展，自动驾驶成为汽车产业最受关注的革命性技术，各大主机厂、供应商、新兴科技公司、科研院校都在不断地做着尝试与努力。根据美国汽车工程师协会（SAE）发布的标准，人们将自动驾驶技术分为五个等级，分别对应着不同的驾驶操作与接管行为（见图 1）。

---

① 原文发表于上海交通大学行业研究院官方微信公众号《安泰研值》2020 年 8 月 5 日。

② 上海交通大学安泰经济与管理学院硕士研究生。

③ 上海交通大学安泰经济与管理学院硕士研究生。

④ 上海交通大学安泰经济与管理学院教授，上海交通大学行业研究院“人工智能+”行业研究团队负责人。

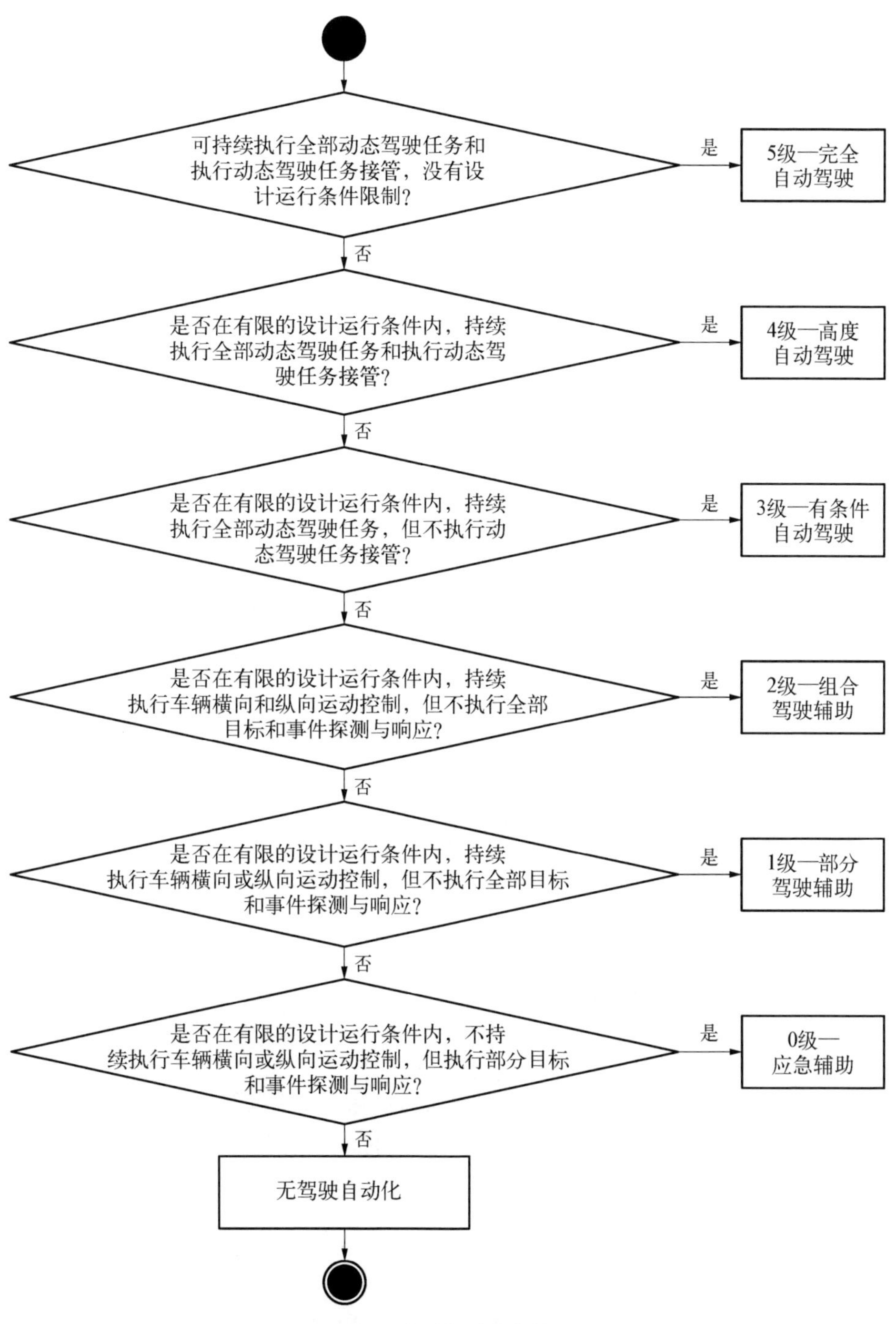

图1　自动驾驶分级图

资料来源：工信部，https：//www. chinabuses. com/uploadfile/2020/0310/20200310123023480. pdf。

一、AI给交通出行带来了什么

自动驾驶概念的提出与普及，离不开人工智能技术的蓬勃发展。人工智能技术带来的最重要的应用场景变革当属交通领域的变革，尤其是自动驾驶。人工智能解决的交通出行问题已经从三个层面开始转变：

1. 基础设施层面

人工智能有助于对路网建设、智能信号灯、智能交通诱导屏等方面进行优化，形成更加智能化的交通基础设施，基于已有数据、交警地磁卡口数据，同时结合 AI 算法，对每一个十字路口各个方向的车流量进行精准预测，更加智能化地进行信号灯控制，有效降低拥堵时间。

2. 车辆层面

自动驾驶，是依靠计算机与 AI 技术在没有人为操纵的情况下，完成完整、安全、有效的驾驶的一项前沿科技。自动驾驶技术的内容包括定位与路径规划、环境感知、行为决策与控制。从广义角度理解，车辆自动驾驶包含硬件与软件两个层面，硬件包括中央处理器、视频采集器、雷达传感器等，软件层面主要包括高精度地图、定位系统、自动驾驶算法等。

3. 顶层设计层面

AI 更多表现在共享出行方面，当前曹操出行已开始利用 AI 技术提供智能呼叫中心服务，在交通智能化体系的基础上打造“中控大脑”，升级整合 AI 服务全流程，全面提高交通资源的综合配置效率，“交通畅通，无忧出行”将成为现实。

二、AI如何实现自动驾驶

人工智能是一种基于算法的问题解决方式，其四大分支包括模式识别、机器学习、数据挖掘和智能算法。人工智能是实现汽车驾驶行为自动化的最基础与最重要的技术支撑，在自动驾驶五大关键技术（环境感知、高精地图、决策规划、控制与执行、车联网 V2X）中，其应用集中于环境感知与决策规划环节。

1. 环境感知

环境感知是指汽车与外界环境信息交互，是实现自动驾驶的基础。汽车面临的实际环境极其复杂，包括路面路缘、车道线、护栏、路标交通标志等静态检测，以及行人、机动车、非机动车等动态检测，对于如此复杂的路况信息，人工智能可以满足视觉感知的高精度识别需求。

2. 决策规划

决策规划涉及路径规划、驾驶任务规划两方面，其中，对于规划的决策是最重要也是目前技术最难以攻克的一个环节。自动驾驶算法领域的佼佼者Mobileye将决策分解成两部分：可学习部分与不可学习部分，前者是由强化学习来决策行驶需要的高级策略，后者是按照这些策略利用动态规划来实施具体的路径规划。

三、AI如何进一步赋能交通出行

L5级别的完全自动驾驶虽然不存在底层逻辑的挑战，但不断出现的长尾问题将制约技术的成熟应用。现实的驾驶行为面临着纷繁复杂的场景，需要对各种随机出现的扰动做出快速准确的响应，目前的技术可以处理大多数场景，但无法很好地应对一些发生概率小且复杂的情况，而这些只有靠系统不断地在现实场景中进行训练才能解决，任何模拟都是现实世界复杂性的子集，而系统必须认知与熟悉现实的复杂。

人工智能技术简单来讲可以拆分成算力、算法、数据三大组成部分，提升AI对于自动驾驶的赋能需要从以上三方面展开，下面以自动驾驶技术领军者特斯拉为例：

1. 算力部分

特斯拉已成功开发自动驾驶专用人工智能芯片，该芯片搭载双系统能完全自动操控电脑，其具有的八位元和加速器用于点击计算，可以满足自动驾驶的算力要求。

2. 算法部分

特斯拉拥有着世界上最出色的自动驾驶算法，此外还开发了特斯拉训练系统，以改善对人工智能系统的训练。

3. 数据部分

数据是实现L5级别自动驾驶的最大阻碍，目前特斯拉在全球已经交付超过100万辆电动车，每天、每个地点、每辆车、每一个传感器、每一个“事件”均是数据点，特斯拉拥有着世界上最庞大的自动驾驶数据集，但仍然无法妥善处理随机出现的长尾场景，只有通过不断采样现实中的复杂情形，持续优化算法，才能逐步逼近最终形态的自动驾驶。

四、AI面临的治理问题

在自动驾驶技术走上新高度的同时，也引发了对自动驾驶安全治理问题的关注和热议。AI技术能够助力高效通行，但在人流密集地仍存在安全性问题，躲避检测、生成虚假障碍的行为让自动驾驶领域的治理问题显得尤为迫切，因此，如何开发更先进的技术，应对这类攻击人工智能的问题，实现高效防御，在更短时间发现感知并迅速做出回避风险的决策，将是未来智能出行要解决的重要问题。

五、总结

除在自动驾驶等垂直领域精耕AI落地之外，AI技术未来的巨大发展空间更在于开辟更多平行场景，探索更多应用模式，利用技术改变生活。同时，引导人工智能技术向善发展，综合发挥协同治理作用，在AI技术进步的同时为社会生活保驾护航。

由阿里巴巴受处罚看平台经济的发展和监管①

李　楠②　陈开宇③

【摘要】

4月10日，国家市场监管总局对阿里巴巴下发了长达26页的《行政处罚决定书》（以下简称《处罚书》）。本文首先解读了《处罚书》的核心内容，其次归纳了平台经济的常见发展路径及其实现垄断利润的几种渠道，最后对平台经济的市场设计和监管提出了若干建议。

一、国监总局对阿里巴巴下发的《处罚书》说了什么？

4月10日，国家市场监管总局对阿里巴巴集团的垄断行为做出行政处罚，责令其停止违法行为，并处以182.28亿元的罚款。与以往言简意赅的处罚书不同，国家市场监管总局对阿里巴巴下发的《处罚书》长达26页，内容相当丰富，可以说是规范平台经济发展的里程碑式文件，从中我们可以清晰地看出国家对电商网络平台的监管方向。

第一，《处罚书》严谨论证界定了网络零售平台服务市场，从经营者需求替代、消费者需求替代、供给替代等角度，对网络零售平台与线下零售商业服务做了清晰界定，认为网络零售平台服务构成单独的相关商品市场。也就是

---

① 原文发表于FT中文网2021年4月13日。

② 上海交通大学安泰经济与管理学院副教授、上海交通大学行业研究院中国银行业行研团队成员。

③ 上海交通大学行业研究院中国银行业行研团队成员。

说，对网络零售平台服务业务应采用专门的监管法规，不能简单套用线下零售商品服务的监管法规。平台经济的监管应因地制宜，根据不同平台的特性进行相应的监管。

第二，依照《反垄断法》的相关规定，从七个角度依据事实和数据对阿里巴巴的市场支配地位做出了清晰界定。

第三，对阿里巴巴滥用市场支配地位的三类行为做了全面描述，并从四个方面认定阿里的行为具有排他性，限制了市场竞争。

简而言之，《处罚书》有理有据地论证了三大论点：① 阿里巴巴是网络零售平台；② 阿里巴巴具有行业垄断地位；③ 阿里巴巴滥用垄断地位排除及限制了市场竞争。

需要特别指出的是，阿里巴巴滥用市场支配地位的反竞争策略（主要指各类“二选一”行为）既是目前经常被商家投诉的，也是许多网络零售平台常用的。阿里巴巴是网络零售平台的龙头企业，这次对阿里巴巴的处罚，将形成对网络零售平台的监管范例，对全行业具有重要的标杆作用。

二、平台经济的常见发展路径

平台经济最鲜明的特点是网络效应，即需求侧的规模效应，用户从平台服务中获得的价值随着该平台用户数量的增加而增加，一旦用户规模达到临界点，就会产生“虹吸效应”，平台的价值随着新客户加入而增加时，就会吸引更多的新客户，从而形成了正反馈循环，导致“赢者通吃”进而形成对市场的垄断。

正因为网络效应可能带来的“赢者通吃”，平台通常的发展路径是寻找卖点吸引投资，完成市场垄断后套现。开始会采取免费或者补贴的策略来迅速扩大市场份额，快速达到临界点，激发网络效应的正反馈作用，先形成局部的数据和渠道垄断，以此吸引前期的天使投资，包装扩大规模后，展开商战烧钱，直到击垮所有竞争者，占据整个市场。

具有垄断地位的企业价值迅速攀升，在 IPO 成功后，原有投资者套现。这个过程中，一是需要让投资者看到具有垄断市场的可能性；二是需要让投资者看到垄断市场后垄断利润如何实现。

多数网络平台的发展都以垄断市场为目的，而在资本市场急功近利的心态下，垄断行为多采取简单粗暴的外源性资源投入，而并不是靠平台内部通过技术创新进行价值创造。

就垄断利润的实现而言，大多通过以下几种途径：

一是以平台自有的垄断性捆绑金融中介服务，赚取金融利润，其中包括商户所有交易资金在平台流转，平台利用交易资金占款时间获取利益；利用平台交易数据，营销其他金融产品，如花呗、借呗等。

二是以平台垄断的数据大肆压制平台上的商户。由于商户的所有数据，包括交易量、评分、用户反馈等数据均全程由平台自己掌控，并无第三方参与，因此，平台可以任意操控商户的排名、评分、搜索结果、同类推荐等，并借此功能向商户索取更高费用，若不缴纳更高费用，则排名下降，甚至搜索不到某品牌。

三是各类“二选一”手段，锁定商户只能长期在某平台经营，以维持垄断的稳定性。如 2019 年 10 月，格兰仕就天猫涉嫌滥用市场支配地位等相关事宜提起诉讼。

四是通过扼杀式收购潜在竞争对手，以维持对市场的垄断地位。

然而，正如中国人民银行数字货币研究所所长穆长春在 2020 中国国际金融年度论坛的讲话中指出的，“利用风险资本高度逐利的互联网行业是不存在真正的免费午餐的”。

首先，用户获得“免费”产品或服务的代价是给平台提供个人的信息和数据，因而会带来对用户数据所有权的争议和保护的问题；其次，平台通过多种手段弥补由于低价倾销带来的亏损，例如采用垄断地位进行抬价，抬高商户端的费用以补贴用户端的成本，实施歧视性定价，强制捆绑销售和拒绝限制交易等。这些反竞争策略加剧了市场集中度，导致市场垄断，损害了消费者和商户的利益，降低了行业发展活力。

因此，具有网络效应的市场并不总是有效的，有必要进行恰当的监管，限制反竞争策略所带来的负外部性，保护商户和消费者的权益，塑造公平竞争、可持续发展的市场环境。

三、平台经济的监管原则

中国的网络平台经济在相对宽松的监管环境下，经过多年的无序发展之后，已经暴露出太多的问题，金融监管当局选择这个时候以阿里巴巴为标杆进行治理，可谓是恰逢其时、顺势而为。

一方面，平台经济的网络效应所带来的“赢者通吃”，虽然导致了网络零售平台的垄断以及多种反竞争策略带来的负面效应，但是“赢者通吃”在某些市场中亦具有很强的正面效应，是非常好的激励机制，例如发明家对新技术专利的竞争，只有保证新技术、新产品的发明者具有对该产品的垄断经营权，才能够吸引大家对新技术和新产品的投入，进而促进技术创新。

另一方面，平台经济往往是公共产品，具有正的外部性，例如电商平台极大地降低了交易成本，惠及了平台上的商户和消费者。同时，在可能出现“赢者通吃”的市场上也会因市场环境和技术的改变而打破垄断。例如在新冠疫情中，zoom 视频会议软件在市场需求激增的情况下，轻松打破了微软 skype 对于视频会议市场的垄断。

因此，对网络效应带来的“赢者通吃”进行限制和监管也是有成本和风险的。如何在充分发挥平台经济的正面效应和活力的同时，控制资本因垄断而生的“嗜血本性”，这是互联网时代市场设计者和监管者所面临的难题。2012 年诺贝经济学奖获得者埃尔文 · 罗斯（Alvin Roth）教授曾指出，共享经济市场设计中应遵循四个原则：一是保持市场的稠密度（保持正面网络效应），二是规避堵塞现象（降低负面网络效应），三是增强市场行为的稳定性，四是增强市场行为的便利性。根据平台经济的特性，市场设计和监管应注意以下几点：

第一，明确市场边界，明确电商平台服务、数据科技服务和金融中介服务的边界，按照同样业务、同样风险、同样监管的原则，避免监管套利和金融混业经营。

第二，根据不同平台的特性，以保护消费者、厂商和所有市场参与者的权益和促进市场健康有序的发展为目标，设计相应的市场机制和监管规则，防止网络效应下企业的各种反竞争行为。

第三，对于具有公共商品特性和易形成自然垄断的平台，可由政府主导搭建平台，发展共有的基础设施和关键设施，降低行业进入壁垒和限制，增加行业竞争。

第四，对于适合的平台，组织、制定和推行平台系统和网络市场统一的标准规范，实现竞争平台网络的互联互通，使得用户可以跨平台交易，从而降低市场进入壁垒，增强市场竞争活力。

第五，加强法治监督，规范经营，健全治理，及时依法依规合理处置市场参与者的违法行为，加强行政处罚的规范性。

国务院反垄断委员会于 2021 年 2 月 7 日发布的《关于平台经济领域的反垄断指南》和国家市场监管总局对阿里巴巴发出的《处罚书》中，充分体现了以上原则。

在新的监管环境下，平台经济发展初期的“野蛮生长”模式不可能再继续。完善公司治理，依法依规经营，加强风险管理，提高从业人员的专业素质和职业操守，是每一个平台经济玩家所必须遵循的原则。同时，科技赋能经济的唯一合理途径是通过实实在在的技术创新提高生产和服务的效率，而不是以“数据科技”或“金融创新”之名，行“垄断盘剥”或“混业金融”之实。

大健康

互联网医疗企业：到国家和人民最需要的地方去[1]

罗　俊[2]　徐婉迪[3]　陈烨欣[4]

【摘要】

在政策利好和疫情背景下，互联网医疗企业迅速壮大。中国医疗资源长期不平衡发展，亟待企业为医疗资源下沉提供支持，因而互联网医疗企业需要权衡好盈利和社会责任，严格遵守医疗行业的规范要求，全面提高合规意识，完善并落实内控制度。只有明确医疗要服务于大众，理应到国家和人民最需要的地方去，才是互联网医疗企业的可持续发展之道。

近年来，互联网医疗企业如雨后春笋般涌现，尤其是2020年初新冠疫情使得互联网医疗的优势被进一步发掘，国家卫健委连发两文推动互联网医疗的加速应用，政策利好促进互联网医疗的规模和影响力快速壮大。但是互联网医疗企业的商业模式仍处于发展初级阶段，亟待深入探索与试验。

作为发展前提，互联网医疗企业首先要恪守医疗行业规范，履行社会责任，同时注意风险防范。只有明确医疗要服务于大众，理应到国家和人民最需要的地方去，才是互联网医疗企业的可持续发展之道。

---

① 原文发表于《文汇报》2021年3月30日。

② 上海交通大学安泰经济与管理学院副教授、上海交通大学行业研究院“互联网+”行研团队成员。

③ 上海交通大学安泰经济与管理学院硕士研究生。

④ 上海交通大学安泰经济与管理学院本科生。

现阶段的互联网医疗企业主要围绕药品、内容和疾病提供医疗服务。围绕药品提供医疗服务的互联网医疗企业，通过将药品咨询、找药、购药、处方开具、用药管理等医药服务线上化，形成类似“在线外卖”的平台经济模式，其发展已趋成熟。围绕内容提供医疗服务的互联网医疗企业，主要通过“互联网诊疗平台”整合医生资源，提供文字、语音、视频、直播等问诊服务，如春雨医生和丁香园等。未来，该模式可以进一步演化成两类更复杂的共享服务，一类是“移动医疗手术平台”，整合患者、医生及医院信息，利用大数据、人工智能等技术，为患者匹配合适的医生、医院以接受手术治疗；另一类是有自己的医疗资源，诸如诊室、体检中心、VIP 诊疗中心、日间手术室，为区域内三甲名医乃至全国资深专家提供场所的“多点执业共享平台”。围绕疾病提供医疗服务的互联网医疗企业，将挂号、复诊预约、名医预约等医疗服务线上化，有助于解决患者“看病难”的问题。

但是，供需矛盾突出是我国医疗长期面临的根本性问题。受制于区域间经济水平差距，医疗资源在地区间分布不平衡、不充分，分级诊疗推进不彻底，国家卫健委的数据显示，2018 年我国三级医院数量仅占医院总数的 19%，却承载了全国 49.8%的医疗需求，优质医疗资源紧张。

在这一背景下，互联网医疗企业的发展更应该为缓解供给侧不平衡提供支持。但是，企业必然以盈利为目的，如何权衡盈利和社会责任并进行风险防范尤其重要。

由于医院承担着治病救人的社会责任，追求的是社会福利最大化，若互联网医疗企业在与医院合作的过程中，一味逐利，将医疗资源变成一种高端资源，背离了最广大人民群众的基本需求，势必造成企业与医院合作关系的破裂，最终反噬企业自身。

因此，互联网医疗企业需要权衡好盈利和社会责任，严格遵守医疗行业的规范要求，全面提高合规意识，完善并落实内控制度，在履行其社会责任的前提下，追求利润最大化。这不仅能保障互联网医疗的安全性，也是互联网医疗企业风险防范最直接有效的手段。

互联网医疗企业在其运营过程中，除了面临一般企业常见的市场风险外，还面临医疗事故风险、信用违约风险、信息安全风险、政策风险等。

其一，信用违约风险的主体有所增加。互联网医疗平台也可能成为违约主体；患者具有分散程度高、数量大的特点，且医生、医院等具有多主体性，使得违约主体数量显著增加。其二，信息安全风险更为突出。在医疗资源组织和整合的过程中，大量医患数据被收集并储存于互联网平台，带来了信息安全风险。

同时，互联网医疗企业与医生、医院之间必须在建立合作关系前明确如何分担风险、分享利润，尤其要在协议中对医疗事故风险、信息安全风险、政策风险等潜在风险及责任承担进行合理且明确的划分。在此基础上，政府需要加强对互联网医疗企业及医生、医院的监管力度，并出台相关政策和法律法规，规范各方行为，控制风险的发生。

在“长三角一体化”背景下，互联网医疗企业可以在长三角地区进行试点，大胆探索新的商业模式，深化医疗资源在区域内的共享程度；可以另辟赛道、面向基层，通过互联网技术优化配置医疗资源，缓解医疗资源地区间不平衡带来的供需矛盾。

迎接50年的养老行业信风[①]

罗守贵[②]

【摘要】

随着老龄化程度的加深和速度的加快，中国在养老方面将面临前所未有的挑战。但与此同时，对养老行业则是难得的发展机遇。从2022年到2070年的50年中，中国老龄化都将维持在很高的水平，这意味着养老行业的发展有强大而持久的需求支撑，处于稳定的信风带。过去的养老供给基本上是由政府提供的兜底服务，未来财政难以负担，必须引入社会资本来提供多层次，尤其是高质量的养老服务，以满足人民群众日益增长的美好生活需要。

2020年5月19日，上海市人民政府发布了《关于促进本市养老产业加快发展的若干意见》（以下简称上海“养老产业”二十条），或许大多数人都没有注意到这个文件，但对中国养老行业的发展而言，这注定是一个里程碑。

长期以来，中国形成了由政府主导的养老事业发展的基本格局。主要表现为政府通过财政投入直接建立养老机构接纳老人，政府建立养老队伍直接经营养老事业。而陆续推出的改革也仅仅是将部分公立养老院转变为公建民营模式，间接的财政投入则通过补贴供方的形式进入养老体系。民营养老力量不仅比较薄弱，而且在市场竞争中处于不利地位。

---

① 原文发表于上海交通大学行业研究院官方微信公众号《安泰研值》2020年7月14日。

② 上海交通大学安泰经济与管理学院教授、上海交通大学行业研究院养老行研团队负责人。

目前，在政府为主渠道的养老投入支撑下，基本建立了公建公营、公建民营、民建民营的养老机构体系，并通过社区综合为老服务中心形成了社区嵌入式养老基本服务网络。但这些服务基本上还是基于满足最低养老服务需求的兜底式服务，无法满足老人日益增长的对高质量、多层次美好养老生活的追求。

由于30多年计划生育政策对人口结构自然演化的干预，中国过早进入了老龄化社会。根据第七次人口普查公告，截至2020年，中国60岁及以上人口达2.64亿人，占总人口的18.70%，其中，65岁及以上人口达1.91亿人，占总人口的13.50%。与20年前相比，60岁及以上人口的比重上升了5.44个百分点，65岁及以上人口的比重上升了4.63个百分点。

随着1962年以后婴儿潮出生的一代人口在2022年陆续进入老年行列，中国的老龄化还将大大加速。伴随着养老需求的巨大挑战，政府的财政支付能力和服务能力将不堪重负，传统的养老服务体系也将难以适应。未来由政府财政为主支撑养老服务不仅将力不从心，更难以提供高质量的养老服务，因此亟待由过去政府主导的养老事业向政府推动的养老产业转变。

近年来，一些社会资本逐步试水养老行业，主要标志是民办养老机构数量增长较快，并且成为中高端养老服务的主要提供者。但总体看来，社会资本介入养老市场的广度和深度还远远不够。这里既有政府的原因，也有资本市场的原因。在政府方面，由于顾虑鼓励和支持社会力量进入养老市场会被老百姓解读为政府推卸责任，导致相关政策跟不上形势的发展。在资本市场方面，普遍认为赚孩子的钱容易，赚老人的钱太难。但这两方面的情况正在发生积极的变化。

这次上海“养老产业”二十条的发布反映了上海市政府已经对未来养老市场的发展有了更加科学的判断并做出了正确的选择。毫无疑问，全国也好，上海也好，未来财政对养老的投入力度不但不会减少，还会进一步加大。但这与鼓励社会资本进入养老市场、积极发展养老产业一点也不矛盾。越来越多的社会资本进入养老市场必然能增加养老服务的有效供给并提高养老服务的质量，增进广大老人的福祉。

一个重要的判断是，中国养老产业将迎来30~50年的黄金时期。从2022年开始，中国婴儿潮出生的人口进入退休年龄，1962—1991年的30年间，全国平均每年出生2 282万人。这意味着2022—2051年的30年内，中国老龄化将一路狂奔加速。而在2051年左右达到高峰以后，老龄化程度还将在较高水平再维持20年左右，直到婴儿潮出生的人口全部退出之后，中国的老龄化程度才将趋于平缓。也就是说，从2022年到2070年大约50年时间里，中国老龄化都将维持在很高的水平，这是养老产业发展的重要机遇期。

资本市场喜欢追逐风口，但需要认识到，养老行业与别的行业不太一样，它没有大风、强风，更没有暴风，但它有信风——持续而稳定的风。信风（trade wind）是气候学的术语，指在低空从副热带高压带吹向赤道低气压带的风，它的方向很少改变，年年如此，稳定出现，很讲信用，这也是trade wind在中文中被翻译成“信风”的原因。而事实上最初取名trade wind的原因是古代商船都是帆船，它们就是靠着这种方向常年不变的风航行于海上。对于长线投资者而言，信风是最好的，它不像暴风那样来势凶猛，也不会忽强忽弱，而是持续且稳定。对于养老行业而言，从现在开始一直到2070年前后的约50年里，都处于稳定的信风带。

因此，对于资本市场或投资者而言，是时候布局养老领域了。养老不是暴利行业，不适合赚快钱，但它完全能成为一个有稳定回报的、受人尊敬的行业，适合赚稳钱。根据我们的估算，2018年中国养老市场的规模已经达到6.2万亿元，增长率为12.7%，远远快于GDP的增长，占GDP的比重为6.92%。而未来50年，随着老龄化的加深和老人消费观念的不断改变，这一比重还将持续稳定上升。预计到2030年，中国养老产业可达22万亿元的市场规模。

在此背景下，上海“养老产业”二十条发布的意义在于，它明确使用了“养老产业”的概念，提出要鼓励各类社会资本投资养老服务业，支持外商独资、中外合资养老服务机构在沪发展，积极引入国际先进服务模式，鼓励养老服务机构专业化、连锁化、品牌化发展。尤为重要的是，上海“养老产业”二十条提出了完善财政补贴机制，推动养老服务补贴从“补供方”逐步向“补需方”转变，推动形成老年人自主选择、服务机构公平竞争的服务供给格局。这对营造养老产业公平开放的政策环境极其重要，能够极大地激发和释放产业发展的潜力。

承认养老是产业意味着不再认为养老是政府财政的负担，它同时也意味着经济发展出现了新机会。对于上海是如此，对其他地区和全国都是如此。

祝愿养老产业的航船在未来几十年的信风带中平稳前行。

积极推进互联网医院发展，持续提升上海优质医疗资源配置效率[①]

陈宏民[②]　吴　韬[③]

【摘要】

远程医疗是上海发展“在线新经济”三年行动方案中的重要内容。依托实体医院发展起来的互联网医院，拥有医疗体系最核心的资源——医生。不失时机地推进互联网医院健康发展，对于促进远程医疗，优化医疗资源，有着极其重要的意义。本文在实地考察和调研的基础上，提出了加快完善收费模式、逐步放开诊疗范围、大力提升信息披露水平和搭建互联网医院的公共服务平台等相关建议。

一、推进互联网医疗发展的意义

随着通信和网络技术的迅猛发展，互联网医疗将会出现高速发展的势头，成为医疗体系的重要组成部分。对于患者而言，能大幅降低等待成本和异地患

---

① 本文是笔者联合带领的课题组在调研基础上的研究报告（2020 年 8 月）的简要版。陈宏民教授与吴韬教授带领各自的研究团队实地考察了上海儿童医院、仁济医院所开设的互联网医院，访谈了共数十位资深医生和患者，并调研了春雨医生等互联网医疗机构。在此基础上完成了关于促进上海互联网医院发展的调研报告，递交相关部门。参与调研的成员还有上海交通大学中国医院发展研究院医学智能发展研究所常务副所长周亮，上海交通大学行业研究院副教授陈志洪、罗俊、李海刚和研究专员谢天。

② 上海交通大学安泰经济与管理学院教授、上海交通大学行业研究院副院长、上海交通大学行业研究院“互联网+”行研团队负责人、中国管理科学与工程学会副理事长、上海市人民政府参事。

③ 上海交通大学医学院党委副书记。

者的交通及住宿成本；对于医院而言，能有效节省空间成本与运营成本；对于医生而言，能增加其工作的有效时间和灵活性。此外，将一部分医疗行为转移到线上，可以大大降低因人员集聚所导致的疾病传染风险；而通过互联网平台披露和匹配医生和医院信息，可以大幅度优化医疗资源的配置效率。

上海具有全国领先的优质医疗资源，尤其公立医院的规模和水平均为国内领先；同时，上海的信息技术水平和智慧城市的水平也居国内前列。所以，上海应该抓住这次新冠疫情引发的在线新经济热潮，全方位推进医疗服务在线建设，积极推进各类试点，完善配套制度及流程设计，鼓励医护人员的在线服务意识，提升他们的在线服务能力，使上海的优质医疗资源发挥更高效率。

2018 年开始，国家各部委接连出台相关政策，积极推进互联网医疗发展进程。新冠肺炎疫情爆发后，上海市委市政府要求市卫健委加快推进远程医疗，目前上海共有 13 家公立医院获颁互联网医院牌照，从诊断到电子处方再到医保支付，已经全部互联互通，能开展在线诊疗业务。

在线诊疗依然是新生事物。互联网医疗发展至今 10 余年，始终在就医辅助服务（挂号、查询信息、轻问诊等）环节上转悠，是这次新冠疫情的强烈冲击，才打开了互联网医院的大门，真正实现在线诊疗业务。

然而，要继续推进互联网医院建设，促进在线诊疗业务发展，持续提升上海优质医疗资源的配置效率，还有大量工作要做。我们在调研中发现，至少有以下几方面的问题亟待解决。

1. 诊断范围受到严格约束，限制了在线诊疗优势的发挥

互联网医院虽然在运作上已经全线贯通，但是就诊范围依然受到严格约束，必须是“常见病和慢性病的复诊”，而且复诊的界定十分狭窄。加上绝大部分患者还不熟悉互联网医院的就诊程序，而一些医院平台的操作界面也不甚友好，这些都造成在线求医的规模远远小于线下门诊数量。以上海仁济医院为例，2021 年 3 月至 7 月的线上总接诊量约为 7 000 人次，而该院日均线下门诊数约为 1.6 万人次，占比不足 0.4%；而该院尚属沪上 10 多家互联网医院中接诊量较大的。

目前互联网医院的就诊范围的限制导致绝大多数求医者仅为慢性病的随访；而该患者群体以老年人为主，他们对于互联网服务的接受程度及使用能力相对较低，加上现有互联网医院的应用界面不够友好，导致供方的运营方式同需方的实际需求存在错位。

2. 诊断定价不够灵活，制约了医务人员积极性的发挥

上海的互联网医院虽然依托的都是优质医疗资源，可挂号费却按规定统一按普通门诊（25元/次）的标准收费。这种过于严格单一的规定尽管在疫情期间对于广大患者是福音，但不利于这种新生事物的长期健康发展。上海的互联网医院的诊疗收费既不如好大夫在线、春雨医生的轻问诊项目那般灵活，也不如公立医院线下诊疗标准那般多样。这种线上与线下“同工不同酬”的现象会严重挫伤资深医生开展线上诊疗的积极性；随着社会化互联网医疗平台的发展，必然会造成公立医院优质医疗资源的流失。

3. 在线医疗服务平台建设缺乏统一规划

目前各医院通常采用自主投资建设在线医疗服务平台的形式，在平台功能、问诊流程、支付界面、医保报销等环节都缺乏统一性，用户切换医院时的转换成本较高，不利于大众将在线问诊常态化。

不同层级医院及医生对于互联网医疗的诉求存在差异，例如二级医院希冀通过互联网手段提高问诊数量，而三甲医院则侧重于优化问诊质量。然而由于诊疗平台未被完全打通，患者信息未实现充分共享，导致医疗资源分配无法实现最优化。例如，由于本可在社区医院进行诊疗的轻症患者选择了三甲医院的专家门诊，导致重诊患者的诊疗需求无法被充分满足，资深医生亦因此减少了诊断重症难症、提升医疗技术发展的机会。

二、推进互联网医院发展的若干建议

1. 尽快改变互联网医院诊疗收费的单一模式，保障医护人员线上线下“同工同酬”

应尽快改变现行互联网医院统一按普通门诊收取挂号费（25元/次）的单一定价模式，允许它们按照所依托的实体医院的收费标准，在线推出普通门诊、专家门诊和特需门诊等多样性服务，实行线上线下“同工同酬”。

推行上述做法不仅能够提升上海互联网医院的服务质量，也可避免上海的优质医疗资源外流，同时还降低了因定价过低所导致的过度医疗消费问题，促进医疗资源的有效使用。

2. 逐步放开互联网医院的诊疗范围，提升医疗资源的利用效率

加强对现行互联网医院诊疗案例的效果评估；对于那些诊疗效果良好，依

托的实体医院级别较高的互联网医院，进行扩大在线诊疗范围的试点。比如根据治疗领域的特点，开放某些领域的专家门诊或者特需门诊的在线初诊；又比如对“复诊”界定适当放宽，对“初诊”的认定从依托的实体医院放宽到同级实体医院；等等。

政府和医院为了开展在线诊疗投入了大量人力财力，患者也寄予很高期望。现行的复诊限制造成在线诊疗规模小和病例简单，对缓解医疗资源紧张、提升医疗资源有效匹配的效果不佳，甚至造成了一定的负面效应。

3. 加强互联网医院的信息披露能力，提升医疗资源的匹配效率

互联网医院不仅是患者就医的便利场地，还应该是患者自诊、分诊、导诊的信息平台。政府监管部门应该鼓励和引导互联网医院加强信息平台建设，把医疗信息披露能力作为考核的重要指标之一。互联网医院要充分意识到上海优势医疗资源的特点和优势：提升医患之间的匹配度，为患者找到对应专长的医生，提升诊疗效果，这甚至比扩大诊疗覆盖面更加重要！

4. 建设在线医疗公共服务平台，促进医疗资源合理分配

建议由政府监管部门牵头，面向社会招标，建设统一的在线诊疗服务平台，着重面向中小型规模的实体医院所建设的互联网医院，让更多中端医院、中层医生介入互联网医疗体系，实现轻诊、复诊患者的导流与再分配，从而缓解高端医院的就诊压力。推进分级诊疗及医联体制度建设，促进跨地域、跨医院的资源链接，提升医疗资源分配的合理性，并探索逐步实现长三角地区医疗资源的线上互通。在此过程中，需着重考虑医疗资源容量估算、检测报告互认、异地医保结算等问题。

同时，应基于该医疗服务平台的就诊记录，逐步建立关于病患档案的数据库，记录完善的个人病史、问诊记录、住院记录、主治医师、检测报告、过敏史等信息，以便医师充分了解患者的身体状态及过往病史，全面评估医疗风险，从而确定治疗方案，亦可提升跨地域、跨医院诊疗时的准确度。与此同时，务必做好数据安全管理，保护病患的隐私权。

智慧养老

——今天的智慧，明天的生活[①]

戴　芳[②]

【摘要】

“十四五”期间我国老年人口将突破3亿人，从轻度老龄化迈入中度老龄化社会。伴随着老龄化程度的加深，养老成为热点民生话题。人们尤其关心在数字化转型的时代，老年人如何才能乐享智慧生活。本文基于居家和机构这两种养老模式解析数字化如何赋能养老。

智慧养老（smart senior care）是指利用信息技术，围绕老人的生活起居、安全保障、医疗卫生、保健康复、娱乐休闲、学习分享等方面支持老年人的生活服务和管理，一方面提升老年人的生活质量，另一方面利用好老年人的经验和智慧，使智慧科技和智慧老人相得益彰，目的是使老人过得更幸福、更有尊严、更有价值。

据测算，智慧养老市场规模达到4万亿元，其中蕴含了大量需求拉动型和技术推动型创新机会。2020年4月，上海市民政局联合市经信委发布了首批12个智慧养老应用场景需求，分为安全防护、照护服务、健康服务以及情感关爱等4类。本文从智慧养老的典型应用场景管窥这个庞大的蓝海。

---

① 原文发表于上海交通大学行业研究院官方微信公众号《安泰研值》2021年4月15日。

② 上海交通大学安泰经济与管理学院副教授、上海交通大学行业研究院养老行研团队成员。

一、智慧赋能居家养老

老年人的居家生活可分为两类活动：一类是基本生活活动，包括吃饭、穿衣、移动、个人卫生等；另一类是相对复杂些的社区活动，包括交通和购物、做饭、打扫卫生、人际交流、财务管理以及健康和医疗管理等。居家养老的理想状态是老年人尽可能保持较长的健康“平台期”，尽可能长地保持独立生活的能力，也就是无须辅助能够完成上述两类活动。在以上的各种活动中，智慧设备和平台都能够为老人及其照护者赋能。

智能化的健康和医疗管理可以为老人的健康保驾护航。慢性病是威胁老年人身心健康的重要原因，以排名第一的高血压为例，老年人的患病率高达53.2%。老人可以采取智慧方式进行慢性病管理，智能床垫和可穿戴设备可以检测老人的各项体征，包括睡眠数据、血压、步数、步态等，这些数据都可传输到社区和城市的健康管理平台，平台定期推送个性化的保健知识和预警信息。患有慢性疾病的老人的定期复诊也可以在线上进行，平台会提醒老人复诊的时间，老人只要按时打开平台连线即可。医生从平台调取数据和分析报告并结合老人的自述给出诊断和处方，与平台联网的药房则根据处方配送药物。老人的药箱管理也可以智能化，界面友好、简单易用，并具备自动分药、用药提醒等功能。

智能技术也可以用于疾病的预防和康复治疗。例如为了预防老年人群的另一种高发病帕金森病，老人可定期对自己的运动功能进行测评。国内某著名互联网公司与三甲医院合作开发的运动检测设备，可以通过手持仪器摇晃的方式测试运动功能，通过大数据分析对受测者的运动技能进行客观的评价，并给予改进意见。假如老人因病住院，回家后需使用康复辅具辅助活动和训练，在出院前即可通过康复辅具租赁平台租赁适配的设备。智能化的设备可以为术后康复提供便利和乐趣，老人无须每天往返于家和康复机构之间，在家中即可进行康复训练。这也为康复师节省了宝贵的时间资源，使他们能够为更多的病人提供基于数据的个性化训练计划。

我们再来看看老人一日三餐的场景。大部分时间，居家养老的老人会选择在家用餐。老人可以从电商平台订购食材，平台可根据老人的日常用量、口味偏好和营养需求来推荐食材。老人也可以选择去住家附近的餐厅用餐，餐厅可采用人脸识别自动识别老人，系统会根据之前的数据记录自动为老人推荐食谱，让老人享用一顿可口的美餐。如果老人希望加入社区的长者助餐计划，那么社区食堂会把老人预定的膳食送至小区。

社会参与对老年人保持身心健康非常重要。老人可以通过社区的信息管理平台，了解和预约社区中心的活动，比如步行至距家15分钟的社区中心去观看一场文艺演出，或者与老伙伴约好下几盘棋，身体素质较好的老人还可以参加社区的公益活动。需要指出的是，虽然老人也可以通过电视、社交媒体或者陪护机器人来排解寂寞和孤独，但是人和人面对面的交流对保持身心健康还是不可或缺的，新冠疫情期间的体验强化了大家对这一点的认知。所以，智慧养老并不是要取代人的作用，而是让技术为人赋能，使得信息畅通、资源联通，老人可以更好地利用社区的资源来丰富和改善生活。

智慧技术还可以赋能老人的工作和学习。老年群体具有多样性，老年人的需求具有层次性，贯穿全生命过程的人力资本开发也具有可能性。大量的研究已经表明，积极的生活方式对于老人的身心健康有促进作用。老年人拥有的知识和技能是社会的宝贵财富，应充分发挥其价值。部分低龄老人在退休之后依然愿意从事力所能及的活动，特别是灵活的兼职工作和志愿活动，以增加生活的意义和价值，甚至为自己带来额外的收入。有专业技能的老人可以为企业提供咨询，老人也可以作为消费者代表参与产品设计，提供他们独特的视角。服务于老年人工作需求的平台，可以成为老年人和潜在雇主之间的信息和交易平台。

学习可以给老年人带来知识、技能和社交，因此很多老人乐此不疲。除了参加线下的老年大学，老人还可以利用线上资源，如慕课等，来丰富学习内容。好的老年大学存在一位难求的现象，为了让更多的老人享受到优质教育资源，老年大学可提供更多线上课程。个别老人甚至愿意去高等院校攻读学位，圆自己年轻时未完成的梦想，那么，网上授课的项目可以成为一个很好的选项。

二、智慧赋能养老服务机构

养老服务机构基本可以分为两种业态：一种是接纳长者长期入住的养老院、老年公寓和养老社区等；另一种是为长者提供短期托养、日间照料和居家护理等服务的社区嵌入式机构，包括综合为老服务中心、日间照料中心、护理站等。无论是何种业态，智能设备和智慧医养管理服务平台都有助于机构的高效运营和高质服务，有助于将服务延伸至家庭，并提升机构的经济效益和持续发展能力。

在嵌入式社区服务机构，采用智慧数据平台可实时采集服务人员状态、长者需求、服务质量评价等数据。管理人员可基于实时数据调配人员，为服务人员节省交通时间，提升响应速度和质量。在长住型长者照护机构中，通过采用智能化设备和管理系统，护理员能够更加有效地使用时间和精力，在维持现有服务质量的前提下，将省出来的时间用于提供新的服务。比如，可以采用陪伴机器人陪护老人的娱乐活动，如唱歌、诗歌朗诵等。陪伴机器人所储存的曲目和节目是任何一位人类护理员所无法比拟的。

照护机构还可采用无侵入式的智能看护系统，在保证老人隐私的同时，能够对突发事件，比如老人跌倒、生病、人员冲突、违反安全规定等，做出最快速的反应。机构可应用智能床垫、人体雷达、生命体征探测等设备，实时搜集并分析各种状态数据。无需人员接触，就能够探测到老人的生命体征和动作姿态，在发现异常时发出警报，提醒照护人员前来帮助。

新冠疫情加速了养老机构对智能技术的采用。由于老人是易感人群，疫情期间养老院大都采取了阶段性的封闭式管理。长者们在封闭期间与家人的情感沟通就依赖于智能设备，长者可以通过电视大屏幕，与家人通话畅聊。疫情期间大型养老机构的人员出入管控也借助了智能解决方案，使得人员进出方便、活动路线和区域清晰。

三、智慧养老——今天的智慧，明天的生活

在上述各类智慧养老应用场景的背后有一个支撑体系，即数字化养老服务体系。这个体系联通家庭、社区、养老机构、第三方服务商、医疗机构、监管机构等各类利益相关者，它采集各类供需信息和数据，并实现数据的实时交互，以便于向老人提供全天候、多层次、个性化的养老服务。为了使这个体系顺利运转，需要确保所有的利益相关者都能各司其职。

其一是帮助老人跨越数字鸿沟，设备的用户界面要考虑到老人的认知特点，需便捷易用，并对老人的日常生活无打扰。其二是服务平台需整合各类服务，包括急救服务和各类生活服务，如各地推出的“一键呼”服务，既能呼叫急救中心，又能呼叫居委会、社区卫生中心、养老驿站等。其三是确保服务的质和量。智能养老的关键不在于设备，而在于设备所能连通的服务。监管部门和服务平台需确保服务商的资质并考核其服务质量。

简而言之，智慧只是手段，服务才是根本。智慧养老最核心的要义是赋能，是为老人、为行业、为社区、为职能部门赋能。

中国创新药“价—量”关系的经济解释①

陈志洪② 刘 洋③ 宋紫珺④ 郭凤娟⑤

【摘要】

自 2015 年原国家卫计委发布《建立药品价格谈判机制试点工作方案》以来，创新药国谈至今已进行 4 次，共计 126 个品种被纳入医保目录，预计医保支出约 500 亿元。本文首先对中国医药市场的特征进行简要介绍，进一步结合创新药进保前后价格和销量的数据变化，分析其内在逻辑。本文认为，居民家庭收入分布是解释以肿瘤靶向药为代表的创新药销量变化的重要因素。

一、中国医药市场特征

我国经济发展、收入提高以及人口老龄化，引发医疗需求的提升和医保资金支付压力的加大。虽然我国医药市场规模已经是全球第二，但长期仍以仿制药为主，创新药占比不高。随着国家医疗卫生体制改革的深入，药品带量采购、创新药价格谈判、医保目录调整等医药领域政策的落地实施，以及国内药企创新能力的增强，我国医药市场的格局正经历着向创新药驱动增长的迅速转变。

---

① 原文发表于上海交通大学行业研究院官方微信公众号《安泰研值》2020 年 8 月 25 日。

② 上海交通大学安泰经济与管理学院副教授、上海交通大学行业研究院医药行研团队负责人。

③ 上海交通大学安泰经济与管理学院 MBA 学员。

④ 上海交通大学安泰经济与管理学院本科生。

⑤ 上海交通大学安泰经济与管理学院本科生。

花旗银行预测，我国医药市场将保持接近10%的增速，到2025年销售额超过2万亿元人民币。其中，仿制药和专利过期原研药由于价格压力和市场竞争而增速放缓甚至出现负增长，进口专利药和国内创新药则成为未来增长的驱动力，占整个市场的份额不断扩大。未来5年国内仿制药仍然以40%的销售金额占比和63%的销量占比保持市场的主体地位，不过金额占比会逐渐萎缩。进口过期专利药则不论是在销售金额还是在销量占比上都快速减少，到2025年仅分别占14%和10%。进口专利药和国内创新药的占比则会迅速增加，销售金额占比到2025年将总共达到34%，销量占比达6%。处在这样的市场变局中，不论是之前享受市场红利的外资药企，还是粗放经营的国内仿制药企业，抑或是近些年不断涌现的创新型生物制药公司，都将在这场变化中经历业务的挑战和机遇。

二、创新药价格谈判与销量变化

受专利保护的创新药具有市场垄断地位，高企的药价不仅激励企业进行创新投入，也极大程度上制约了药物可及性。世界各国创新药价格形成机制都与该国特定的医疗保障体系相适应，都试图在保护创新和增加药物可及性之间寻求平衡。虽然我国医疗保障制度不断完善，但对于许多癌症、罕见病、器官移植等重疾患者家庭而言，巨额的医药费用支出仍是不可承受之重，因病返贫、因病致贫现象屡有发生。受经济条件限制，有些家庭只能转向保守治疗甚至放弃治疗。

2015年，原国家卫计委发布《建立药品价格谈判机制试点工作方案》，要求选择“价格高、疗效确切、社会关注的若干专利药品和独家药品”进行试点谈判，正式启动国家层面的创新药价格谈判（国谈）。创新药国谈至今已进行4次（见表1），共计126个品种被纳入医保目录，预计医保支出约500亿元。2020年8月17日，医保局公布了《2020年国家医保药品目录调整工作方案》，新一轮创新药谈判进入倒计时。

表1 4次国家层面药品医保价格谈判情况

时　间	政府部门	参与谈判药品数/个	谈判成功数量/个	平均降幅
2015年5月	原卫计委	5	3	-58%
2017年7月	人社部	44	36	-44%
2018年10月	医保局	18	17	-56.7%
2019年11月	医保局	新增：119（含18个中药） 续约：31	70 27	-60.7% -26.4%

来源：*GBISOURCE*。

创新药价格谈判的“灵魂砍价”中，以药物价格和临床指标为考量的“成本—效用”分析，以及对医保资金占用的预算影响分析，是谈判双方的客观依据和核心考量。以肿瘤药为例，以质量调整生命年（quality-adjusted life year）来度量的增量成本—效果比（incremental cost-effectiveness ratio，ICER）小于人均 GDP 水平则代表有一定的性价比，而 3 倍人均 GDP 则在国际上普遍被认为是上限阈值。

预算影响分析中，除了考虑价格因素之外，进保药物销量预测也是分析的重要组成部分，直接影响相应的医保支出。笔者整理了 2015 年至 2018 年 3 次医保谈判中的 34 种抗肿瘤靶向药进保前后销量变化，并以这些肿瘤药品参加谈判的年份为基点，分析谈判前和谈判后 34 种药品的销量/销售额变化。虽然这些创新靶向药品在谈判前的销售增速已远高于市场平均水平，但这些药物在进保后前两年经历了更加明显的销量/销售额的跳跃，首年销量增幅中位数高达 342%，销售额增幅达 149%（见图 1）。

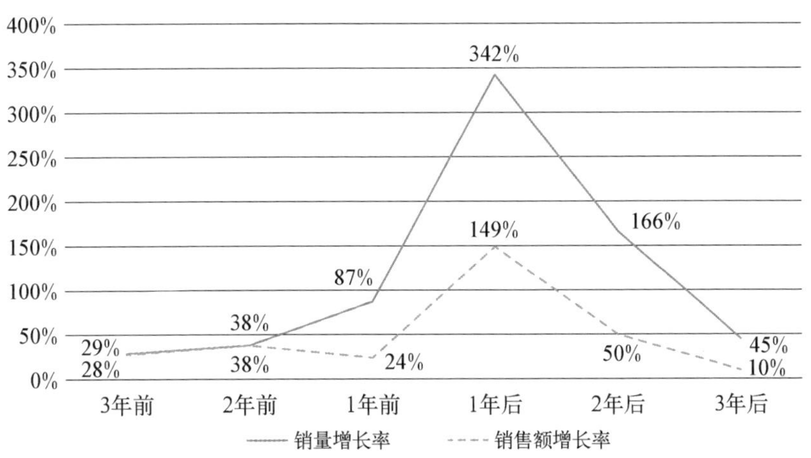

图 1　医保谈判前后抗肿瘤药的销量/销售额增长率

三、“价—量”关系的经济解释

发病率等流行病学指标度量了药物的客观需要，而需求则与价格密切相关。单纯以药物对应适应证的发病率、诊断率等医学指标来分析药物销量变化存在局限和偏差。以乳腺癌靶向药赫赛汀为例，曾有学者在 2016 年对赫赛汀纳入医保做过预算影响分析，预计对医保资金占用在 20 亿元左右。然而，根据 IQVIA CHPA 数据，赫赛汀 2017 年通过医保价格谈判纳入医保目录后，2019 年销量相对 2017 年增长超过 5.4 倍，销售额超过 45 亿元。

客观来看，即便被纳入医保目录，作为乙类创新药物，30%的自费比例对很多家庭来说依然是一笔不小的开支。因此，经济因素仍会在很大程度上影响市场需求的变化。此外，可替代性方案、市场渗透率、推广力度等诸多商业因素也都会显著影响需求。

通过逐个查阅肿瘤创新药进保前的赠药政策（PAP 项目），并结合自费比例度量患者实际支出（out-of-pocket）变化，笔者进一步整理并计算了抗肿瘤靶向药物进入医保首年销量增长所对应的需求价格弹性。分析中把那些近些年刚获批上市的或者虽然较早上市但是经历了较多市场变化（如代理商的更换等）导致市场表现波动较大的品种剔除，保留共 18 个在谈判前有较稳定市场表现的品种进行研究。图 2 表明，上述抗肿瘤靶向药的需求价格弹性都大于 1，意味着这些药品在其对应的价格区间内都富有弹性。不过，不同药物之间价格弹性相差很大，这也说明各抗肿瘤靶向药品的需求仍显著受到价格以外其他相关因素的影响。

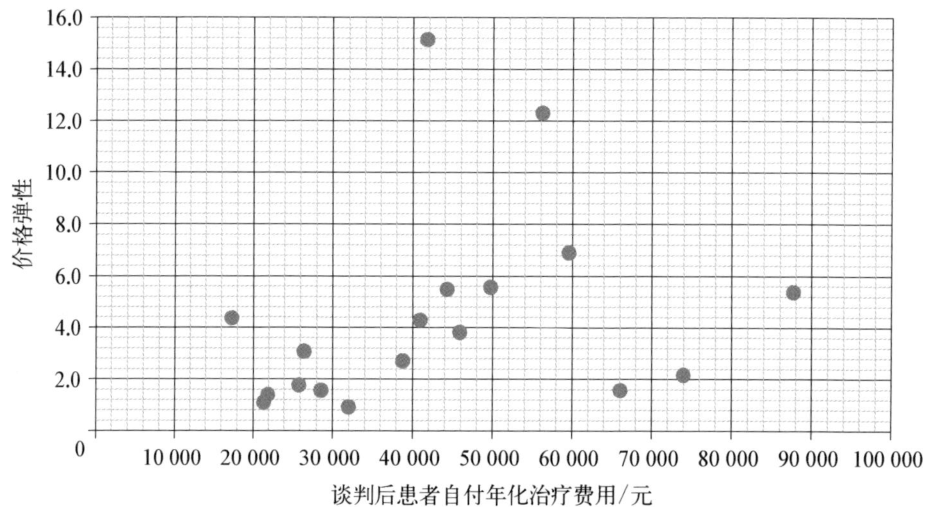

图 2　抗肿瘤靶向药的价格弹性分布区间

鉴于肿瘤药对于延续患者生命的重要性，该药物市场应该是一个缺乏弹性的“刚需”市场。但销量变化表现出富有价格弹性，即患者对实际支出费用呈现高敏感性特征。经济理论认为，商品价格下降会引发两类市场需求变化：

一种是由于收入效应和替代效应引发现有消费者需求量的增加，称之为集约边际调整；另一种是由于价格下降使得更多消费者开始消费该类商品，称之为广延边际调整。考虑到药品使用是严格按照说明书规定的用法用量指导，现有患者不会根据价格的变化大幅度改变自己的用药量，肿瘤患者更是需要严格地在医生指导下用药，因此，药品价格的提高或者降低并不会造成既有患者群体需求（用量）的变化。进一步推断，创新药需求的显著性增加不是来自现有患者群体的消费行为改变，而是药物使用患者群体的扩大，即广延边际的调整。

进一步观察发现，绝大多数抗肿瘤靶向创新药品的需求价格弹性在 6 以下，中位数约 3.4。笔者认为，这一需求价格弹性指标与我国家庭可支配收入分布具有相关性。表 2 列出了我国各收入阶层家庭分布情况。具体而言，上述抗肿瘤靶向药在进医保前的年化治疗费用中位数是 16.7 万元，假设普通家庭对于肿瘤药的支付上限占其家庭可支配收入水平的 1/2 到 2/3，这一费用水平对应国内上层中产以上家庭经济承受范围，2015 年占比共 17.8%。当药品谈判降价进入医保后，患者的自付年化费用中位数在 5 万元左右，也即新兴中产阶层以上的家庭也可以负担，相应家庭占比达到了 66.4%，即可覆盖人群扩大了 3.9 倍，这恰好也与上面的价格弹性中位数 3.4 接近，从一定程度上解释了价格降幅与销量增幅的比例关系。

表 2　我国各收入阶层家庭户数情况分析

阶　　层	家庭年均可支配收入/元	2015 年户数/百万户	2015 年占比/%	2020 年期望占比/%
富裕人群	>288 800	10.1	3.4	6
上层中产	150 000~288 800	43.0	14.4	23
中产阶层	99 600~150 000	61.2	20.5	24
新兴中产	62 400~96 000	84.1	28.1	25
准中产与低收入	<62 400	100.5	33.6	22

资料来源：中国产业信息网转引智研咨询网发布的《2018—2024 年中国共享经济产业市场行情动态与投资前景预测研究报告》。

用家庭收入分布这一经济性指标来解释抗肿瘤靶向创新药进保后的需求变化虽然过于粗糙，但具有内在逻辑性。此外，如前所述，药品的可替代性、市场渗透率、学术推广、经济格局等诸多商业因素也都会显著影响需求。对于具体药物需求的“价—量”分析，仍需要细致、科学的计量和模型分析。

带量采购

——中国药品市场变局现在进行时[①]

陈志洪[②]　张洲驰[③]

【摘要】

为切实降低群众用药负担，我国自2018年年底以来，已相继开展“4+7”城市药品带量集中采购和两轮全国范围集采，第三批全国集采也于2020年8月开展。随着带量采购的一轮轮推进，中标价格屡创新低，涉及品种数量大幅增加，覆盖区域从最早的11个重点城市扩展至全国各省市，带量采购的具体规则也不断修正、完善。本文回顾之前药品带量采购进展和变化趋势，展望第三批全国集采和行业发展趋势。

一、相关品种

1. 参与带量采购的药品范围不断扩大

从带量采购药品数量来看，2018年年底“4+7”及2019年扩围涉及25个品种，2020年初第二轮全国集采最终中标药品共32种，其中包括阿托伐他汀、恩替卡韦、阿卡波糖等重磅品种。第三批全国集采涉及56个品种，包括二甲双胍、缬沙坦等重要品种。

除全国集采外，省级带量采购也将进一步推进，未来采购金额前80%近

---

① 原文发表于上海交通大学行业研究院官方微信公众号《安泰研值》2020年8月9日。

② 上海交通大学安泰经济与管理学院副教授、上海交通大学行业研究院医药行研团队负责人。

③ 上海交通大学安泰经济与管理学院硕士研究生。

500 种药品均有可能通过包括省级带量等方式进行集中采购。除化学药外，中成药、生物制剂可能也将参与其中。网传预计 2021 年完成 250 个品种，2022 年实现 500 个品种全覆盖。

2. 一致性评价过评企业越多的药品入选带量采购名单概率越高

从 2019 年年底（全国集采前夕）一致性评价药品过评情况来看，最终参加“4+7”或全国集采的品种中，近七成有 2 家以上的过评企业。同时过评企业数量越多，品种参与带量采购的概率越高，过评企业数量在 5 家及以上的品种参与概率超过 80%（见表 1）。

表 1　2019 年年底各品种过评企业数量及已参与带量采购的占比

过评企业数量/家	品种数量/个	已参与带量采购品种/个	已参与带量采购品种占比/%
>4	31	25	80.65
3~4	31	18	58.06
2	40	12	30.00
1	54	2	3.70

二、竞标结果

1. 各轮药品平均降幅均过五成，医保费用节省逾百亿元

从 3 次带量采购中标价格来看，“4+7”中标价较 2017 年对应城市最低采购价平均降幅达 52%，“4+7”扩围中标价较 2018 年最低采购价平均降幅达 59%，全国集采中标价较规定最高价平均降幅达 53%，其中，全国集采规定最高价整体已显著低于之前全国各地药品采购价格。

结合药品中标价、之前采购价和具体采购量，“4+7”实际采购金额达 19 亿元，较之前全国最低中标价节省医保费用约 15 亿元；“4+7”扩围实际采购金额约 71 亿元，较上一轮“4+7”中标价节省医保费用约 33 亿元；全国集采实际采购金额约 33 亿元，较规定最高价节省医保费用约 54 亿元。由于“4+7”中标价和全国集采规定最高价已显著低于之前各地药品采购中标价格，若以各地采购价为标准，后两轮医保费用节省均逾百亿元。

2. 竞标企业数量越多，价格降幅越大

图 1 反映了不同品种前 3 家中标企业的价格降幅与该品种参与投标的企业

数量的关系（每个品种下的一家企业对应一个点），其中左右两张图分别呈现“4+7”扩围和全国集采的情况。从图中可以看到竞标企业数量与价格降幅呈正向关系。在“4+7”扩围中，该关系更加明显，其原因可能是“4+7”扩围所对比的第一轮“4+7”中标价格较全国集采所对比的规定最高价更贴近成本。

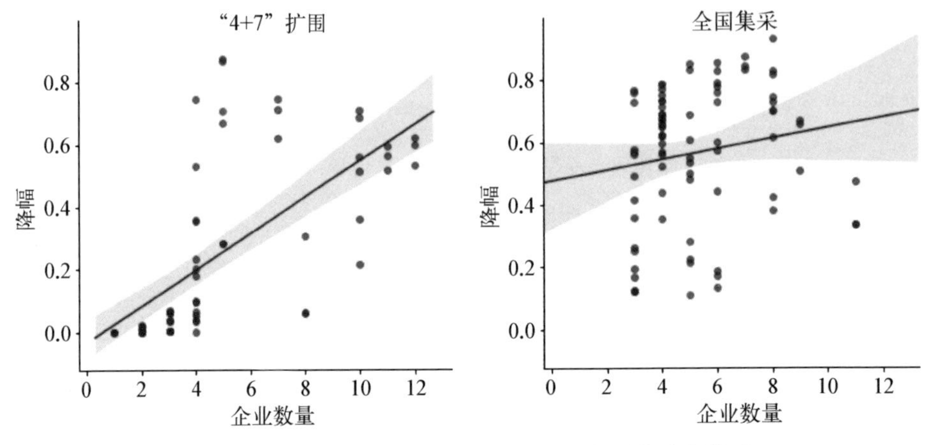

图 1　“4+7”扩围和全国集采竞标企业数量与降幅关系

3. 实际医院用量超过医院申报量

为确保带量采购实施，在第一轮带量采购方案中，中选药品使用情况就已明确纳入医疗机构和医务人员绩效考核中。实际药品采购执行情况超过预期，截至 2019 年 12 月底，“4+7”带量采购已实施 1 年，各品种平均采购执行进度为 183%；中选药品占相同通用名药品采购量的 78%，大于采购前所约定的 60%~70%的占比。由此，2019 年“4+7”带量采购实际医保费用节省接近之前预期的 2 倍。

上述结果的原因，一方面可能是药品需求随着药价下降而上升，另一方面可能是医院出于完成使用药品考核等原因，申报药品用量较为保守。近期，医保局下发关于集采医保结余的意见稿，内容包含将医保预算结余的一部分返还给医疗机构。此举将有效激励医疗机构申报药品采购量，并促使医生优先使用低价中标药品。

4. 原研替代效果显著

“4+7”、“4+7”扩围、全国集采原研中标企业数量为 2 家、5 家、4 家，分别占总中标企业的 8%、8.3%、4%（同企业不同品种分开计算），原研占比大幅下降。同时，中标原研产品也已无法维持高价，特别在全国集采中，中标的 4 个原研品种平均降幅达 66%。

原研药企一般仅积极参与竞标市场规模较大的品种。以国外厂商拜耳为例，在参与全国集采的 3 个品种中，市场规模最大的阿卡波糖以 78%的最高降幅中标，市场规模同样可观的莫西沙星也最终中标。但在另一款产品铝碳酸镁的竞争中，拜耳竞标价甚至高于最高有效价格，实际上等于直接放弃（见表 2）。

表 2　部分外资企业涉及带量采购品种情况

外企名称	品　种	产品名	在本企业全部产品中的占比	过评企业数量/家	中标企业数量/家	是否中标
拜耳	阿卡波糖	拜唐苹	17.20%	3	2	Y
拜耳	莫西沙星	拜复乐	3.70%	9	5	Y
拜耳	铝碳酸镁	达喜	1.40%	2	2	N
赛诺菲	氯吡格雷	波立维	29.90%	3	3	Y
赛诺菲	厄贝沙坦氢氯噻嗪	安博诺	2.90%	4	3	Y
赛诺菲	厄贝沙坦	安博维	5.30%	5	3	N
赛诺菲	格列美脲	亚莫利	4.30%	9	5	N
阿斯利康	吉非替尼	易瑞沙	3.60%	3	3	Y
阿斯利康	瑞舒伐他汀	可定	7.40%	9	3	N
阿斯利康	赖诺普利	捷赐瑞	0.00%	1	1	N
默沙东	孟鲁司特	顺尔宁	10.20%	7	2	Y
默沙东	氯沙坦	科素亚	4.30%	3	1	N
默沙东	辛伐他汀	舒降之	1.80%	4	2	N
默沙东	依那普利	悦宁定	0.00%	4	1	N

数据来源：法伯科技。

三、规则变化

1. 入围企业数量增加，采购周期变长

从“4+7”、“4+7”扩围到全国集采第二轮、第三轮，中标企业数量上限不断增加，从 1 家变成 3 家、6 家、8 家。采购周期也从 1 年变成最多 3 年，其中，各品种具体采购周期随中标企业数量增加而变长（见表 3）。采购周期延长有助于稳定企业生产计划以保证药品供应，而中标企业数量增加也有益于提升药品供应体系的抗风险能力。

表 3　带量采购规则对比

		“4+7”	“4+7”扩面	国采第二轮	国采第三轮
地　域		“4+7”城市	全国（不包括“4+7”城市）	全国	全国
采购量/需求量		60%～70%	50%～70%	50%～80%	40%～80%
最高价限制		无	“4+7”中标价	规定最高有效申报价	规定最高有效申报价
中标企业最大数量		1	3	6	8
		中标份额			
中标企业数量/家	1	60%～70%	50%	50%	50%
	2		60%	60%	60%
	3		70%	70%	70%
	≥4			80%	80%
		采购周期/年			
中标企业数量/家	1	1	1	1	1
	2		1	2	2
	3		2	2	2
	≥4			3	3
注			采购可续签 1 年		存在部分产品中标份额对应少 10%

2. 竞标细则完善促使企业降价

从竞标规则来看，全国集采之后改为末位淘汰机制，同时增加了淘汰细则；未被淘汰的企业将入围，若入围同时满足一定价格要求，将获得最终中标资格。

对于申报企业数量大于 2 家的品种，最后的一家企业必将淘汰；同时随着申报企业数量的增加，末位淘汰的企业数量增加（见表 4）。为了最终入围，不具有成本优势的企业具有降价动力。

表 4　第二轮和第三轮全国集采最多入围企业数量规则

国采入围数量规则		
申报企业数/家	第二轮入围企业数/家	第三轮入围企业数/家
1	1	1
2	2	2
3	2	2
4	3	3
5	4	4
6	4	4
7	5	5
8	5	6
9	6	6
10	6	7
≥11	6	8

对于入围企业，如果竞标价格满足以下 3 个条件之一，将获得最终中选资格：较规定最高价降幅不小于 50%，小于 0.1 元，价格小于最低竞标价格的 1.8 倍。其中，前两条减少了不具有成本优势企业的降价压力，后一条增加了具有成本优势企业的降价动力。

末位淘汰和竞价细则一方面驱使成本各异的企业都提高降价幅度，另一方面尽可能保留更多有实力的企业于供货体系之中，从而在降低用药成本的同时，使药品供应更加稳定。

四、总结

随着带量采购的一轮轮推进，覆盖的品种和地域越来越广，药品价格和医保费用快速下降，原研药高占比现象大幅减少，竞标细则愈发完善。结合上文规则和结果分析，国家在有力推进药品降价、淘汰落后企业的同时，并非只以降价为唯一目标，而是尽可能地将有竞争力的企业纳入药品供应体系之中。所以，国家的目的是建立稳定、高质量的药品供应体系，在兼顾行业发展的同时，有效降低群众的用药负担。

在竞标决策层面，企业需要综合考虑品种投标选择和具体竞价策略。对于具体品种，企业首先应该根据产品的生命周期，在自身产品线中的位置，市场竞争格局等因素综合决策是否积极竞标。生命周期末端产品的未来发展空间小，原研药非自产所隐含的成本波动风险，以及市场竞争激烈所蕴含的低利润预期，都可能成为企业放弃竞争的考量。而在具体投标价格的选择上，企业也应全面考虑竞争对手和自身的成本、当前市场格局下中标后利润增幅、品种落标各方面影响以及各企业投标风格等因素，最终做出投标价格选择。

医药新政下我国医药产业研发创新的制约因素分析[①]

范纯增[②]

【摘要】

医药研发创新是医药行业发展的关键。面对激烈的国际国内竞争和频频出台的医药新政，如何把握医药研发创新的组织因素是加大改革促进医药研发生态健康发育的前提。本研究基于对中国医药研发创新现状的分析，发现制约中国医药研发创新的主要因素表现为如下几个方面：缺乏巨型跨国公司的整合作用，缺乏一流大学与研发机构的强力支持，缺乏高水平的医药合同研发企业（CRO），新药研发不足，大多数企业对产学研的理解及发展战略层次不高，研发创新资产不足，研发链条与研发网络不完善。

近年来我国医药新政频出：带量采购，医保目录与基药目录调整，加入ICH（人用药品注册技术要求国际协调会议），仿制药及疗效的一致性评价，新药审批制度改革，两票制，推行MAH（上市许可持有人制度），实施默示许可制度，等等。这些医药新政的基本精神是鼓励创新、引导创新、倒逼创新。2020年1月1日到12月23日，中国国家药品监督管理局（NMPA）批准的新药有42个，其中仅有1/3新药是中国医药企业申请，且多为仿制药和中药，

① 本研究得到上海交通大学行业研究院资助，同时也得到国家统计局上海调查总队统计重点研究课题“长三角一体化背景下的产业链发展研究”资助，写于2021年5月。

② 上海交通大学安泰经济与管理学院副教授、上海交通大学行业研究院医药行研团队负责人。

真正的“全球性”创新药很少。2020 年 1 月 1 日到 12 月 23 日，美国食品和药物管理局（FDA）批准的新药有 52 个，欧洲药品管理局（EMA）批准的新药有 35 个，日本医疗器械审评审批机构（PMDA）批准上市的新药有 38 个，其中几乎没有中国企业申请的新药。中国医药研发创新能力总体还相当有限，探讨中国医药研发创新的制约因素，促进新药研发的意义重大。目前，影响中国医药研发创新的原因很多，至少包括如下几个方面。

一、缺乏巨型跨国公司的整合作用

巨型医药跨国公司的发展水平是医药产业发展水平和医药研发创新水平的标尺。全球医药和生物技术产业中，排名前 25 位的公司的销售收入从 2006 年的 4 479 亿美元上升到了 2015 年的 5 689 亿美元，其占全球医药与生物技术产业全部销售收入的比重从 83. 33%变为 73. 43%，虽然占比下降，但仍然保持在 70%以上。TOP25 的平均销售收入也从 179 亿元增加到 228 亿美元（见表 1）。

表 1　全球制药公司医药与生物技术销售收入

年　份	Top25 的制药企业/10 亿美元	其他制药企业/10 亿美元	总　计/10 亿美元	Top25 占全球比重/%
2006	447. 9	86. 1	534	83. 88
2007	485. 9	99. 4	585. 3	83. 02
2008	505. 9	114. 4	620. 3	81. 56
2009	530. 8	128. 1	658. 9	80. 56
2010	576. 9	143. 3	720. 1	80. 11
2011	594. 5	162. 4	756. 9	78. 54
2012	569. 5	184	753. 5	75. 58
2013	561. 6	190. 4	751. 9	74. 69
2014	564. 8	196. 4	761. 3	74. 19
2015	568. 9	205. 9	774. 8	73. 43

资料来源：U. S. GAO. Drug industry：profits，research and development spending，and merger and acquisition deals，November 17，2017.

巨型医药跨国公司依靠规模和研发优势在不同的医药产业集群内布局研发机构、生产组织、营销机构或相关的办事机构，使自身成为各产业集群的重要组成部分，进而充分利用不同医药产业集群的优势资源，吸收不同集群的技术，开拓不同集群的腹地市场，营造合理的研发网络、生产网络、营销网络和信息网络，有效地提升了自身的研发创新能力。如辉瑞、强生等凭借自己的规模优势，在全球主要医药产业集群遍设子公司或分支机构以提升研发能力并获得广泛的销售市场。在此过程中，跨国公司及其子公司迎合所在集群的发展，不断调整研发创新战略，不仅提升了自身的研发创新能力，也提升了本国医药产业整体的研发创新能力。

相比之下，我国医药产业集群中的核心企业规模有限，国际化程度低。如与海外大型跨国公司相比，我国的扬子江、复星、恒瑞、上医药、海正等大型医药企业规模依然很小，它们的技术水平、研发水平、研发实力和研发能力也有待进一步提高，组织和动用全球医药研发资源的能力有限，难以大规模地、广泛地开展高投入、高风险的新药研发，制约了中国医药行业研发创新的发展。

二、缺乏一流大学与研发机构的强力支持

欧美医药企业发展的经验表明，大学、研发机构是医药专利技术产生的重要“母机”。欧美的许多医药企业本是大学或研发机构生发的实体，条件成熟后脱离母体而成为独立的企业，或者是大学或研发机构为了对其研发成果产业化而以相关成果与投资公司或其他有关企业或个人共同组建的企业。因此，大学、国家实验室、大型研发机构集聚区往往形成强大的研发创新能力。大学和研发机构越强，研发成果质量越高，数量越多，它们的附属机构也越多，就会形成众多医药企业，尤其会形成众多的医药技术公司，进而形成高等级的研发型医药企业群。如英国的剑桥大学、牛津大学就各自形成了发达的医药企业群，具有很强的研发创新能力。美国医药产业研发能力最强，与其具有全球最多的国际一流大学息息相关。大学和研发机构源源不断的新知识、新理论、新发明和新专利不断滋养着集群企业的同时，也源源不断地获取集群医药企业研发资金的支持，接受医药企业的研发创新需求，形成了不断升级的产学研协同创新。

总体而言，中国医药研究机构和大学与世界一流的医药研发机构和大学还存在一些差距，医药科技基础设施不足，产学研结合及产业化水平不高，且长期以来我国医药研发主要以仿制研发为主，这严重限制了医药行业的研发创新。

三、缺乏高水平的 CRO

CRO（contract research orgnization）是一类学术性或商业性的科研机构，它通过合同的形式向制药企业提供新药研究乃至生产的各个领域和阶段的服务。CRO 公司依靠自身的网络和专业化服务，可以为制药企业节省大量的新药研发经费及成本，在组织跨集群资源和项目时发挥优势，具有推动集群互动和高效研发创新的特色机制。美国一项调查表明：由 CRO 承担的项目与企业自身承担的项目相比，大约可以节省 30%的时间，增加 1.2 亿~1.5 亿美元的潜在收入。故越来越多的医药公司开始把药物研发外包给 CRO。目前全球生物医药产业中，CRO 承担了将近 1/3 的新药开发的组织工作，在所有的Ⅱ期和Ⅲ期临床试验中，有 CRO 参与的占 2/3①。近年来，CRO 服务的全球市场以每年 20%~25%的速度增加。

中国医药 CRO 市场规模很小、层次不高。长期以来，国内 CRO/CMO（医药合同定制生产企业）/CDMO（医药合同定制研发生产企业）主要从事低端的仿制药品的研发。因此，CRO 发展滞后也是制约我国医药产业研发创新不足的重要原因。

四、新药研发不足

发达的新药研发才是医药行业总体研发创新强大的标志。但新药研发难度很大。如《自然》杂志的一项统计表明，新药研发需要 26 亿美元，10 至 15 年的时间。总体而言，高风险、长时间和高投入是新药研发的基本特征。通常情况下，新药研发需要以某一大型制药企业为核心，联合其他医药研发机构、大学及企业或组织共同完成，需要动用多个医药产业集群资源，整合其力量。我国企业大都以仿制研发为主，研发投入少、定位低，无法激发相关研发主体的高层次研发“抱负”，研发项目对资源的整合能力较弱，研发网络稀疏，限制了医药研发创新发展。如我国从 2001 年至 2018 年，国家药监局只批准了 32 款原研新药，每年不到 1.8 款。

从 2001 年至 2017 年，美国 FDA 共批准了 498 个新分子实体（NME/NLA）。从 2000 年至 2018 年 2 月中国仅批准了 167 个，仅为美国的 33.5%。

---

① 资料来源：Frost & Sullivan 报告。

其中，在中国批准的药物基本为进口药物，且以相对较老的药物为多。

若从最为创新的抗体药来看，目前全球有近 70 个抗体药上市，市场规模上千亿美元。而中国国产抗体药只有 10 个左右，进口 12 个，销售额不到 100 亿元。我国抗体药面临工艺开发上的技术不到位、GMP 生产的缺陷、临床试验的经验不足等诸多问题，抗体新药很少①。

五、企业对产学研的理解及发展战略层次不高

开放、专注与对新技术的渴求是推动医药产业研发创新的重要保证。这是因为，主推创新产品的企业，始终渴求技术进步，从而对高层次或深层次的产学研合作有着极大的追求。显然我国许多医药企业对此的理解，与西方发达国家相比，尚存在明显的差距。如我国很多大型集群企业的研发架构主要偏于内向型，国际化程度远远不够。而且在“能用自家的就不用别家的”的思想导引下，这些企业的研发倾向于围绕自己原有的常规产品进行，对新技术的需求不大，导致研发活动的强度和动力相对不足。另外，大多数企业长期深受传统医药产业制度的影响，惯于组织众多常规药品的生产。如许多企业一个事业部就能生产一两百个常规药品，几个事业部加起来能生产的药品达五六百种，每个事业部都是饱和生产。如此“大而全”的产品结构，分散了人力、财力和物力，也使之无暇将视野聚焦在研发创新上。

六、研发创新资产不足

所谓的研发创新资产是指一些可以进一步研发或推动研发的处于临床前的研发药物或处于上市前任意阶段的研发药物或一些专门用于研发的技术、专利、许可，乃至一些有价值的研发设计或筛选模型等，研发资产是研发创新的基础。当前，中国创新药的研发与世界发达国家平均水平有比较大的差距，创新药物资产稀缺。国内医药研发创新资产被持续高估。如 1~2 个一类创新药进入Ⅰ期临床的公司，国外估值一般不超过 2 亿美元，在中国可能会超过 10 亿美元。中国许多医药企业的研发创新是通过购买国外研发创新资产来完成的。这种资产购买通常是国内小的医药公司购买国外大型医药公司的研发创新

---

① 张俊祥，李靖，丁红霞，等. 中国坐拥 7 000 多家药企为什么还缺创新药?［EB/OL］(2018-09-29)［2021-6-30］. https://baijiahao.baidu.com/s?id=1612925641574975954 & wfr=spider & for=pc.

资产，这与国际上通常是大型医药公司并购/购买小型创新型医药公司的研发资产形成了鲜明对比。如再鼎医药（Zai lab）自 2014 年成立后，分别从百时美施贵宝（BMS）许可了抗肝癌药“布立尼布”（Brivanib），从优时比（UCB）许可了治疗自身免疫疾病的单抗，从赛诺菲许可了一个用于非小细胞肺癌（NSCLC）的酪氨酸激酶抑制剂（TKI）和两种用于治疗慢性呼吸道疾病的创新药物等，从韩美许可了用于肺癌的 TKI（HM61713）。再如华领医药从罗氏引进 2 型糖尿病新药 Sinogliatin（葡萄糖激酶激活剂，GKA）。杭州歌礼生物从罗氏引进丙肝药物达诺瑞韦（Danoprevir）。天境生物引进辉凌制药（Ferring Pharma）的白介素 IL－6 通路抑制剂（Olamkicept）。

一国的医药研发创新必须推动本国研发型公司、小型技术公司加快研发创新，累积国内的研发创新资产，这才是真正推动我国医药行业研发创新的关键。目前医药研发创新资产不足，是制约我国医药研发创新的重要基础因素。

七、研发链条不完善

从研发创新产业链来看，研发创新包括基础研发，支持生产的应用基础研发，应用技术研发及先进管理技术研发。长期以来，基础研发和概念实验主要由政府的公共资金支持，生产技术的研发资金主要由企业或私有资金支持，而介于基础理论和应用技术之间的应用基础技术——共性技术研发薄弱，形成研发链上的“死谷”，阻碍了基础研究成果向应用技术的转化。美国研发链上明显呈现研发链条的“死谷”，中国的这一“死谷”更加明显，无法迅速将基础研究的成果转化为应用技术，制造新药成为阻碍医药研发的重要因素之一。

从美国药品研究制造商协会（PhRMA）成员研发创新的投入可以看出，不同阶段占有不同的比例，且新药研发投资大，时间长，需要不同类型的研发者和投资者完成不同阶段的“接力”。要完成这一“接力”，不仅要有实力强大的基础研发机构和大学，还需要大量的风险投资、大量的 CRO、巨型医药企业，以及众多的医药和生物技术类创新型小公司。目前我国在风险投资、CRO、巨型医药企业方面发育不足、不平衡，造成了医药研发创新的链条不够完善，制约了医药研发创新。

八、研发网络不强

医药产业是全球性产业，强大的医药研发需要建构强大的研发网络来吸聚，动用广泛的研发资源来支持。美国之所以在全球医药产业中占据领导地位，与其强大的全球医药研发网络支持是分不开的。如根据美国 PhRMA 统计，2017 年美国医药研发以本土为中心，在德国、英国、法国等欧洲国家，在日本、中国、韩国等亚太国家，在加拿大、墨西哥、阿根廷等美洲国家，在澳大利亚和新西兰等大洋洲国家，乃至中东和非洲都有不同程度的投资，在全球形成了最为强大的研发网络。目前中国缺乏发达的医药研发网络，不但没有建构起良好的国际研发创新网络，而且国内的医药研发网络也不够发达，这严重限制了医药行业的研发创新。

九、研发投入不足

医药产业是研发密集型产业，研发投入是其发展的重要驱动力。如自 20 世纪 80 年代以来，美国重视医药研发创新投资。美国仅 PhRMA 成员公司的医药研发投入从 1980 年到 2017 年就增长了 36.1 倍。2017 年美国仅 PhRMA 成员公司的研发投入就达到 714 亿美元，美国国立卫生研究院（NIH）资助经费为 262 亿美元。因此，PhRMA 成员公司的研发投入加上美国 NIH 和美国国家科学基金会（NSF）的投入，总计超过 1 000 亿美元。而根据《中国科技统计年鉴》，2017 年中国医药产业规模以上企业的总研发投入仅为 533 亿元人民币，相当于美国医药研发总投入的 7%左右，还不及美国强生公司研发投入的 80%。可见中国医药研发投入严重不足，制约了医药行业研发创新。

医药新政下的医药研发创新进展

——基于170家生物医药上市公司的分析[①]

范纯增[②]

【摘要】

近年来中国医药新政频出，其重要目标之一是培育研发生态，促进医药研发创新，推动生物医药产业持续、快速发展。本文基于对170家生物医药上市公司的分析，发现医药新政正从多个维度有效驱动医药研发创新，即加强研发创新成为医药界精英的共识，研发投资明显增加，高级医药研发人才快速增长，研发产出和新药上市申请量不断增多，医药跨国公司在华研发不断加大，医药管理创新效果快速增强。

近年来的中国医药新政频出，对不同类型的企业产生了不同的影响。医药新政的一个主要目标是引导企业研发创新，激发医药企业的研发热情，提高医药产业研发创新的绩效，促进产业升级与可持续发展。总结医药新政以来的诸多研发创新进展至少包括如下几个方面。

一、加强研发创新成为医药界精英的共识

长期以来，由于资金、人才和发展阶段的限制，中国医药企业主要从事非

① 本研究得到上海交通大学行业研究院资助，同时也得到国家统计局上海调查总队统计重点研究课题“长三角一体化背景下的产业链发展研究”资助。

② 上海交通大学安泰经济与管理学院副教授、上海交通大学行业研究院医药行研团队负责人。

专利药生产和仿制药的研发与生产，真正的原研新药的研发薄弱，医药企业的发展大多表现为重市场轻研发。随着近年来医药政策的改革，尤其是带量采购的逐步推行，仿制药和普药的价格大幅度下降，仿制药进入微利时代。一致性评价制度的推行使一些质量不高、药效低下的药品失去市场。因此，医药企业需要逐步向重研发转型。许多医药行业的企业家也从自身的业内体验和实践中发现，中国医药产业发展进入了创新的春天，未来驱动中国医药产业发展的主要动力是研发创新（见表 1）。

表 1　部分医药企业精英对中国医药产业研发创新的判断

姓　名	所在企业及职位	部　分　观　点
左　敏	上海医药执行董事	仿制药的游戏规则已经变成了建立在技术基础之上的速度和成本的比拼，创新药则由“中国新”变为“全球新”，投入更大，风险更高。
孙飘扬	恒瑞制药董事长	未来药企核心竞争力将回归创新能力和产品质量层面，拥有国际视野、能够整合全球资源的企业将赢得更强的话语权。国内医药行业正进入一个全新的时代：新药、仿制药都与国际新标准全面接轨，一致性评价加快推进，新药审评审批速度大大加快，坚持以鼓励创新和提升质量为核心的新方向。
丁列明	贝达药业董事长	医药创新的春天来了。
肖　伟	康缘药业董事长	加大新药研发创新力度是我国社会发展的必然要求，也是时代的趋势。中国医药行业不创新就没有前途。
姜广策	德传投资董事长	医药行业大方向更加清晰，创新研发显得更加重要，各细分行业龙头效应加强，洗牌之势愈演愈烈。
胡季强	康恩贝集团董事长	中国医药市场 70%以上被仿制药和专利过期原研药占领，而国际市场上 87%的处方来自仿制药，但金额只占 15%左右，大部分市场给了创新药，这样能持续推动创新。中国将通过医药新政使仿制药和专利过期的原研药价格下降，给创新药、疗效确切的中药提供市场空间，推动研发创新发展。
陈　力	华领医药首席执行官	生物医药是永不衰落的朝阳产业。高质量仿制药可以用来解决药品可及性，而那些尚未满足的临床需求就得依靠创新药。在全球处方药市场上，创新药占据着 70%的份额，20%是孤儿药（即罕见药），10%是仿制药，创新药的市场很大，要把生物医药产业发展成为新的支柱产业，离不开创新药的研发投入。

续 表

姓 名	所在企业及职位	部 分 观 点
王磊	阿斯利康全球执行副总裁、国际业务及中国总裁	今后五年全球许多创新药物将来自中国。
宋为群	强生中国区主席	强生在中国的发展是从最初引进、生产和制造先进产品，到现在积极培育本土创新能力，强生致力于在中国打造开放式创新生态系统。
江宁军	基石药业董事长	从仿制药大国走向创新药大国，中国已经迈开了坚实的一步。
施万（Severin Schwan）	罗氏集团首席执行官	上海是一座创新、开放、包容的城市，也是世界认识中国的第一个门户。未来将会有越来越多的药物在中国被发现、被开发。

二、研发投资明显增加

医药新政提振了医药企业的研发热情，促进了研发资金的投入。如从 170 家上市企业的研发投入看，2012—2018 年研发投入从 86.89 亿元增长到了 323.86 亿元，增长了 2.73 倍，年均增长 20.67%。从研发投入密度看，2012—2018 年，医药企业的研发投入与主营业务收入比重从 2.8% 增长到了 4.5%。2012—2015 年的 4 年间，研发投入密度增加了 0.7 个百分点，2015—2018 年的研发投入密度提高了 1 个百分点。可见，医药企业研发投入的绝对量和相对量都有了明显的加速提高（见表 2 和图 1）。

表 2 2012—2018 年 170 家医药上市公司生物研发投入情况

年 份	研发经费合计/亿元	研发投入占主营业务收入比重/%
2012	86.89	2.8
2013	111.17	3.0
2014	129.08	3.1
2015	162.35	3.5
2016	197.66	3.8
2017	246.69	4.1
2018	323.86	4.5

资料来源：根据 Wind 数据库整理。

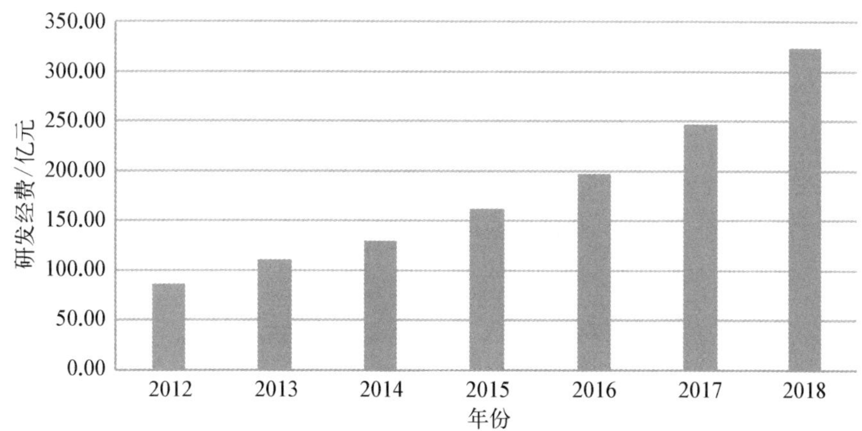

图 1　2012—2018 年 170 家医药上市公司生物研发投入情况

资料来源：根据 Wind 数据库整理。

从医药产业总研发投入来看，2003 年以来规模以上全部医药制造企业的研发总投入不断增加，从 2003 年的 37. 36 亿元增加到 2017 年的 534. 18 亿元，累计增长了 13. 3 倍，年均增长 20. 93%。从绝对量的增长看，2008 年以来，医药行业规模以上企业的研发投入增长明显加快（见图 2）。

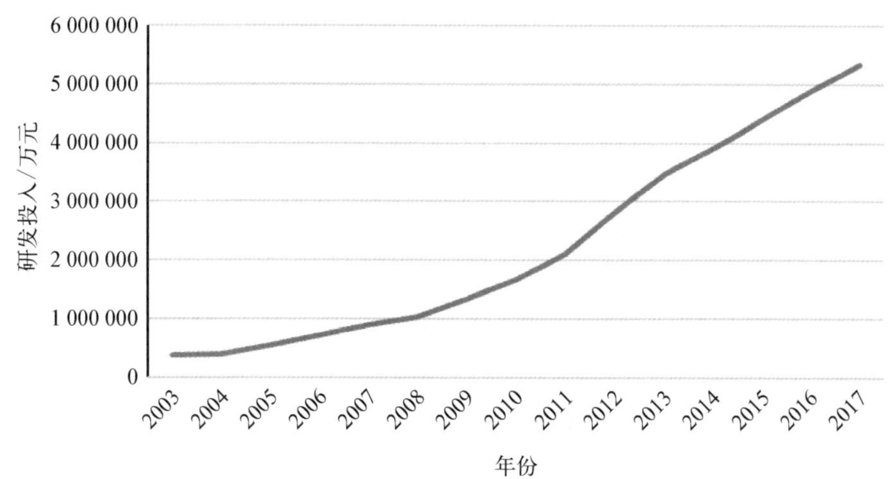

图 2　2003—2017 年规模以上医药制造企业研发投资情况

数据来源：国家统计局社会科技和文化产业统计司，科学技术部创新发展司编. 中国科技统计年鉴（2004—2108），中国统计出版社。

特别是 2018 年以来，随着国家药监局、国家医保局、卫健委及国务院不断出台新的医药、医疗改革措施，极大激发了研发型医药企业的研发创新活力，研发投入急速增加。2019 年 1—9 月，研发型医药企业的研发投入增长迅速。如恒瑞同比增长 66.97%，信立泰同比增长 98.73%，康缘药业同比增长 55.65%。

对 2018 年 170 家医药上市公司分析发现，其中 10 家研发投入占销售收入的比例超过 15%；50 家研发投入密度超过 5%，且其中 43 家研发投入密度呈现明显的提升，特别是沃森生物从 2012 年的 12.4%提高到了 2018 年的 49.9%，贝达从 12.7%提高到 48.2%。对照美国 PhRMA 成员公司，1995—2017 年美国 PhRMA 成员公司国内研发投入占销售收入的比例及全部研发投入占销售收入的比例分别从 20.8%和 16.7%增加到 24.8%和 21.4%（见表 3）。可见，总体而言，中国医药企业的研发创新投入占销售收入的比重过低。

表 3　1995—2017 年美国 PhRMA 成员公司研发投入占销售收入的比例

年份	国内研发投入占国内销售收入的比重/%	全部研发投入占销售收入的比重/%	年份	国内研发投入占国内销售收入的比重/%	全部研发投入占销售收入的比重/%
1995	20.8	16.7	2013	23.0	18.3
2000	18.4	16.2	2014	22.8	18.6
2005	18.6	16.9	2015	23.8	19.7
2010	22.0	17.4	2016	24.0	20.4
2011	19.4	15.9	2017	24.8	21.4
2012	21.0	17.3			

资料来源：TEConomy_BIO_2018_Report. https：//www.bio.org/sites/default/files/legacy/bioorg/docs/TEConomy_BIO_2018_Report.pdf.

三、研发人才快速增加

医药研发创新是人才密集型经济活动，近年来医药行业的人力资本也在不断增加。如对 Wind 数据库中 170 家医药上市公司进行统计分析，2012—2018 年医药上市公司的员工中本科、硕士和博士人数分别从 68 193 人、8 423 人和 0 人，增加到 174 940 人、25 238 人和 1 868 人。硕士和博士人员占全部员工的比重也从 2012 年的 1.81%和 0%，增长到了 3.74%和 0.28%（见表 4）。特别是恒瑞、科伦、复星等研发实力相对强大的医药企业的硕士和博士人才数量增长迅速。如 2013 年上述 3 家企业拥有博士员工分别为 90 人、41 人和 80 人，到 2017 年分别增加到 235 人、223 人和 328 人，分别比 2013 年增长了 1.61 倍、4.44 倍和 3.10 倍。

表 4　2012—2018 年 170 家医药上市公司本科、硕士、博士员工数

年份	总员工/人	本科员工/人	硕士员工/人	博士员工/人	硕士员工占比/%	博士员工占比/%
2012	465 034	68 193	8 423	0	1.81	0.00
2013	504 307	86 968	10 162	692	2.02	0.14
2014	528 243	107 763	12 300	767	2.33	0.15
2015	565 953	123 376	15 121	985	2.67	0.17
2016	609 175	144 123	18 403	1 318	3.02	0.22
2017	641 848	160 997	21 942	1 653	3.42	0.26
2018	674 075	174 940	25 238	1 868	3.74	0.28

资料来源：根据 Wind 数据库整理。

可见医药企业的高学历人才不断增多，为医药企业的研发创新提供了重要支持。

四、研发产出和新药申请量不断增加

从专利申请看，从 2012 年到 2018 年，170 家医药上市企业的专利虽有波动，但总体维持在较高的水平上。如 2012 年到 2017 年，170 家医药上市公司专利授权量从 2 167 项增加到 2017 年的 2 570 项，2018 年有所下降，变为 1 912 项。研发型医药企业的专利申请和授权量呈现剧烈增加的趋势。如恒瑞 2012 年专利申请量、专利授权量和发明专利申请量分别为 53 件、45 件和 45 件，2018 年分别增加到 199 件、129 件和 127 件，分别增长了 2.75 倍、1.87 倍和 1.82 倍。

国内创新药申报的积极性也不断提高，很多企业都在入局，新药数量明显增加。如 2018 年，我国批准上市的抗肿瘤创新药有 18 个，其中的盐酸安罗替尼、吡咯替尼、呋喹替尼、特瑞普利单抗以及信迪利单抗是我国自主研发的。它们分别来自正大天晴、江苏恒瑞、和记黄埔医药、君实生物和信达生物，分别用来治疗肺癌、乳腺癌、结直肠癌、黑色素瘤及霍奇金淋巴瘤。2019 年百济神州的泽布替尼也在美国以“突破疗法”的身份“优先审评”并首先获得

FDA 批准上市。这是中国医药研发创新的重大进展，为未来的新药研发树立了坚实的信心，也在一定程度上奠定了良好的基础。

五、跨国公司在华研发加强

顺应中国医药研发发展大潮，跨国公司不断加大在华研发力度，纷纷谋求融入中国的创新系统。如 2017 年以来，阿斯利康在无锡建成了商业创新中心，诺和诺德在北京建成了 INNOVO 创新平台，赛诺菲在苏州建成了全球研究院，罗氏在上海建立了一家早期研究中心，默克在中国开设了多家研究中心，强生引入了强生初创企业孵化平台（JLAB）概念，在上海加强研发创新。还有许多其他跨国医药企业也致力于“让每一项关键药品开发计划从一开始就将中国涵盖在内”，希望在中国医药生态系统中与若干参与者合作竞争，促进创新。除了在华建设各类研发中心之外，跨国公司还通过入股或并购的方式参与中国医药创新生态系统，如 2019 年 11 月 1 日，全球生物制药巨头美国安进以 27 亿美元收购研发型医药企业百济神州 20. 5%的股权，并占据百济神州董事会第一席位，这也是迄今中美医药企业合作中美国企业出资最大的一次。

六、管理创新效果明显

随着新的审批制度的出台，新药审批效率有了很大提高，促进了新药上市。如 2018 年国家药品管理局批准了 54 种新药（其中跨国公司 45 种，中国 9 种），比 2016 年的 6 种增加了 8 倍。

得益于日趋高效的管理创新，医药研发特色日趋鲜明，成果显著；研发创新赛道日趋清晰，成效明显。例如恒瑞在已经上市的阿帕替尼、吡咯替尼、卡瑞利珠单抗的基础上保持 20 多个处于临床期的在研抗肿瘤药物，3 款抗肿瘤药物在申请上市；正大天晴在安罗替尼上市的基础上保持 6 个临床研究药物；贝达药业、君实生物、基石药业、绿叶制药、信达生物、百济神州也各有自己的发展轨道。

《探索抑郁症防治特色服务工作方案》解读[①]

邓玉洁[②]

【摘要】

2020年9月11日，国家卫健委发布了《探索抑郁症防治特色服务工作方案》，本文对该文件的六项重点任务逐一进行解读，同时根据笔者的经验分享一些观点和建议。

为贯彻落实《健康中国行动（2019—2030年）》，9月11日，在“世界精神卫生日”（每年10月10日）前一个月，国家卫健委发布《探索抑郁症防治特色服务工作方案》（以下简称《方案》），在社会上反响热烈。但有些人只关注到其中关于将抑郁症筛查纳入高中及高等院校学生健康体检范围这一条，而忽视了其他更重要的内容。

众多的行动表明，国家越来越重视心理健康，正在逐步完善我国心理健康服务体系；作为社会基石的企业也越来越意识到员工心理健康的重要性，为员工提供EAP（员工心理援助计划）服务，因为企业认识到心理资本是除了财力、人力、社会三大资本之外的第四大资本。现代资本已经呈现从有形向无形的发展态势，民众的心理资本也是国家无形资本的重要组成部分，心理健康对国民素质全面提升以及整个社会效能有积极的作用。《方案》提出通过预防、筛查、治疗

---

① 原文发表于上海交通大学行业研究院官方微信公众号《安泰研值》2020年10月22日。

② 上海交通大学行业研究院平台建设师、国家二级心理咨询师。

等一系列措施来防治抑郁症，这是为完善心理健康体系迈出的坚实的一步。

第一，从预防及宣传层面来看，目前社会上还存在对心理问题的污名化现象，带来对心理病患者的偏见和歧视。对抑郁症的误解，导致一方面许多人不承认自己有问题，另一方面，许多人不认可自己的家人或周围的人得了抑郁症，致使病程延长。毕竟抑郁症并不是器质上的疾病，它不像生理疾病那样可以通过仪器设备检查看到身体器官的异样，许多抑郁症从外表看不出来，是典型的“阳光抑郁”。所以，抑郁完全是当事人的内心感觉。这也导致很多人认为抑郁症是矫情，是懒惰，认为只要多动一动就好了，这更让当事人承受更大的压力。通过宣传，可以让公众了解到心理上的问题同身体一样需要被治疗和关爱，从而给抑郁症患者营造一个更加友好的环境，能够更好地帮助他们康复。

第二，关于筛查评估，方案中明确使用 PHQ－9 自评量表进行评估筛查，并且结合微信公众号、App 客户端等方式，这可以大大地方便公众进行自我测评以了解自己的状况。抑郁症作为精神类疾病，只有专业医生才能做出诊断，医生会通过面对面观察、问询、患者自评、家属或朋友提供信息等多种方法综合来诊断。其中，患者自评就是以抑郁自评量表进行，目前世界上常用的抑郁量表如图 1 所示，医院普遍使用的是抑郁自评量表（SDS）和汉密尔顿抑郁量

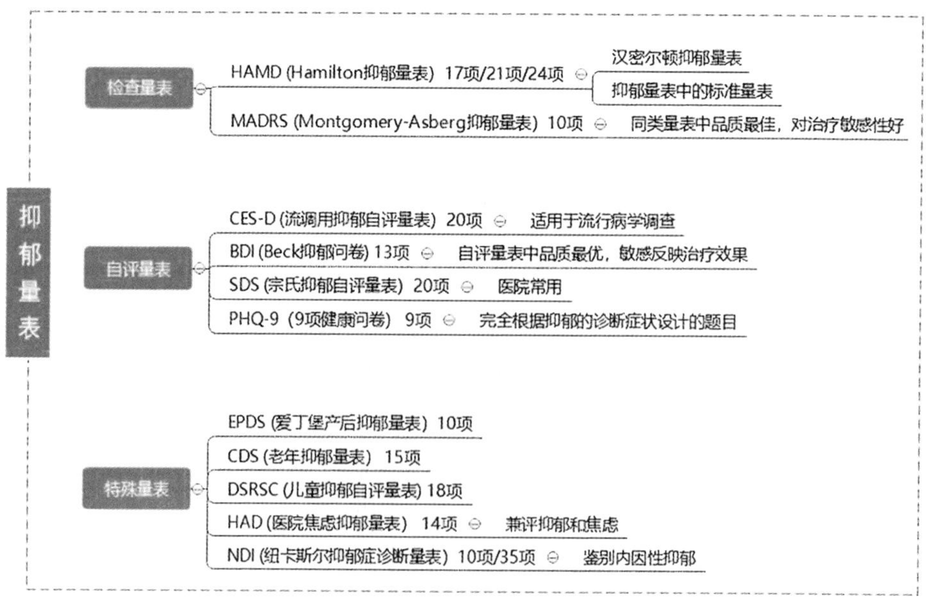

图 1　常用的抑郁量表介绍

表，其中，PHQ－9也是广泛使用的自评量表，它严格按照抑郁症诊断标准制定了9个题目。

所以，使用抑郁量表虽然不能代替专业医生的诊断，但可以给自己做一个预警，当分数较高的时候提醒自己该进行适当的调节。

但如果仅仅简单提供PHQ－9量表给学生进行体检筛查，这会给人带来三个方面的担忧：

（1）筛查的真实性和准确性。抑郁症需要专业精神科医生才能诊断，是需要面对面综合评估的，凭简单的量表就确定疾病让人感觉不够严肃，可能导致乱贴标签。另外，自评量表是很主观的，取决于被测者的真实想法，如果考虑测评结果可能带来的其他影响，那么被测者做出不真实的回答也就不足为奇了。另外，除了抑郁症之外，还有其他一些心理障碍也可能在某个阶段被诊断为抑郁症，比如人格障碍、双相障碍、社交障碍等。

（2）筛查的时效性。对抑郁症的诊断除了症状以外，还有一个是病程标准，通常是指在过去的两周内是否有相关症状。所以有人说抑郁症就好像心理感冒一样，你现在是，不意味着以后也是；现在不是，不意味着以后不会得。

（3）结果的保密性。这涉及被测者的隐私，后续的数据会如何使用是大家普遍关注和担心的问题。

基于此，建议将自评量表作为学生体检时一项自我检测的内容，而不记录到体检报告中，如果需要，他自己再去寻求专业的诊断以及相应的帮助。

第三，关于早期诊断和规范治疗。虽然在这里强调的是各级医院对抑郁症开展知识培训，但相信也会带来对其他精神或心理问题的鉴别能力。在心理咨询界有个现象，遇到有心理问题的来访者，都会询问其是否有身体相关的器质性疾病，同时会根据情况推荐做相关的身体检查。当代医学已经了解心理和身体的交互影响，从而提出心身疾病①概念。像原发性高血压、消化道溃疡、神经性呕吐、偏头痛、支气管哮喘、慢性疲劳等都是常见的心身疾病。

国内资料显示，在综合性医院的初诊病人中，有近1/3的患者的疾病与心

---

① 心身疾病（psychosomatic disorder）或称心理生理疾病，指心理社会因素在疾病的发生、发展过程中起重要作用的躯体器质性疾病和躯体功能性障碍。心身疾病具有的特点包括：a. 以躯体症状为主，有明确的病理生理过程；b. 某种个性特征是疾病发生的易患素质；c. 疾病的发生和发展与心理社会应激和情绪反应有关；d. 生物或躯体因素是某些心身疾病的发病基础；e. 心身疾病通常发生在自主神经支配的系统或器官；f. 心身综合治疗比单用生物学治疗效果好。

理因素密切相关，他们需要心身同时治疗，但医生很少推荐病人做心理方面的配合治疗。一方面可能考虑到病人的抵触情绪，病人对心理问题的羞耻感；另一方面可能也跟医生对心理问题知识缺乏了解有关。相信通过此措施可以扩大医生对心理疾病的关注和了解，增强医生对病人的身心互动的理解，甚至促进整个医疗系统对心身疾病的诊断发展，从而有助于病人得到更全面的治疗。这也符合国务院 2011 年颁布的《关于建立全科医生制度的指导意见》的精神，也为建设健康中国迈出更积极的一步。

第四，关于重点人群干预力度，可以看到方案中对特定人群，比如青少年、孕产妇、老年人群以及高压职业人群的心理健康的关注，其中特别容易忽视的是企事业高压职业人群。根据日本学者下田广造的研究发现，抑郁病人病前为人正直、有正义感、工作认真、责任心强、追求完美，这种性格也称为“下田性格”，跟抑郁症高度相关。了解了这一点，可以帮助企事业管理者更好地理解抑郁症患者，同时也积极地鼓励企事业单位实施 EAP（员工心理援助计划），关注员工的心理健康。从对目前实施 EAP 的企业的调查来看，EAP 既给员工提供心理援助服务，同时也给员工家属提供同样的服务，切实解决员工的各种心理负担和压力，从而直接或间接地提高了员工的工作积极性和工作效率。

2020 年 6 月，世界大型企业联合会联合财富中文网，对全球 1 300 多名 CEO 和企业高管（中国 107 名）进行了调查，虽然这次疫情使心理问题得到了更加广泛的关注，但只有 14%的全球 CEO 和 12%的中国 CEO 认为，投入更多资源于员工的心理健康将是新冠疫情带来的长期影响之一。在疫情之初，许多企业采取了一些措施关注员工的心理健康，结合这个方案，希望这些措施不是暂时的，而是可以持续地成为员工的福利。

第五，关于强化心理热线服务，建立公益 24 小时心理援助热线对公众来说是重大利好消息，是普通群众非常重要的求助端口。目前社会上的心理求助方法主要有两个：一是去精神科医院或综合医院的精神科，众所周知，去公立医院的时间成本大，心理压力大；二是去私人的心理机构，普遍咨询费在 200~2 000 元/50 分钟（以上海为参考），是很大的经济成本。所以，公益心理援助热线，一方面可以解决医院门诊的压力，另一方面，专业的心理咨询师也可以在一定程度上解决或缓解来电者的心理状况，再根据情况推荐合适的后续方案，极大地降低了人们对心理问题的求助门槛。

在疫情期间，华中师大 24 小时心理援助热线依靠腾讯提供的网络电话平台，由教育系统内的心理咨询师和心理专家以志愿者的形式在线提供心理咨询服务，取得了很好的效果，但这是临时性的（持续了将近半年），长期就难以坚持下去。因为参加人员白天都有自己的本职工作，另外，24 小时热线，特别是晚上深夜，是抑郁症患者或者一些有心理问题的病人失眠的时间，这给热线接线员精神和身体带来了双重压力，如果公益热线全凭志愿者热情，而缺乏其他实质上的支持措施，可能很难支撑下去。前几年，一个台湾心理学家在大陆开设了公益危机干预热线，以公益低价提供危机干预的培训为报酬招收志愿者，吸引了不少咨询师去参加，这个 24 小时热线需要咨询师通宵值晚班，但没有其他回报，最终这个热线也没能坚持下去。

所以，建议公益热线接线员应该是全职人员和兼职人员/志愿者配合，以全职人员为主，吸引资深的专业人士参加，组成稳定的团队，做统筹管理，再以有爱心和热情的志愿者与兼职人员为辅，扩大受众范围，提高服务质量。全市的热线可以与各个社区的心理服务中心联合起来，为来访者提供后续的服务（包括面对面长、短程咨询），而热线中心就成为一个统筹分配中心。这样，全市的心理健康服务网络就联系起来了，当然其中还要细化热线和社区的分工、流程等事务，这可以参考国际 EAP 公司的服务模式，以咨询主题为对象来管理。提出这样的方案，是考虑到抑郁症或一般心理疾病都不是一次性就能解决的，需要有一段时间的咨询。

第六，及时开展心理干预，定期为提供心理服务的人员提供培训、督导和演练机会，帮助他们在技术上精进成长，这是建设专业团队的需要，也会更加吸引有志人士的加入。

最后，我国目前的心理健康服务还落后于欧美国家，总体上没有一套贯通医院、社区和个人的体系，许多人求助无门，而专业人士愿意把此次以抑郁症为切入点的防治方案看作是整体心理健康服务方案的先导，让我们对社会的整体心理服务系统充满期待。

员工压力与组织支持[①]

张兴福[②]

【摘要】

员工的心理压力过大会导致个人心理乃至生理的疾病，也会影响其在单位的业绩表现。员工面临的压力源主要有哪些？压力应对方法有哪些？有哪些国学经典可以帮助我们应对压力？这是本文拟回答的问题。

“不如意事常八九，能与人言无二三”“如人饮水，冷暖自知”，这些口头禅告诉我们，人们会经常性地面临各种压力，却又很难找到合适的沟通渠道，只好独自面对。研究表明，适度的压力有助于激发潜能，过少或过度的压力则会造成严重的负面情绪乃至各种心理和生理疾病，影响工作业绩和人际关系。对此作为个人和家庭要积极想办法化解，但囿于思维定式和家庭土壤，效果可能并不明显；如果组织出面干预，可能会有不可替代的弥补作用。

一、压力来源

早在 20 世纪 70 年代，美国华盛顿大学医学院的学者开始研究，哪些人生事件会给人带来很大压力？它们的严重程度分别如何？半个世纪以来，也有学者试图进行修订，但内容大同小异，说明压力事件具有相当的时间稳定性，给

---

① 本文写于 2021 年 3 月。

② 上海交通大学安泰经管学院副教授，上海交通大学行业研究院能源行研团队成员。

当时的人们带来压力的事件，现在依然给人们带来类似的压力。赖斯的研究表明，给人带来最大压力的是丧偶，然后依次是离婚、至亲辞世、个人受伤或生病、结婚、失业、复婚或分居后重新在一起、退休、家人身体恶化、妻子怀孕、性生活不协调、家庭添人进口、工作调整等，涉及生死问题、家庭、健康、职场等方方面面。[①]

特别针对职场，Cooper & Marshal 给出了一个职场压力综合模型，认为工作压力源和工作外压力源通过个体特征产生压力症状，压力源包括血压问题、心率问题、胆固醇比例问题、抽烟、酗酒、头痛、情绪低沉、对工作不满、疲惫、缺勤、雄心受挫等，最后导致冠心病和精神疾病。职场压力源包括工作本身、个人在组织中的角色、职业发展、工作关系以及组织氛围。[②]

Wagner, Compas & Howell 等指出，重大的生活事件固然给人带来了很大的压力，但日常生活中看似不大的小事也会给人带来很多烦恼，因为后者发生的频率太高。这些日常的烦恼（daily hassles）也被学者称为“慢性角色紧张”（chronic role strains）、“不愉快事件”（unpleasant events）、“小型负面事件”（minor negative events）、“严重的日常事件”（severe daily events）、“微型压力源”（microstressors）。[③] 比如，如果家庭成员之间缺乏足够的相互尊重，缺乏沟通技巧，一沟通就发生冲突，不沟通又陷入可怕的沉默，这样的家庭氛围必然非常压抑。有些重大生活事件之所以发生，可能正是日复一日的小型冲突不断累加造成的。

二、认知重构

“改变能改变的，接受暂时改变不了的”，针对感受到的压力，人们可以采取的应对措施包括解决问题与调整情绪。[④] Seaward 提出的应对策略有：认知重构、行为改变、创造性地解决问题、学会沟通技巧、学会金钱管理和时间管

---

① 赖斯. 压力与健康［M］. 石林，古丽娜，梁竹苑，等译. 北京：中国轻工业出版社，2000.

② Cooper C L, Marshall J. Occupational sources of stress: a review of the literature relating to coronary disease and mental health［M］// Greenberg J S. Comprehensive stress management. New York: McGraw Hill, 2011.

③ Wagner B M, Compas B E, Howell D C. Daily and major life events: a test of an integrative model of psychosocial stress［J］. American Journal of Community Psychology, 1988, 16 (2): 189－205.

④ 库恩. 心理学导论［M］. 9版. 郑钢，等译. 北京：中国轻工业出版社，2004.

理等；放松策略有：冥想、瑜伽、观想、音乐、按摩、太极、营养、锻炼等。[①]

根据阿尔伯特·埃利斯的理性认知情绪行为疗法（REBT），面对同样的压力事件，有些人会产生严重的负面情绪，有的人虽然有负面情绪但没那么严重，关键是每个人内在的信念是否理性和现实。所谓信念不够理性和现实，是指一个人为自己的行为、目标设定了难以企及的高标准，必须怎样（must），应该怎样（should），一旦达不到这些标准，就认为后果极为严重，自己完全没有能力承受，自己就不是个好人，他人就不是个好人，完全否定自己和他人；如果因此产生了愤怒、焦虑等情绪，会觉得自己作为一个怎样怎样的人怎么能愤怒、焦虑呢？为此进一步愤怒和焦虑，产生次生负面情绪。要缓解乃至消除负面情绪，只需把不够理性和现实的信念调整为理性而现实的信念。

三、借助国学经典等实现认知重构

笔者多年来在针对工商管理硕士、工程管理硕士以及各专业本科生的教学过程中，试图推荐能够覆盖人生和职场主要问题、通俗易懂但有足够深度、有实战指导价值的书籍，让学生阅读这些书籍并写读书报告，运用书中的观点帮助他们面对各种现实问题，或者解决问题，或者在问题暂未得到解决时调整情绪，绝大多数学生都不同程度地受到了启发。推荐书目包括如下几类：

（1）有关健康的书籍，比如南怀瑾先生的《小言黄帝内经与生命科学》《禅与生命的认知初讲》；徐文兵、梁冬的《徐文兵、梁冬对话黄帝内经》；徐文兵的《饮食滋味》；等等。这些书通俗易懂，和生活实际结合紧密，能够提供切实的指导。

（2）有关家庭的系列，推荐的是美国人维吉尼亚·萨提亚的《新家庭如何塑造人》和约翰·格雷的《男人来自火星，女人来自金星》。

（3）有关职场的书籍，比如曾仕强先生的《人性管理》，赵玉平的《梁山政治》，这两本书介绍了职场中可能遭遇的典型两难问题并给出了具体的解决方案。

（4）顶级心理咨询大师的传记、著作，比如排名第一、第二的卡尔·罗杰斯的《个人形成论》和阿尔伯特·埃利斯的《控制愤怒》《控制焦虑》等等。因为思路特别清晰，所以对于受过科学训练的人来说会很喜欢。

---

① Seaward B L. Managing stress [M]. 7th ed. Mississauga: Jones & Bartlett Publishers, 2012.

(5) 有关儒释道的书籍，比如南怀瑾先生的《论语别裁》《老子他说》《金刚经说什么》，以及因为卡巴金的推广而受到学术界广泛重视的与“正念”(mindfulness) 相关的书籍，比如卡巴金的《多舛的生命》、马克·威廉姆斯和丹尼·彭曼的《正念禅修》、一行禅师的《正念的奇迹》、埃克哈特·托利的《当下的力量》等等。

(6) 有关生死的书籍，比如南怀瑾先生的《人生的起点和终站》，这本书介绍了佛教生死观。现实生活中，国人都受到了佛教生死观的影响，但不知其所以然。通过这本书可以对佛教生死关有个了解。再如柏拉图的《斐多》，介绍了苏格拉底的生死观，观点跟佛教观点高度接近，令人惊讶；再如布莱恩·魏斯的《轮回：前世今生来生缘》，作者是耶鲁大学毕业的博士，在多年的心理咨询过程中，发现有些患者在被催眠时“回忆到了前世”，认为这一生的很多痛苦、烦恼有着更为久远的前世的原因，结果身心疾病、人际关系很快好转。为此，布莱恩·魏斯提出了“前世疗法”(past life therapy)，目前国内也有不少心理咨询师在学习和应用此一疗法。

因上述书目包含有儒释道、古希腊哲学以及非主流心理学的内容，或许会有人提出这样的疑问：作为个人阅读这些书当然没问题，在民营企业、外资合资企业也没问题，在国企合适么？我想是不是可以这样考虑：① 他山之石，可以攻玉，虽然读者未必认可书中的每一个观点，但所谓相反相成、相辅相成，不同思维的碰撞或许可以启发我们进一步发现主流价值观的合理性，同时启发新的思维。② 知彼知己，百战不殆，我们身边的同事、用户各自拥有不尽相同的兴趣、信仰和知识，阅读上述书籍或许有助于换位思考，从而更好地跟他们打交道。

金　融

银行规模扩张的时代已近尾声[①]

潘英丽[②]　何知仁[③]　苏立峰[④]

【摘要】

本文总结了上海交通大学行业研究院银行团队《银行产业地图：2020 秋季报告》的基本内容和主要结论，通过国际比较探讨了中国银行业在宏观经济中的地位作用及其规模扩张时代已近尾声的基本态势，分析了银行信贷在地区和行业之间的配置及其有效性，探索了银行在金融业的主体地位及未来转型问题。

一、规模全球第一的中国银行业扩张期已近尾声

中国是一个银行占主导地位的金融体系。我国由银行资产、股票市值、未清偿债券余额构成的金融总资产占 GDP 的比例跟美国基本相当，比日本和欧元区略低。中国金融结构与美国差异非常大。美国银行资产占 18%，债券占 45%，股票占 37%。中国银行资产占 67%，债券占 20%，股票占 13%。如果看银行资产占 GDP 比例，中国在大经济体中排名第一，到 2020 年年底会突破

① 本文为潘英丽在《银行产业地图：2020 年秋季报告》发布会上的演讲稿。由新华社中国金融信息中心的陆家嘴金融网于 2021 年 1 月 14 日公开发布，浏览量 127.4 万；“学习强国”等众多网站转载。

② 上海交通大学安泰经济与管理学院教授，上海交通大学行业研究院中国银行业行研团队负责人。

③ 上海交通大学安泰经济与管理学院博士后，上海交通大学行业研究院中国银行业行研团队成员。

④ 上海对外经贸大学金融学院副教授，上海交通大学行业研究院中国银行业行研团队成员。

300%。我国仍然是以间接融资为主的金融体系。银行贷款约占社会融资存量的 62%，企业债券占 10%，股票只占 3%。间接融资的局限性主要体现在以下方面：一是银行信贷风险的持续积累；二是企业一旦违约，风险集中在银行体系，而股票、债券等风险在一、二级市场实现了分散；三是银行信贷有抵押品要求，倾向于更多地支持重资产行业扩张，进而导致重资产行业过剩。

中国家庭和企业的债务负担相对较重。2019 年年底，中国经济实体部门负债相当于 GDP 的 259%，2020 年会超过 280%。剔除国债后，美、日、欧的家庭、企业债务合计约为 GDP 的 140% ~ 150%。中国政府债务低于 GDP 的 60%，而家庭和企业债务超过 GDP 的 200%。

金融增加值占 GDP 的比例有重要的指标意义。2006 年到 2008 年，中国金融增加值占 GDP 的比例超越了欧洲和日本，这个时间窗口是中国金融业市场化的最好时机，但是错失了。现在中国已是金融增加值占 GDP 比例最高的国家。金融增加值是金融业服务社会经济所收取的费用，反映了金融部门的运行成本，是金融业占用的社会资源，因为金融业本身并不创造财富，而是通过社会资源的优化配置来参与新财富的分配的。

我们探讨了广义利息的起源。政府已明确提出要提高人民的财产性收入，由家庭储蓄积累而成，并以货币或金融资产形式持有的私人资本，实际上是对社会生产资源的支配和使用。金融业的资金融通使这种支配和使用权从分散状态集中起来，并让更多的社会生产资源从闲置或低效率使用的状态转移到高效率生产部门中去。高效率生产部门在社会资源总量不变的条件下创造出一个新增的财富。这个新增财富就是全社会的剩余价值或广义利息，它在产业部门创造，却源起于社会生产资源配置的优化和更高效率的使用。

广义利息的分配由三个利益集团参与。一是家庭，家庭获取财产性收入具有合法性基础。首先，家庭是投资的最终委托人；其次，家庭资源的让渡是资源优化配置的前提；再次，社会消费以家庭为单位，而消费是生产的最终目的；最后，消费是生产可持续的前提，特别是随着人口老龄化进程的加快和人均收入的提高，财产性收入对消费的贡献会逐渐上升。二是金融机构，金融机构参与新财富分配的合法性来自其通过金融业高品质的中介服务，实现了社会资源配置的优化。三是创造财富的高效率部门，生产部门应该获得新增财富的重要部分，特别是高新技术产业，还可以获得超额利润，作为新财富分配。

从目前全球范围来看，在体制上需要防范两种情况：第一种是借助市场的操纵获取高利润；第二种是借助行政垄断，在没有优化资源配置的情况下，甚至扭曲资源配置的情况下，获取巨额的利润。金融的重要性在于促进资源配置的优化，需要在制度上提供相应的保障。①

综上所述，中国银行资产与 GDP 的比例，家庭及企业部门的债务规模与 GDP 比例，以及银行占用社会资源的比例都已达到全球第一，银行规模扩张期已近尾声。

二、银行信贷在行业和地区之间的配置

银行资金接近 30%投放在金融业内部，25%为个人贷款，45%为企业贷款。近 5 年来，企业贷款比例下降、个人贷款比例上升各 5 个百分点。个人增量贷款主要为住宅抵押贷款。2019 年，家庭负债占可支配收入比例为 102%，与发达国家相比也已不低。

企业贷款在产业之间的配置方面，服务业的高比例令人费解。2020 年 6 月，信贷的服务业占比高达 69%，重工业 21%，建筑 5%，轻工业 3%。服务业贷款占比高的细分行业是租赁商务、批发零售和金融业，而租赁商务和金融业扮演着融资通道的角色，资金大都处在通向房地产和基建投资的途中。服务业主要包括房地产、交运仓储、水利环境、金融业、租赁和商务。商务很大部分实际上是地方政府的融资平台。真正的服务业，比如说信息计算机软件业、科学研究、文化娱乐、教育，贷款份额只占 0.2%~0.9%。

我们分析了行业的投资回报率和偿债能力，并将这些指标与行业贷款份额做比较，提示哪些行业贷款份额过高或扩张过快，哪些行业贷款份额过少或收缩过快。初步分析的结论是，对租赁服务业、房地产、建筑业、金融业和一些基础设施行业，信贷需谨慎；对制造业、农林牧渔、科学技术、卫生、文体娱乐，则可更积极地投放。

银行贷款地区分布，主要集中在沿海省份、首都和长江经济带。广东和长三角是信贷最密集的地方，西藏、青海、宁夏是垫底的，信贷投放比较少。内陆和边境地区，如内蒙古、西藏这些地区的贷款对经济的拉动率比较高。涉及国家战略需要的一些项目，包括与“一带一路”国家接壤的边境地区的投资项目对当地经济的拉动作用相对较好。相较而言，沿海地区是贷款对经济拉动

① 潘英丽. 中国宏观经济分析［M］. 上海：格致出版社，上海人民出版社，2008.

率最低的地区，原因是地区资金充沛，资金投放的边际效率是下降的。银行资金净流出最多的地区主要是北京、上海、西部和东北，净流入最大的地区是沿海省份。北京、上海是金融中心，为扩大对外辐射作用，资金向外投放是合理的。东北和西部，经济不活跃，贷款风险大，所以商业性行为导致资金外流。

报告还分析了各省份上市公司的投资回报率中位数和各地方政府的杠杆率。西藏、浙江、安徽、江苏的投资回报率比较高，其他回报率为5%以上的地区，主要集中在长江流域和沿海地区。回报率低于4%的地区主要是南部、西北和东北等边境地区。地方政府杠杆率最高的地区是青海，达到71%；贵州、云南、内蒙古、海南和宁夏排在第二方阵，政府的杠杆率在40%到50%之间；东北和西北杠杆也比较高；沿海地区大部分政府的杠杆率很低，基本上在20%以下。将各地投资回报率、政府杠杆率与各地贷款份额进行比较，结果显示，银行贷款在地区之间的配置总体上符合效率原则。

总之，目前银行贷款的行业布局仍然依赖重资产，在规模扩张已接近天花板的背景下，银行亟待盘活存量资产。

三、银行在金融业中的地位及未来前景

截至2020年6月，银行资产达到309万亿元，占金融总资产的86.5%。证券、保险和其他金融业加总只占13.5%。未来中国要降低宏观杠杆率，就意味着信贷或者债券这些债务融资的增长速度必须低于GDP的增长速度。如果信贷违约率大幅度上升的话，银行的不良资产需要通过什么方式去消化？我们建议，中央应该允许银行经营无风险非银行盈利业务，通过这些新业务来弥补存量贷款可能的损失。我们认为，银行进入证券行业的混业经营于事无补。目前在社会融资存量中，股票发行融资仅占3%，在金融业资产中，证券业也仅占2.5%。所以，混业经营就如同让大象挤入羊群里，其有限增量难以解决银行规模巨大的存量问题。

在银行业内部结构方面，政府发放了不少地区性小银行牌照，此举虽然可缓解结构问题，却在造成银行产能过剩的问题。美国在20世纪30年代出现金融危机的一个原因就是银行产能过剩（overbanking）。

银行业盈利空间已不断收缩。银行业净资产收益率在2011年为22%，现在只有11%。从不同类型的银行来看，农商行不良贷款率是最高的，相比较而言，外资银行最低，但是外资银行赚钱也不多。国有大行的风险更低一些，回

报率还高一些。股份制行处在中等地位。

从资金融通链条来看，第一个链条是银行资金流入理财市场。理财产品的底层资产风险很大。有分析师称银行把其他金融机构作为“下水道”，银行资金是源头，通过非银行金融机构，比如信托机构等贷出去，贷款利率更高，客户风险也更大。第二个重要链条就是大银行给小银行的同业贷款，小银行面临更高的资金成本和更高的流动性风险，也要求更高的贷款利率，风险也会相应更高。第三个链条是银行为互联网金融机构融资，通过金融科技公司的大数据和网络平台投入个人和小微贷款。年化利息成本曾高达30%多。这类贷款的主要问题在于银行对客户信息一无所知，风险完全由银行承担。这种不对称合作关系已引起监管部门的高度关注。

总之，银行是中国经济增长的加速器和稳定器，随着产业结构调整和去除低端产能，银行资产风险会暴露更多。因此，社会需要好金融，好金融好在支持生产性投资，实现资源配置的优化，帮助实体经济创造新增财富。但是好金融需要有制度条件，要求营造好企业成长的生态环境；健全信息披露制度，提高市场的透明度；强化司法的独立性和执法的有效性，保障合约的有效实施；研究并处理好广义利息或者新增财富在家庭、企业和金融业之间的合理分配。①

① 潘英丽. 社会需要好金融［J］. 中国金融，2016（10）：71—73.

论银行转型在构建新发展格局中的基础作用①

潘英丽②

【摘要】

中国银行业是中国金融业的主体，并且有创造多倍货币的功能。银行转型对推动巨大的存量经济转型、化解系统性金融风险和构建新发展格局具有基础性作用。为促进银行转型，要求政府实施控制货币与信贷增长速度，放开银行无风险非银行收费业务的政策；推进行政体制改革，退出银行的第二财政功能；完善金融机构承担社会责任的相关法律及监管，提高金融的普惠性质；创造良好的制度环境，促进优秀企业组织和优秀银行家快速成长。

一、银行转型是推动经济转型、构建新发展格局的基本动能

社会分工的复杂化是现代金融存在的基本缘由，也促进了金融服务业自身日益复杂的分工。与农业社会的家庭余粮相对应，如今的家庭储蓄也是社会可用于扩大再生产的剩余产品。但是在货币经济中，储蓄采取了货币资本或资金形态，表现为对社会稀缺生产资源的支配和使用权。金融业就是对社会资源的支配和使用权进行中介和配置服务的行业。

现代货币经济的复杂性与央行和商业银行的货币创造功能相关。在私人投

---

① 本文最初发表于人民日报社《学术前沿》杂志，2021年2月（下）期；后经删减后由“人民智库”微信公众号转载；本文对“人民智库”微信公众号转发的文章再作删减后形成。

② 上海交通大学安泰经济与管理学院教授，上海交通大学行业研究院中国银行业行研团队负责人。

资需求低迷而社会生产资源闲置的背景下，银行体系的货币创造可驱动生产资源的利用，实现货币增长与充分就业目标。在没有闲置资源可投入时，过度的货币创造就会导致宏观杠杆上升、资产泡沫膨胀和贫富加速分化，并使社会经济以算总账的方式出现危机或硬着陆。因此，实现与经济增长潜能相匹配的货币增长并提高金融业配置资源的有效性是现代货币金融理论的两大核心课题。中国银行业的重要性不仅在于其货币创造功能，还在于其金融主体地位。

1. 银行业是中国金融的主体部分

国民经济可分为家庭、金融、产业和政府四大部门。在我国，家庭储蓄主要存入有国家信用支持的银行，而银行实行抵押政策，中长期贷款主要流入制造业、房地产和地方政府基础设施建设等重资产领域。银行业为工业化前中期的经济高增长做出了积极贡献，也推动了中国家庭居住条件的改善。但是，举债投资拉动型增长模式也造成这些行业的过度投资和产能过剩。中国加入WTO后，海外市场的开发使中国投资拉动型增长模式的潜能得到充分释放。但是随着实体经济部门债务杠杆不断增加以及国际环境的复杂变化，中国借助杠杆并依赖海外市场消化产能的增长模式已不可持续。可以预见，中国未来10年都将面临去产能、去杠杆的收缩和以产业升级、效率提升为特征的经济转型（见图1）。

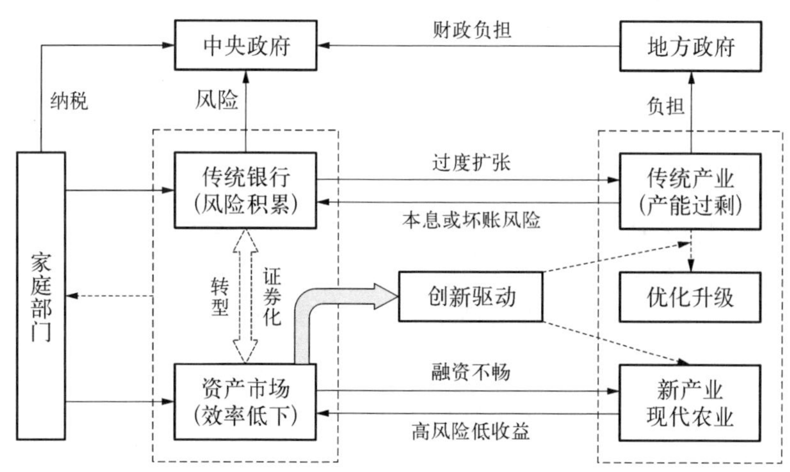

图1　金融结构和产业结构的失衡

与银行过于庞大相对应的是中国股市的过于狭小和脆弱，无法促进高科技、轻资产行业和现代农业的发展，造成关键技术卡脖子，内部消费升级需求难以得到满足。当前，引入注册制和常态退市制度的改革已成为中国经济转型的突破口，股市和新经济有望相互促进，实现快速发展。

2. 银行转型促进更可持续、更安全的发展

中国金融资产规模与GDP之比已与欧美相差无几。但中国金融资产结构表现为银行资产过大、股票市值过低的结构性不平衡。银行体量过大带来的问题是宏观经济的杠杆率过高，导致实体经济部门债务和利息负担过重。重资产行业产品销路不畅即会导致债务违约，短期可以借新还旧，但债务雪球越滚越大，终将难以为继。截至2019年，中国实体经济部门的负债率已达GDP的259%，远高于新兴市场经济体的196%。中国企业负债额在GDP中的占比已是全球最高，而家庭负债额占可支配收入的比例已达102%，与日本1990年经济泡沫破灭、美国2007年次贷危机爆发时的相应占比十分接近。[①] 因此，短期稳杠杆与长期去杠杆是防范系统性金融风险、实现经济可持续发展的重大任务。

去杠杆实际上是一个银行产能收缩的过程。美国历史显示，市场化的调整是以银行大量破产退出的方式实现的。从中国国情看，如此市场化去杠杆是中国社会经济所不可承受的。因此，主动的稳杠杆和去杠杆政策要求银行业在资产低增长甚至无增长背景下实现内涵式发展，以服务收入消化坏账压力。

3. 银行转型促进更高质量、更有效率和更为公平的发展

资金决定了对社会稀缺资源的支配和使用权，资金配置的有效性决定了资源配置的有效性。

银行通过金融科技赋能可以更有效地分辨企业的先进与落后、成长与衰退的差异，培育优秀企业，淘汰落后产能，促进产业升级，实现供求平衡和相互促进的高质量发展。

银行从资产扩张转向泛银行高品质服务，可有效避免融资过程中的机会主义行为、不良资产的积累和社会贫富分化，可避免地方政府低效率经济活动和房地产泡沫的过度膨胀，可盘活资本存量，帮助企业解决发展痛点问题，提升整体经济效率。

银行网点与亿万家庭相伴相随，是普惠金融服务的最佳物理网络。银行非

---

① 上海交通大学银行研究课题组. 银行产业地图：2020秋季报告［R］. 上海：上海交通大学行业研究院，2020.

金融服务业的开发能更好地服务社会，减轻实体经济部门承担的债务成本，促进新财富在家庭、金融、企业和政府四大部门的合理分配。

二、银行转型的方向与路径

1. 构建新发展格局的经济转型对金融转型的要求

构建新发展格局对经济转型提出的要求决定着金融和银行转型的方向。可从需求侧和供给侧两方面把握经济转型要求。

总需求的战略调整体现为从外需转向内需，从投资需求转向内部消费需求。消费需求与收入的关系相对稳定，刺激消费需求要求在缩小贫富差距、推进公共服务方面推动制度变革，投入更多的公共资源。投资重在补短板以适应消费和产业升级的发展需要，并从固定资产投资转向人力资本和高科技投资，从注重增量投资转向注重存量资本的结构调整。

需求侧的战略调整要求金融转型。首先，要求政府有效保护最终债权人和投资者权益，促进家庭通过金融投资分享经济增长成果，实现财富积累和财产性收入的增长，以支持消费增长，这对老龄化社会极为重要。其次，要求政策金融和普惠金融得到更充分的发展，以促进教育培训等人力资本积累，促进农业和城乡一体化发展，增进人类与自然界和谐相处的绿色发展。最后，要求进一步发展国债市场，通过中央政府发行永续债的方式扩大公共产品和服务的供给，释放家庭消费，加大义务教育与技能培训的财政支出，提高中国经济未来的生产效率和可持续发展能力。

供给侧要求通过改革打破制度瓶颈，提升供给的适应能力。经济需从规模扩张转向更高质量和更高效率的发展。生产体系需要从大规模、标准化制成品生产体系向标准化与个性化并存、大生产与小制作并存以及现代农业、工业与服务业平衡发展的复杂生产体系转换。产业组织结构将从同质化过度竞争转向差异化适度竞争。供给侧变革对金融转型的要求是更多发挥资本市场并购重组的存量资本调整功能，促进风险资本市场的快速发展，并且通过金融业态的多样性发展满足多种经济业态对资金融通的需求。

2. 银行转型的探索与路径

银行转型的目标是提高银行服务经济社会发展的有效性。除了有效配置增量投资，也需要在促进存量资本调整中发挥积极作用，并将现阶段的人口红利转化为可持续的未来生产力。银行有效服务社会经济发展需要的转型有以下探索路径：

第一，通过金融科技赋能，提高企业贷款投放和配置的有效性。可引入大数据和云计算等技术手段，逐步放弃贷款抵押要求，改变国有制偏好和垒大户习惯，精准和有前瞻性地把握企业客户的生产规律、生命周期、经营现状和未来发展态势；以价值创造还是价值毁灭作为资金融通与否的基准，并以 ESG（环境友好、社会责任担当和公司治理良好）作为判断企业社会价值和长期可持续发展潜力的主要依据。银行可通过上述转变，提供融资和融智的支持，有效促进产业升级和结构更为平衡的发展。

第二，以宏观环境和产业发展分析为基础对企业客户进行分类指导，促进存量资本调整。对过剩产能行业的尾部企业，可逐步收缩信贷，促进企业转型或有序退出；在企业并购等方面，银行可发挥相应的中介和投资咨询服务；对转型企业员工技能培训、技术升级等项目，可适度提供中期贷款。

第三，通过拆分银行总部业务成立子公司的方式拓展非银行业务，根据各家银行的比较优势实现差异化发展。在零售业务方面除了做好吸储、放款和各类金融保险产品的销售平台外，还可拓展财富管理和生活顾问类服务，充分开发家庭的各类金融和非金融消费服务需求，做好家庭消费服务需求与服务业供给商之间的有效中介服务。在对公业务方面，可推进“融资+融智”的双重服务。融智内涵丰富，银行可将金融科技部、人力资源部、信用评估与风险管理等业务部门独立出来或进行独立核算，为各类中小企业提供生产者服务。

三、银行转型要求的制度变革与政策调整

从价值判断上看，金融（包括银行）对经济增长和社会经济福利的促进作用是有条件的，而寻求增值则是资本的本性，是无条件的。因此，需要创造一定的条件提高金融服务社会经济发展的有效性，约束其不稳定性和财富逆向再分配的负效应。

1. 控制货币和信贷的增长速度，创造稳定的货币环境，放开商业银行的无风险非银行收费业务的经营

除央行投放基础货币外，商业银行体系通过贷款派生存款的方式在信用货币创造过程中发挥着更大的倍数作用。在国家信用担保背景下，银行的机会主义行为和政府的过度干预都会导致信贷投放的扭曲和低效率，进而导致产业结构失衡、资产泡沫膨胀和贫富分化。

因此，创造稳定的货币信用环境首先需要借鉴1976年诺贝尔经济学奖得主弗里德曼的“单一规则”，将货币增长率控制在与经济潜在增长率和规划的资产（土地、实物资产和股权）货币化规模相适应的水平。[①] 其次，需要控制银行资产或信贷的增长率。特别是考虑到当前中国经济宏观杠杆率已经过高，防范系统性金融风险要求短期稳杠杆、中长期去杠杆，银行资产和信贷的增长率应控制在稳态经济增长率水平以下。这样做还将驱使银行花更大力气盘活贷款存量，推动企业转型，提高存量贷款的质量和使用效率。

考虑到重资产行业未来数十年都将面临去杠杆、去产能的战略调整，银行逐步暴露的坏账显然需要用大规模无风险服务的收益去冲抵。因此，控制信贷增长速度的政策必须与放开无风险的非银行服务收费业务构成相辅相成的政策组合。围绕银行转型的这一客观需要，《中华人民共和国商业银行法》和银保监会的监管规则也应相应修改。

2. 转变政府职能，退出金融的第二财政功能

银行信贷和股票市场融资曾先后作为国有企业解困和改制的财政工具。出于保增长和稳就业需要，银保监会除了有监管职能外还扮演着国务院信贷政策执行者的角色。由于中央和地方财权与事权的不对称，地方政府通过融资平台和土地批租将银行信贷作为第二财政资源使用，地方政府软预算约束和中央政府信用担保共同导致信贷的过度扩张和低效率使用，从而积累了很大的债务违约风险。另外，企业是政府税收90%的征收载体（税负最终转给消费者和股东），地方政府以招商引资为主要职能必然导致产业同构化、恶性竞争和产能严重过剩等后果。

因此，包括税制在内的政府行政职能制度的改革已提上议事日程。地方政府需从地区经济经营者向市场秩序维护者转变，推进企业增值税向消费税和直接税转换。中央政府收回公共服务事权，再按相关适龄人口下拨地方政府实施或执行。近中期应以中央政府为主发行永续债，提供转型期所需的公共服务供给。这样做既可以降低融资成本，提高政策目标直达性，也可为人民币境外使用者提供以国债市场为载体的流动性管理平台，为人民币国际化奠定坚实的市场基础。

3. 健全长期投资的制度环境

金融业是以银行为主体的服务业，首先需要解决“为谁服务”的问题。

---

① 潘英丽. 中国宏观经济分析［M］. 上海：格致出版社，上海人民出版社，2018.

第一，需要健全培育好企业的制度。培育好企业，需开展多方面的制度变革。一是健全保护私有产权的立法、司法和执法制度。只有有效保护私有产权，民营企业家才会放下包袱，坚持长期投资理念，推进技术创新、产业升级和打造“百年老店”品牌。二是防范和严惩商业欺诈行为，提高市场透明度，这是市场有效配置资源的必要条件。三是政府应放松管制，发挥市场优胜劣汰的有效竞争机制，有序促进僵尸企业转型和退出，通过存量资本调整提高社会经济效率。

第二，需要拓宽产业投资渠道。以内循环为主体的产业发展应坚持以人为本。政府需在放宽内外资市场准入的同时，鼓励商业模式创新，健全行业标准与行为规范要求，需积极推进第一、第二产业剩余劳动力转向消费服务业的再就业工程，同时应加强市场监管，形成既保护消费者合法权益，又保护服务商有序经营的制度环境，促进消费服务业的优秀企业做大做强。

第三，需要为银行家和金融投资家人才的培养和选拔提供更宽松的发展环境

当前，国有控股银行高管存在绝对稀缺和相对稀缺，难以适应市场化、国际化经营要求，难以有效防范金融危机并引领金融科技发展。要改变这一现状，需要改革金融企业高管任职资格审核批准程序；完善薪酬激励机制并在条件许可的情况下引入股权激励机制；引入金融机构创新容错机制和包容文化，创设负面行为清单和有效退出机制。[①]

---

① 德勤中国公司治理研究中心. 紧迫的历史重任：培养和塑造中国的金融企业家［R］. 北京：德勤中国公司治理研究中心，2020.

“互联网+支付”监管新思路

——关于《非银行支付机构条例（征求意见稿）》的几点思考[①]

胥　莉[②]

【摘要】

2021 年 1 月 20 日，中国人民银行发布了《非银行支付机构条例（征求意见稿）》（以下简称《条例》）。《条例》对于非银行支付机构的监管，从业务监管到功能监管，从数据透传、保护到市场支配地位确认，都呈现出全新的监管思路，而且再次明确了备付金管理、跨机构交易等。

一、从业务监管到功能监管的创新

中国人民银行在历经了多次行业监管制度的探索后，于 2010 年出台了《非金融机构支付服务管理办法》（以下简称《办法》），正式确立了第三方支付机构的市场地位，以及中国人民银行作为第三方支付行业监管主体的地位。随着以《办法》为核心的规范性文件的监管调整，第三方支付行业日渐成熟，市场逐步规范。

《办法》指出，非金融机构支付服务是指非金融机构在收付款人之间作为中介机构提供网络支付、预付卡的发行与受理以及银行卡收单等中国人民银行确定

---

① 原文发表于上海交通大学行业研究院官方微信公众号《安泰研值》2021 年 1 月 23 日。

② 上海交通大学安泰经济与管理学院副教授、上海交通大学行业研究院支付行研团队负责人。

的其他支付服务。《办法》根据支付业务的流程、终端、发起、收单等不同，将支付业务按照业务属性进行了分类管理。《办法》虽然确定了第三方支付机构的法律地位，但主要强调了第三方支付机构的支付交易处理功能，即货币转移功能。

随着互联网企业的发展，拥有高频交易场景且同时拥有支付账户的互联网巨头（见表 1），凭借互联网业务，其支付账户发展空前活跃。

表 1　“互联网+支付”巨头

支付业务主体	公　司	收购/注册时间	牌　照　类　型
支付宝（中国）网络技术有限公司	阿里	支付宝（中国）网络技术有限公司	银行卡收单、互联网支付、移动电话支付、预付卡发行与受理（仅限于线上实名支付账户充值）
财付通支付科技有限公司	腾讯	财付通支付科技有限公司	银行卡收单、互联网支付、移动电话支付
网银在线（北京）科技有限公司	京东	2012 年	银行卡收单、互联网支付、移动电话支付
快钱支付清算信息有限公司	万达	2014 年	银行卡收单、互联网支付、移动电话支付
北京钱袋宝支付技术有限公司	美团	2016 年	银行卡收单、互联网支付、移动电话支付
捷付睿通股份有限公司	小米	2016 年	银行卡收单、互联网支付、移动电话支付
浙江唯品会支付服务有限公司	唯品会	2016 年	互联网支付
北京一九付支付科技有限公司	滴滴	2017 年	互联网支付
上海付费通信息服务有限公司	拼多多	2020 年	银行卡收单、互联网支付、移动电话支付、预付卡发行与受理
武汉合众易宝科技有限公司	字节跳动	2020 年	互联网支付
上海东方汇融信息技术服务有限公司	携程	2020 年	互联网支付、预付卡发行与受理
易联支付有限公司	快手	2020 年	互联网支付、移动电话支付、预付卡发行与受理
待披露	B 站	2021 年	待披露

“互联网+支付”企业基于信任等因素开展互联网相关业务，在支付机构的银行账户下，C 端用户和 B 端商户开立虚拟账户以完成交易。交易资金形成备付金，并且交易的双方通过备付金进行结算，促使沉淀的客户备付金不断上升，据估计，某单个机构的备付金就可达 2 万亿元。“互联网+支付”的第三方支付机构与银行等金融机构之间相互补充，互相促进，形成了密不可分的网络，风险一旦发生，必将影响金融稳定与安全，可见，“互联网+支付”企业已经具备系统重要性特征。

《条例》明确将非银行支付机构的业务分为储值账户运营业务和支付交易处理业务。回归支付业务的本质，实施以风险为基础的功能监管。对涉及信用风险和流动性风险等金融风险的储值账户运营单独列出；对仅仅涉及支付操作风险、信息安全风险、反洗钱风险等的支付交易处理单列，通过穿透式监管，在一定程度上杜绝监管套路，实现支付账户与银行账户同一功能，同一规则监管。此外，《条例》还明确指出，中国人民银行根据审慎监管原则分别确定从事储值账户运营业务和支付交易处理业务的非银行支付机构的注册资本最低限额，以及注册资本与业务规模的比例要求，这进一步为今后支付账户与银行账户按照同一标准监管创造了条件。

对于传统第三方支付机构，其缺乏高频交易场景，主要服务于商户端，完成货币资金从消费者银行账户到商户账户的转移，其更符合美国《货币转移法》中所涉及的支付机构特征，从功能上看主要是支付交易处理（见表 2）。

表 2 传统第三方支付机构举例

支付机构	牌照类型
汇付天下	银行卡收单、互联网支付、移动电话支付、固定电话支付
银盛	银行卡收单、互联网支付、移动电话支付
随行付	银行卡收单、互联网支付、移动电话支付

总体来看，《条例》回归支付的本质，明确地将非银行支付机构业务分为储值账户运营业务和支付交易处理业务，从业务监管转变为功能监管，对于拥有支付账户的互联网企业，根据审慎监管的原则，不仅要纳入储值账户运营范畴，也要纳入支付交易处理的范畴。

二、信息透传，实现支付生态数字化，推动数字经济发展

《条例》指出，非银行支付机构发起的非银行支付机构之间、商业银行之间或者非银行支付机构与商业银行之间的支付业务，应当通过具有相应合法资质的清算机构进行处理。非银行支付机构不得直接或者变相开展清算业务。《条例》关于清算的规定，从原有的非银行支付机构发起的跨商业银行之间的支付业务，延展到跨机构之间、跨商业银行之间、跨机构与商业银行之间。并且，《条例》还进一步强调了电子支付指令的完整性、一致性以及可追溯性。电子支付指令的发起应该具有真实的交易背景。

所谓“电子支付指令的发起应该具有真实的交易背景”，其核心在于交易往来的身份管理。不管是金融活动还是非金融活动，其参与主体都涉及具体的个人或者机构。无论是从监管的需要，还是从金融机构风险管理的需要来看，都需要对参与主体进行身份识别和管理。而身份识别又与账户相关联。账户分为金融账户和非金融账户。金融账户以银行账户、支付账户等为代表；非金融账户以社交账户、电商账户、出行账户等为代表，比如微信号、淘宝账户、滴滴打车账户。非金融账户为金融账户提供了场景支持。通过金融科技，服务于各种场景下自发出现的金融需求，从而形成了非金融活动与金融活动的闭环生态系统，提高了非金融活动与金融活动之间的转化率。

换言之，支付，作为支付账户的主要功能，其本身并不能独立存在，它深度内嵌于场景，无场景则无支付。首先，以互联网为主的支付机构通过非金融账户为支付账户导入流量获取客户。其次，互联网企业的非金融账户为支付账户提供了基础数据。通过非金融账户所有者在社交、购物、出行等场景中的行为形成用户画像，以此为基础，通过大数据和人工智能等技术，推断出账户所有者的偏好、信用以及收入等信息，从而为互联网企业拓展金融业务提供了用户基础信息，使得互联网企业可以通过支付账户，在不同场景下触达消费者，满足消费者的金融需求。支付账户是交易信息和交易资金流动的载体，在大数据技术的支撑下，通过非金融账户与金融账户的“闭环”，实现了信息流和资金流的统一，交易的可追溯性和真实性都大幅提升。

但是，由于互联网巨头垄断了交易场景，C 端用户和 B 端商户的交易信息都留存于网络支付机构的账户信息中，互联网巨头通过垄断支付交易数据信息，对支付账户以外的参与者排他性传送数据，甚至屏蔽交易相关信息，导致

支付交易信息没有向商业银行和清算机构透传，电子支付指令缺乏完整性。商业银行和清算机构难以获得信用卡交易的真实场景，不但商业银行成本上升，而且持卡消费者也需要多渠道获取账单信息。

而在四方模式（卡组织）下，不管是收单机构、发卡机构，还是卡组织，在卡组织规则下，分工合作，缺乏与场景紧密接触的B端、C端统一账户入口。在信用机制不完善的情况下，触达场景的互联网企业屏蔽或者不完全透传交易信息，导致信息流与资金流不一致，交易的可追溯性和真实性降低，因此，卡组织模式在中国的效率难以提升。

从欧美市场来看，根据欧盟的报告，亚马逊在电商市场的市场占有率为40%~50%。根据摩根士丹利的研究，亚马逊支付和贝宝（PayPal）在美国移动支付市场的占有率分别达到13%和77%。即使亚马逊和贝宝市场占有率很高，并触达众多场景，但是，其银行账户与支付账户之间的交易信息依旧会透传维萨和万事达，以及发卡机构等支付交易的参与各方，从而保证了支付交易的真实性、完整性，使得支付市场能有效运作。

因此，信息透传，保证支付交易信息的真实性、完整性、一致性以及可追溯性，是支付交易的基本要求。《条例》对跨机构转接清算主体的再次确认，以及对电子支付指令信息的真实性的要求，不仅从底层信息数据基础上保障了支付生态系统的数字化基础，更加有利于通过支付数字化带动民生领域和实体经济的数字化发展。

三、首次提出非银行支付机构的反垄断

不管是在美国，还是在欧洲，对脸书、谷歌、亚马逊以及苹果的反垄断调查，都是针对互联网企业特征的调查。没有针对“互联网+支付”企业的反垄断调查。

从市场发展情况看，我国特有的“互联网+支付”企业，在算法的支持下，具有很强的纵向、横向扩张能力。一方面，场景数据优势可以降低融资成本，使得“互联网+支付”企业具有进入金融领域的天然优势。在互联网与金融未设防火墙的情况下，“互联网+支付”企业进入金融领域，对金融监管提出了新的挑战；另一方面，“互联网+支付”企业中，支付账户承载了数据的非竞争性、边际成本低等特点，使得“互联网+支付”企业具有规模经济和范围经济的优势，其纵向和横向拓展的能力非常强，容易导致赢家通吃，存在滥

用市场支配地位的可能。因此，对“互联网+支付”企业的监管，不仅仅是互联网反垄断监管问题，也是互联网叠加支付的金融监管问题。

《条例》针对“互联网+支付”领域的反垄断问题，就“市场支配地位预警措施”“市场支配地位情形认定”“市场支配地位监管措施”明确给出了相关市场范围和相应的认定标准，并对滥用市场支配地位的认定程序、处罚措施进行了安排。

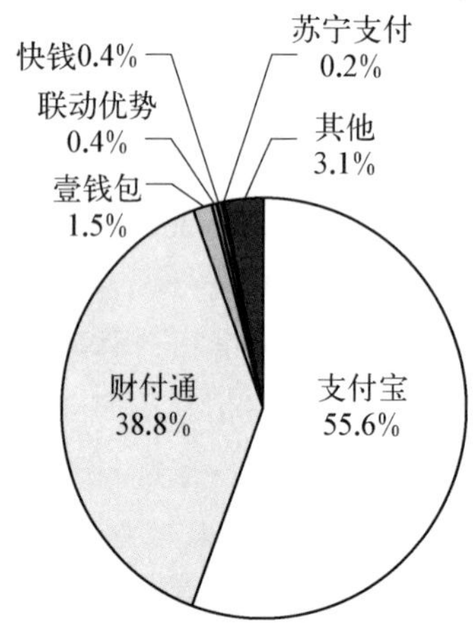

图 1　2020 年 Q2 中国第三方移动支付交易规模市场份额

资料来源：艾瑞咨询。

根据易观 2020 年 Q2 的第三方支付行业数据，支付宝和财付通在非银行支付服务的市场占有率分别为 55.6%和 38.8%（见图 1），触到了预警线，可采取约谈等措施。

但在情形认定中，相关市场为全国电子支付市场，不仅包括非银行支付服务市场，还包括了银行的电子支付业务规模。央行 2020 年 Q3 数据显示，银行处理的电子支付业务为 696.44 万亿元，非银行支付机构处理的电子支付业务为 78.96 万亿元，非银行支付机构处理的交易规模仅为银行处理交易规模的 11.34%。若以全国电子支付市场作为相关市场，则离市场支配地位认定情形还有一定距离。

《条例》加强了对“互联网+支付”企业的金融监管以及反垄断调查，头部企业将面临一定的反垄断调查和金融监管压力。对于处于第二梯队的互联网企业来说，近年来，越来越多具有高频流量优势的互联网企业收购支付牌照，希望通过获取支付牌照来打通交易闭环。随着早期的京东、美团、滴滴进入支付市场，以及 2020 年字节跳动、拼多多、快手、抖音、B 站的进入，可以预测，在加强互联网企业反垄断调查和支付行业监管下，支付回归本源，逐渐断开支付工具和其他金融产品的不当连接，“互联网+支付”企业将在新的监管框架下开展业务，市场竞争性增强，非银行支付服务市场的双寡头垄断局面将有所缓和。

金融创新如何赋能结构转型期的创新研发①

李　楠②　陈开宇③

【摘要】

企业的创新研发是经济持续发展的重要引擎。本文讨论了“发展式无形资产”和“嵌入式无形资产”这两类创新研发的收益、风险特性，指出金融中介应“量体裁衣”，采用与风险、收益特性相匹配的融资方式支持企业创新研发。同时，金融的创新必须聚焦于金融的信息中介功能，着眼于提高风险评估质量和风险管理水平，这样才能真正赋能实体经济结构转型。

2020年12月5日，北京大学博雅资深教授周其仁在第二届中国经济学年会开幕式主旨演讲中提出，如果把1979年改革开放后30年间中国的经济发展比喻为飞机刚刚起飞的阶段，那么现阶段则是正处于起飞后30分钟进入平流层前的关键时期。这一时期，既要面对“换档”或者结构转型的不确定性，同时还要面对极端复杂和充满不确定性的外部环境。我们必须解决好如何“换档”，如何平稳进入平流层的问题。

改革开放的前30年，我们依靠“摸着石头过河”求真务实的作风，依靠中华民族注重教育的优良传统累积的人力资本，更依靠着刻苦耐劳的勤奋和超

① 原文发表于FT中文网2020年12月17日。

② 上海交通大学安泰经济与管理学院副教授、上海交通大学行业研究院中国银行业行研团队成员。

③ 上海交通大学行业研究院中国银行业行研团队成员。

强的学习应用能力，完美起飞，取得了傲人的成就。但是，当我们跃居世界第二大经济体时，当我们的科技一再被外国“卡脖子”的时候，就必须解决好结构性转型的问题，才能平稳进入“平飞期”。而问题的关键在于解决好实体企业创新研发的融资问题。

企业的创新研发无疑是经济持续发展的重要引擎，甚至可以说是唯一引擎。在改革开放前 30 年，中国的创新研发活动重在应用，即学习国外的先进理论和技术，并把这些理论和技术应用于生产实践中，对现有技术和设备进行改良改造。

笔者在论文《无形资产投资收益与风险的异质性》（*Heterogeneity in the Risk and Return of Intangible Capital Investment*）中提出，应区分风险和收益这两类截然不同的创新研发所累积的无形资产。

一类是用于开发新产品和新技术的创新研发所累积的“发展式无形资产”（developing intangible capital），这类创新研发不仅风险高，而且不确定性极大，并可能带来熊彼得所说的“创新性破坏”（creative destruction）。1 000 个项目中可能只有 1 个会成功，但是一旦成功就会带来超高的收益率，并且其可能会使现有的技术和资产分文不值，例如用于创造第一代智能手机 iphone 的创新研发。

另一类则是用于对现有技术和设备进行改良改造的创新研发的“嵌入式无形资产”（embedded intangible capital），因其“嵌入”了企业的生产活动中，与企业现有的固定资产相结合，为企业带来长期持续稳定的收入，长期风险低，例如用于对 iphone 进行升级换代的创新研发。

目前中国的结构性转型过程中，既需要对现有技术进行升级改造的创新研发，更需要能不断开拓技术边界的创新研发。笔者和合作者利用中美股票市场的数据研究发现，这两类创新研发的风险和收益截然不同，因此需要采用不同的融资方式。

一方面，用于累积“嵌入式无形资产”的创新研发通常发生在大企业和成熟企业，并且对这一类创新研发活动的投资通常需要伴随固定资产的投资。这类创新研发的投资风险低，收益稳定，因此，银行贷款和发行债券等债权融资是合适的融资手段。

另一方面，用于开发新产品和新技术的创新研发活动通常发生在小企业中，风险高，不确定性大。2013 年诺贝尔经济学奖获得者之一拉尔斯 · 汉森教授在2016年与笔者的对话中曾说[①]，对于不确定性大的小微企业创新研发宜通过资本市场直接融资，如天使投资、风险投资、私募、股权等。

这是因为，对于风险高、不确定性大的项目，只有让投资决策人承担相应的风险，才能够解决因信息不对称而产生的“道德危机”问题，即如果风险项目的决策人只收获项目成功时的高收益而不必承担项目失败的风险时，决策人必然会“铤而走险”尽可能地寻求高风险、高回报的项目，而忽视必要的风险控制。

笔者在接受《时代财经》记者专访时曾指出[②]，互联网金融平台本应通过提供数据服务和信息中介服务，降低交易成本和信息不对称性，成为从事创新研发活动的小微企业直接融资的最佳渠道。但是无论是已经清零的P2P，被暂缓上市的蚂蚁集团，还是正处于“爆雷”中心的蛋壳公寓，都试图利用其对数据和信息的垄断，从事信用中介业务。

正如中国银保监会主管主办的《金融监管研究》于2020年12月4日发布的《中国影子银行报告》所指出的：“互联网金融平台本应只承担信息中介和支付中介功能，但事实上却从事贷款等资金信用活动，并长期处于监管真空地带。”笔者日前在FT中文网发表的文章中指出[③]，一旦互联网金融平台以科技之名行信用中介之实，游离于金融监管之外，就打开了充满“道德危机”和“利益冲突”的“潘多拉魔盒”。

那么，金融如何能够真正地服务于实体经济？什么样的金融创新才能赋能实体企业的创新研发？笔者认为，金融的创新只有回归金融的本质，即通过降低信息不对称性、监督成本和交易成本，有效配置资源，才能真正为社会创造价值，为经济发展赋能。

1998年亚洲金融危机后，以房地产开发流动资金（房开流）贷款为主要融资方式的房地产企业出现大面积崩溃，“房地产”三个字在银行圈里就是不良贷款的代名词。2001年笔者在建行广东省分行任专职贷款审批人期间，率

---

① 李楠. 2013年诺贝尔经济学奖获得者、美国芝加哥大学教授拉尔斯·汉森：在经济研究中如何系统地引入不确定性［EB/OL］.（2016-4-22）［2020-12-05］. http：//www.gn.cssn.cn/hqxx/gdft/201604/t20160422_ 2979455.shtml.

② 廖维. 蚂蚁暂缓上市后余波未平，李楠：应隔断数据与金融中介业务的关联［EB/OL］.（2020-11-23）［2020-12-05］. http：//www.time-weekly.com/index.php/post/275772.

③ 李楠，陈开宇. 蚂蚁上市暂停：科技无限，金融有界，监管有度［EB/OL］.（2020-11-18）［2020-12-05］. https：//www.chineseft.com/story/001090247？adchannelID= & full=y & archive.

先提出了全面停止房开流贷款，借鉴国际业务中的项目融资经验，对房地产开发贷款实施全面封闭管理。房地产开发项目封闭管理的创新模式在广东建行实施完善后迅速推广到全国银行系统，成为房地产企业的主要融资渠道，彻底扭转了房地产企业融资难的困局，为 2003—2004 年房地产业复苏打下了基础。

而蚂蚁集团通过无人机监测农作物生长数据来评估小农贷款的信用风险，利用小微企业的交易、水费、电费等信息来评估企业的生产状况和信用风险，则有助于解决农户和小微企业信用评估难的问题。

经济发展的引擎是企业的创新研发，企业的创新研发又离不开金融的支持。我们必须认识到不同类型的创新研发具有截然不同的风险和收益特性，应“量体裁衣”，采用与风险和收益特性相匹配的融资方式。同时，金融的创新应聚焦于金融的信息中介功能，着眼于提高风险评估质量和风险管理水平，这样才能真正赋能实体经济，为社会创造价值。

科技无限，金融有界，监管有度①

李　楠②　陈开宇③

【摘要】

自 2020 年 10 月 24 日马云在外滩金融峰会发表演讲之后，网络舆论对金融、科技和监管的讨论可谓莫衷一是。本文首先从金融机构在经济中的特殊性入手，明确了蚂蚁集团到底是科技公司还是金融中介，其次讨论了无监管的科技金融中介蕴藏的系统性风险以及如何对其进行监管。

一、从事金融中介服务的就是金融机构，蚂蚁集团也不例外

什么是金融机构？一切从事金融中介业务的机构都是金融机构。

那么什么是金融中介业务呢？金融中介业务本质上是信用服务，即把资金从净储蓄者（如储户、投资人和公司）手中配置到净资金使用者（如需要融资的公司和个人）手中，以期获得收益。因此，银行、保险公司、金融公司、基金公司等都是提供信用服务的金融中介。

根据蚂蚁集团的招股书，以 2020 年上半年为例，其收入主要来自数字支付与商家服务（35.86%）和数字金融科技平台（63.39%），而数字金融科技平台主要包括小微贷款、理财和保险业务，分别贡献了总营收的 39.41%，

---

① 原文发表于 FT 中文网 2020 年 11 月 18 日。

② 上海交通大学安泰经济与管理学院副教授、上海交通大学行业研究院中国银行业行研团队成员。

③ 上海交通大学行业研究院中国银行业行研团队成员。

15.56%和8.42%。而科技公司应有的创新（和其他业务）只贡献了总营收的0.75%。无论从主营业务、收入贡献，还是从招股书中所称其面临的潜在风险主要为金融风险来看，蚂蚁集团都是一个不折不扣的提供信用服务的金融中介。

那么为什么蚂蚁集团要在准备上市前6个月，抛弃了响当当的“蚂蚁金服”名头，改头换面为“蚂蚁科技集团有限公司”，生怕和金融沾上一点关系呢？如果对比金融机构9.33的平均市盈率（公司市场价值与盈利比）和科技公司38.51的平均市盈率，而蚂蚁集团每股68.8元的拟IPO价格对应了高于150倍的市盈率（按照2019年扣非后归母净利润除以未考虑超额配售选择权时发行后总股本计算），是不是就一目了然呢？但这并不是蚂蚁集团对其金融属性讳莫如深的全部原因，更重要的原因其实是金融机构必然要受到的金融监管。

二、无监管的科技金融中介蕴藏着巨大的系统性风险

信息科技和互联网科技推动了支付交易技术和B2C（企业直达客户的商业模式）的高速发展，也造福了所有的消费者和企业，特别是小微企业和农户。阿里巴巴、淘宝、京东、微店等交易平台降低了买卖双方的商品交易成本，并以无限小的边际成本服务无限多的客户，从这个角度来看，电商平台科技和支付平台科技的价值是“无限”的。

特别是在2020年的新冠疫情中，中国之所以能够比别的国家表现好得多，不仅因为我们有最靠谱的政府，最给力的医务工作者，最配合的老百姓，更因为我们已有庞大的触及各个角落的，由电商平台、移动支付和快递平台构成的强大网络，保证了在隔离期间的资金流动和物资流通。

但是，当支付宝发展出“余额宝”“花呗”“借呗”“相互宝”时，当科技被赋予金融中介属性时，我们就不能任由其无限发展了，而必须给金融科技的每一项服务加上边界。这仍旧是因为金融中介的本质，即信用服务所固有的信息不对称的问题。

1. 数据垄断或打开“潘多拉”魔盒

在信息社会里，数据已经成为新的垄断领域。当电商平台垄断了其所拥有的消费者和商家的交易数据，并开始从支付业务发展出金融中介服务时，就可能打开了“潘多拉”魔盒，使得利益冲突、道德危机等金融市场中最棘手的

问题层出不穷。

电商平台拥有垄断数据的信息优势，而储户/投资者和小微企业则对这个庞大的“数据帝国”无能为力。金融科技公司的逐利动机会无限放大其信息优势，不平等地侵占消费者、投资者和小微企业的利益。

2.“数据垄断+金融中介”形成“诱捕性借贷”

电商平台提供的消费贷往往利用红包/折扣等为饵，诱导消费者使用“花呗”或“京东白条”等付款，而这实际是一种类似信用卡的借款行为。虽然花呗等的利率与信用卡类似，但是花呗并没有像银行开展信用卡业务那样，让每个开卡人明白信用卡是一种借贷行为，更没有像银行那样根据消费者的可支配收入水平来放贷，而是根据消费者的消费水平来放贷，并且通过各种诱惑让消费者提高消费。这对年轻人来说是非常具有诱惑力的，但是潜在违约风险和危害是巨大的。

另外，虽然蚂蚁集团标榜自己是为小微企业提供贷款服务的，但是其微贷平台中80%的贷款是花呗，只有20%是给小微企业的贷款。花呗这种“诱捕性借贷”对整个金融系统的破坏性，其实我们早在2008年美国次贷危机中就领教了。

3. 联合贷和助贷向社会转嫁风险

蚂蚁集团另一个“金融创新”是联合贷和助贷，即蚂蚁集团和银行联合放贷，银行提供90%以上的资金，蚂蚁集团利用其数据优势提供信用评级、放贷、催收等“服务”，而蚂蚁集团往往要求50%以上的收益。换句话说，蚂蚁集团拿着银行的钱去放贷，只享受收益却不承担风险。

简单地计算，蚂蚁集团与银行联合放贷100元，蚂蚁集团只出5元，银行出95元。当贷款获得利息18元时，银行收回5元利息，蚂蚁集团拿走其余的13元；当借款方违约，本金全部损失时，蚂蚁集团只承担5元的损失，而银行承担95元的损失。

这就是经济学中典型的道德危机（moral hazard），当决策人不用承担其行为的后果和风险时，他必然会“为所欲为”，进行风险大、收益高的投资，而这样必然会带来整个金融系统风险的增加。

不仅如此，当蚂蚁集团不用承担风险时，自然会尽可能地通过加杠杆、“诱捕式借贷”等手段进一步扩大规模，造成更大的系统性风险。

4.“数据垄断+金融中介”可以形成风险无限放大的循环

数据垄断的第三个潜在问题是，垄断数据的平台与其关联的银行、保险、资产管理等多种金融中介业务进行捆绑，那么蚂蚁集团的各个机构之间就具备关联交易的可能：以垄断平台进行捆绑诱捕形成信贷资产池，以垄断数据将信贷资产池包装为标准化产品，再通过基金、资产管理公司等将信贷资产卖出并转嫁风险。

比如，把风险大的花呗贷款包装为标准化资产包，并通过资产证券化（ABS）等证券化手段推荐给社会上倾向于长期低风险理财产品的投资者，这种“诱捕+包装+转嫁”的手法可以反复循环，不断放大。这正是造成美国次贷危机的另一大原因——利益冲突（conflict of interests），即金融中介自身的利益与其服务对象（投资者、储户和公司等）的利益有冲突时，金融中介会为谋求自己的利益而损害其服务对象的利益。

为解决金融市场中的利益冲突问题，我们必须给不同的金融中介功能加上边界——“中国墙”（chinese wall），即内部防火墙，才能保证投资者的权益和整体金融系统的安全。

三、有度的监管利于发挥金融科技的无限潜能

互联网科技的潜力是无限的，但是当它与金融中介功能相结合时，我们必须给它加上边界——金融监管和“中国墙”。然而监管也有社会成本，而且从来都不低。当金融监管过度时，会使得金融机构合法合规的经营活动无利可图，反而会迫使其“铤而走险”，进行风险过大的投资，这会反噬金融体系的安全。因此，金融监管必须有度，正如曾任中国人民银行行长的周小川所说，“要增强金融宏观调控的前瞻性和科学性”，防止出现道德危机和利益冲突。

监管的重点在于禁止数据平台和金融中介之间的利益捆绑，拥有数据的平台不能利用关联的垄断平台进行客户“绑架”和强制推销；同时，涉及信贷资产的垄断数据平台更需要自证清白，证明自己不涉嫌数据造假。

我们需要看到金融科技的不断进步是历史的必然，也需要看清不受监管的金融中介固有的问题和风险被科技无限放大的可能，唯有这样才能通过有度的监管约束金融科技，造福人类。

只要金融有界，监督有度，就能在充分发挥科技无限潜能的同时，保证金融系统的安全和健康，保障投资者和企业的权益。

从信贷产业流向看银行转型的必要性[①]

何知仁[②]

【摘要】

我们对51家上市银行2019年年报和2020年半年报进行了数据挖掘。本文将呈现银行的信贷产业流向和信贷产业错配，旨在从中观层面揭示银行转型的必要性。

在银行的实际工作中，信贷产业错配极容易被忽视：一方面，银行习惯基于企业个体情况决定是否放贷，对产业的布局是盲目的；另一方面，政府针对特定产业出台鼓励或限制放贷的政策，银行一味服从，容易导致那些信贷产业大起大落。信贷产业错配将长期拖累银行和实体经济发展。银行必须尽快转型，使信贷投放与经济高质量发展的需要相适应。

一、银行信贷去了哪些产业

我们的结论是：直到现在，银行信贷依然深陷于重资产行业；与10年前相比，当前陷入程度更深，资金链条更长、更复杂。

先看对公贷款，初看的结论是服务业吸纳了大部分的银行对公贷款，且份额在过去10年不断扩大，从2010年的58%上升到2020年6月的69%。工业的贷款份额不断缩小，特别是重工业从33%下降到21%。令人困惑的是，我

---

① 原文发表于上海交通大学行业研究院官方微信公众号《安泰研值》2021年1月19日。

② 上海交通大学安泰经济与管理学院博士后。

国服务业已经如此发达以至于能吸收69%的银行对公贷款吗（见图1）？

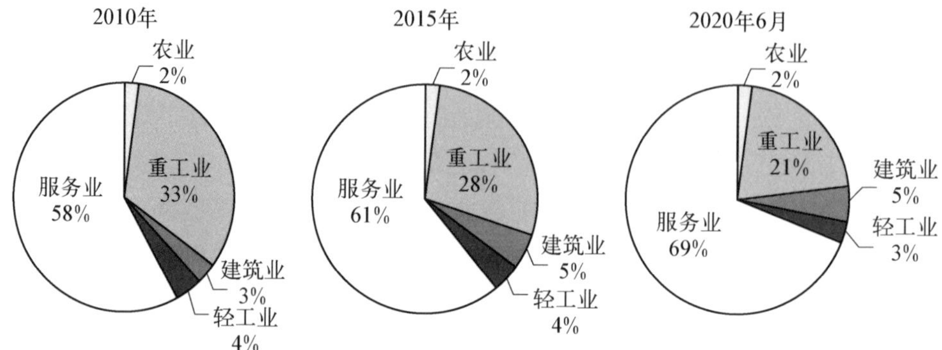

图1　非金融企业贷款在各大产业的分布

数据来源：中国人民银行，51家上市银行财务报告。

实际上，房地产业、交运仓储、水利环境这三大重资产行业都属于服务业，截至2020年6月，分别吸纳了10%、14%和10%的公司贷款。金融业和租赁商务服务业在近10年内上升很快，分别吸收了7%和14%的公司贷款。这两个行业是银行信贷的中转站，这些行业贷款中的很大一部分最终流入重资产行业。由此，以上5个与重资产行业相关的服务业总共吸收了55%的公司贷款，这个比例在2010年底只有42%。换言之，过去10年虽然重工业的贷款份额下降了12个百分点，服务业中与重资产行业相关的公司贷款份额却上升了13个百分点（见图2）。

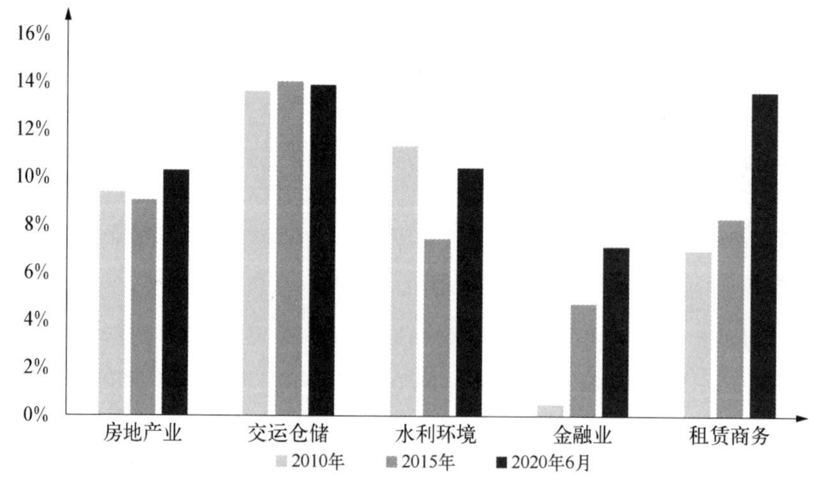

图2　与重资产相关的服务业占非金融企业贷款份额

数据来源：中国人民银行，上市银行财务报告。

而人们通常所理解的服务业吸收了多少银行信贷呢？高新技术服务业贷款几乎没有扩张，截至 2020 年 6 月，信息计算机软件业和科学技术研究贷款分别仅占银行对公贷款的 0.9%和 0.5%（见图 3）。消费性服务业中除了批发零售业贷款较多，其他行业的贷款份额都不足 2%（见图 4），其中，文化类消费服务业，即教育和文体娱乐业，贷款份额都不足 1%（见图 5）。

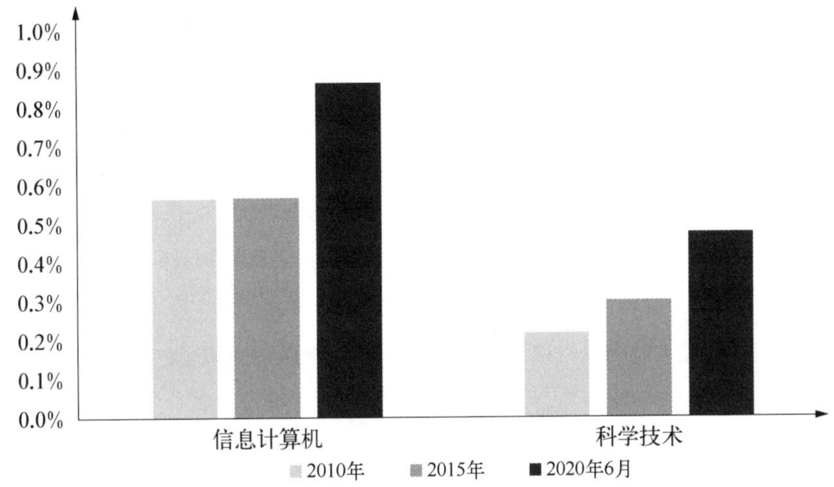

图 3 高新技术服务业贷款占非金融企业贷款份额

数据来源：中国人民银行，上市银行财务报告。

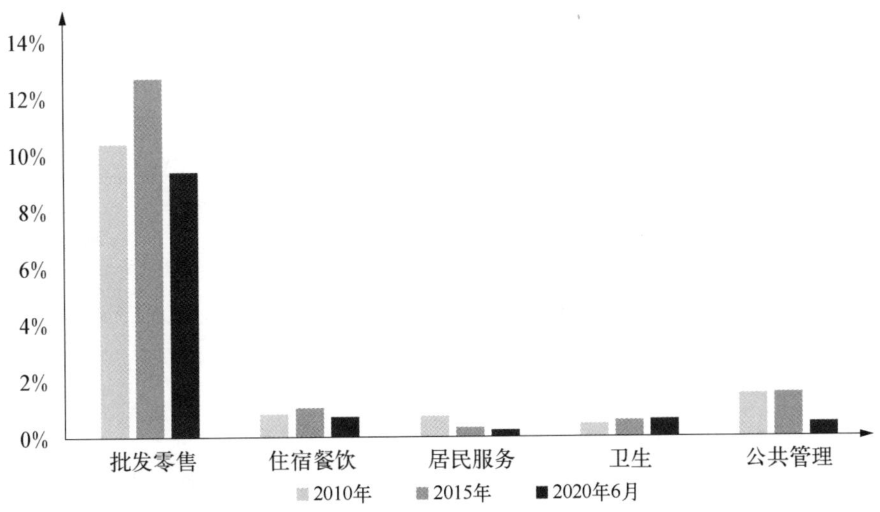

图 4 消费性服务业贷款占非金融企业贷款份额

数据来源：中国人民银行，上市银行财务报告。

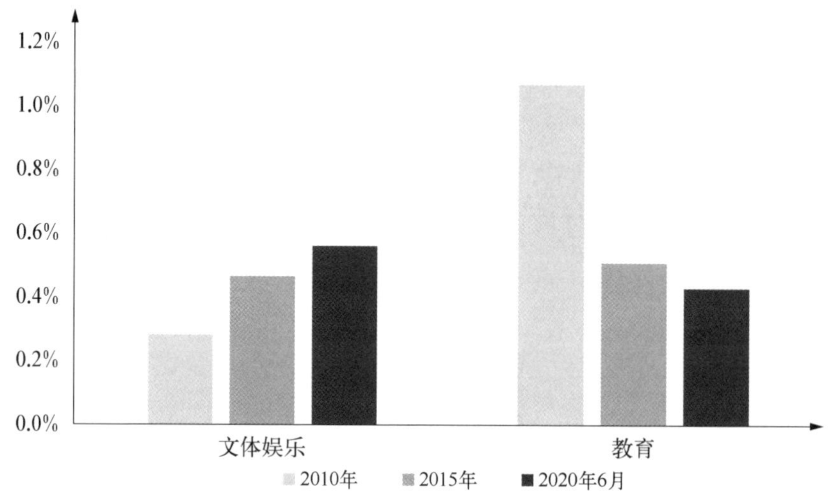

图 5　文化类消费服务业贷款占非金融企业贷款份额

数据来源：中国人民银行，上市银行财务报告。

再看个人信贷，2015 年 12 月个人贷款在非金融部门贷款中的份额为 28%，截至 2020 年 8 月上升到 36%，而该变化是银行信贷涌入重资产行业的投影。

个人贷款的细分项显示，个人贷款份额的增加几乎是中长期消费贷款贡献的。2015 年 12 月中长期消费贷款占非金融部门贷款的 16%，2020 年 8 月为 23%，上升 7 个百分点。短期消费贷款、中长期经营贷款、短期经营贷款的份额几乎没有变化（见图 6）。

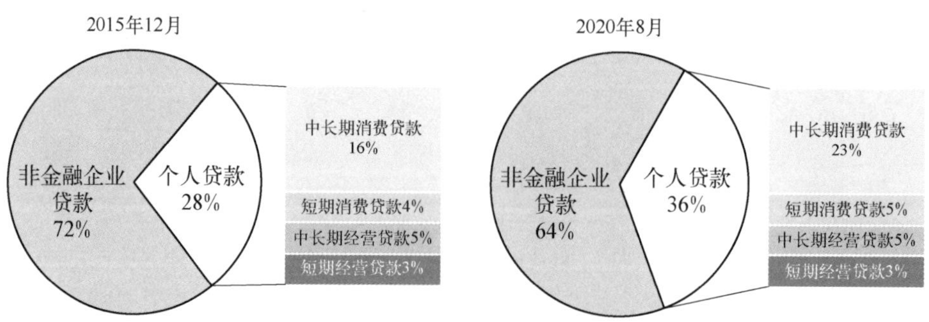

图 6　个人贷款份额及内部结构

数据来源：中国人民银行。

中长期消费贷款主要是购房贷款。2015 年年底，主要金融机构发放的个人购房贷款余额占全部中长期消费贷款的 97%，2020 年上半年为 86%。因此，如果扣除购房贷款，2015 年年底个人消费贷款占非金融部门贷款的份额约为

4.5%（中长期消费贷款-主要金融机构个人住房贷款+短期消费贷款），2020年8月约为8.2%，增加了3.7个百分点。

以上计算表明，过去5年个人贷款份额增加的8个百分点中，约4个百分点流入了房地产业，约4个百分点流入其他消费品产业。

二、银行信贷的产业分布存在哪些错配

我们提供一个简明的分析框架，结合银行对公贷款的行业分布以及各行业的回报率与偿债能力，对银行信贷在产业间配置的效率做出初步判断。其中，行业回报率由投入资本回报率（return on invested capital，简称ROIC）、扣除非经常损益后的投入资本回报率（简称扣非ROIC）这两个指标刻画；行业偿债能力用利息覆盖倍数、资产负债率来衡量。

图7是对行业贷款份额与回报率关系的静态分析，每一个气泡代表一个行业，气泡大小代表该行业贷款余额占银行业全部对公贷款余额的比例（2020

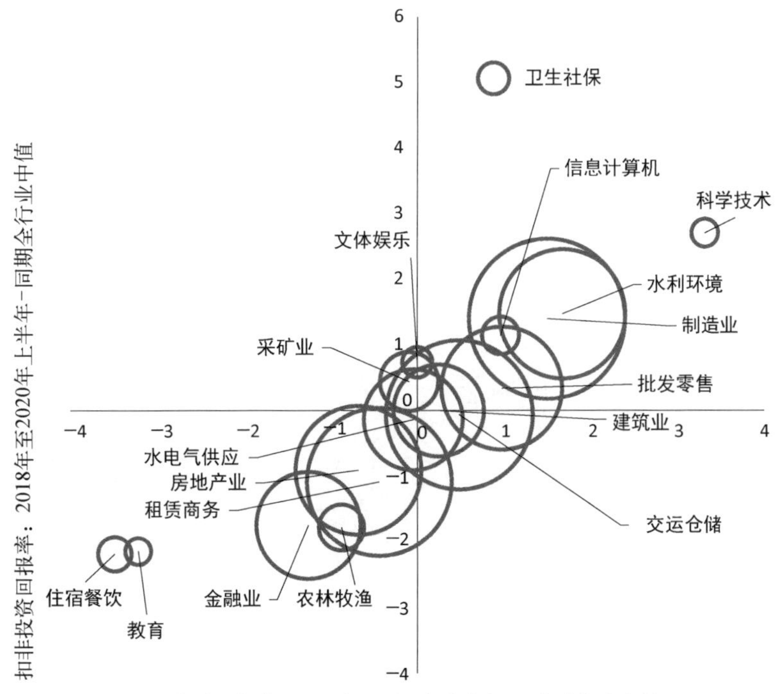

图7 行业贷款份额与投资回报率关系的静态分析（坐标单位：%）

数据来源：中国人民银行、上市银行和上市公司财务报告。

年 6 月数据），气泡圆心的横坐标表示该行业的 ROIC 与所有行业 ROIC 的中位数的差，纵坐标表示该行业的扣非 ROIC 与所有行业扣非 ROIC 中位数的差（ROIC 和扣非 ROIC 均为 2018 年至 2020 年 6 月的平均值）。由此，右上象限的气泡表示 ROIC 和扣非 ROIC 都相对较高的行业，其他三个象限的含义可以此类推。

在风险可控的前提下，银行信贷资源应优先配置到右上象限行业，其次是左上和右下行业，应尽量规避左下行业。数据显示，左下部分水电气供应业、房地产业、租赁商务服务业以及金融业的信贷份额过大，而右上部分卫生社保、科学技术、文体娱乐行业的信贷应有扩张空间。

图 8 是对行业贷款份额与偿债能力关系的静态分析。气泡大小的含义同图 7，横坐标表示该行业的利息覆盖倍数与所有行业利息覆盖倍数中位数的差，纵坐标表示行业资产负债率与所有行业资产负债率中位数的差。因此，右下象限的气泡表示利息覆盖倍数相对较高、资产负债率相对较低的低风险行业，信贷投放应优先考虑。左上行业风险最高，信贷投放应尽量规避。

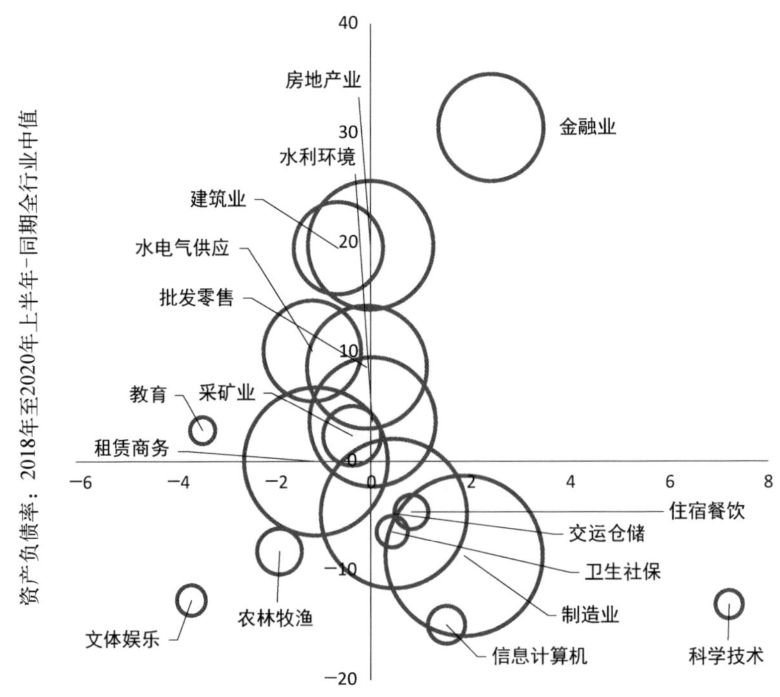

图 8　行业贷款份额与偿债能力关系的静态分析（坐标单位：%）

数据来源：中国人民银行、上市银行和上市公司财务报告。

数据显示，左上部分批发零售业、水电气供应业、房地产业、建筑业、租赁商务服务业、水利环境业的信贷投放偏多，右下部分住宿餐饮、卫生社保、信息计算机业、科学技术行业的信贷投放偏少。

图 9、图 10 分别是图 7、图 8 的动态分析。气泡大小表示各行业 2020 年 6 月贷款占银行业全部对公贷款的份额相较 2015 年年底贷款份额的变化幅度。颜色区分扩张和收缩这两个不同方向的变化，浅灰气泡代表贷款份额上升的行业，深灰色则表示份额下降。气泡圆心的坐标则分别表示投资回报率和偿债能力指标在 2018 年至 2020 年 6 月期间的排名与在 2014 年至 2016 年期间的排名之差，排名之差为负表示排名上升。若行业 ROIC、扣非 ROIC、利息覆盖率排名上升，资产负债率排名下降较快，其信贷份额应该扩张较快（浅灰大气泡），反之，信贷份额应收缩较快（深灰大气泡）。

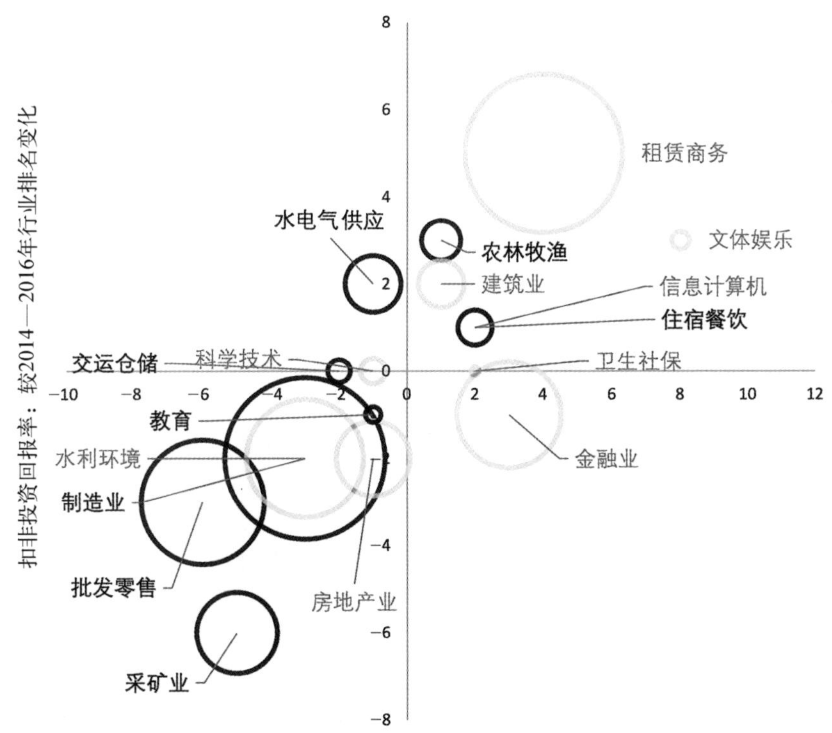

图 9　行业贷款份额与投资回报率关系的动态分析

数据来源：中国人民银行、上市银行和上市公司财务报告。

注：右上部分的信息计算机业、住宿餐饮业的气泡大小、位置均相同，但前者贷款份额扩张，后者份额缩小。

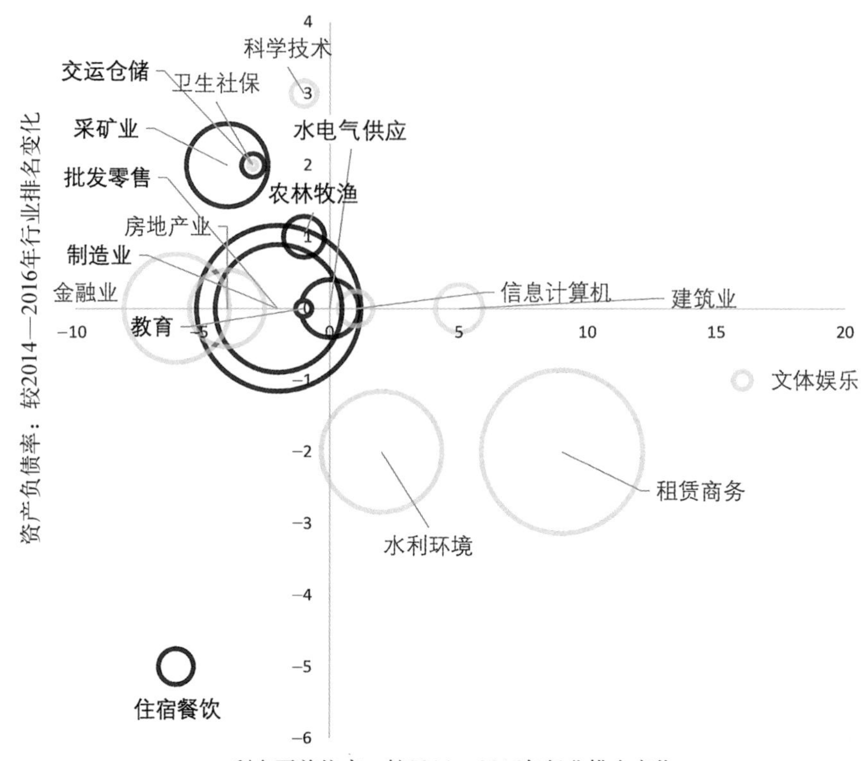

图 10　行业贷款份额与偿债能力关系的动态分析

数据来源：中国人民银行、上市银行和上市公司财务报告。

表 1 综合了图 7 至图 10 的分析，对各行业的贷款份额做出评价。其结果与各行业显性不良率的相对水平并不吻合，因为显性不良率不是反映风险积累程度的理想指标。

表 1　行业贷款份额评价和未来投放建议

	行业贷款份额评价				显性不良率	贷款投放建议
	回报率静态分析	回报率动态分析	偿债能力静态分析	偿债能力动态分析		
农林牧渔				收缩过快	偏高	正面
采矿业		收缩过快		收缩过快	偏高	正面
制造业		收缩过快		收缩过快	偏高	正面
水电气供应	份额偏多		份额偏多		偏低	负面

续　表

	行业贷款份额评价				显性不良率	贷款投放建议
	回报率静态分析	回报率动态分析	偿债能力静态分析	偿债能力动态分析		
建筑业		扩张过快	份额偏多	扩张过快		负面
交运仓储						
信息计算机			份额偏少			正面
批发零售		收缩过快	份额偏多	收缩过快	偏高	
住宿餐饮			份额偏少		偏高	正面
金融业	份额偏多				偏低	负面
房地产业	份额偏多		份额偏多			负面
租赁商务	份额偏多	扩张过快	份额偏多	扩张过快		负面
科学技术	份额偏少		份额偏少			正面
水利环境			份额偏多	扩张过快	偏低	负面
居民服务						
教育					偏低	
卫生社保	份额偏少		份额偏少			正面
文体娱乐	份额偏少					正面
公共管理					偏低	

三、总结

本文梳理了银行信贷在产业间的配置，揭示出三类较为明显的错配：第一，农林牧渔业、采矿业和制造业或受去产能、去杠杆的影响，过去几年信贷收缩速度过快；第二，银行信贷在重资产领域（基础设施、房地产和建筑业）及资金中转行业（金融业、租赁和商务服务业）沉淀过多且近年投放速度仍然较快；第三，高技术服务业（信息、计算机、软件业和科学研究、技术服务业）及消费服务业（住宿餐饮、卫生、文体娱乐业）极度缺乏银行信贷的支持。

2021 年，为应对新冠疫情对经济的冲击，银行业资产逆势扩张，但资产回报率加速下行，信贷风险进一步积累。这种态势不可持续，因为从债务/

GDP、银行资产/GDP、金融增加值/GDP 等宏观指标看，中国银行业的传统业务规模扩张的空间已所剩无几。本文的中观分析进一步显示银行信贷在个别领域已深陷泥潭，同时在一些领域还有很大的增长空间。因此，银行需要摆脱对规模扩张的路径依赖，传统业务必须通过资源配置的优化释放红利，此外，需探索轻资产高收益的盈利模式，例如在条件成熟的前提下拓展无风险非银行业务。

抖音会推出自己的支付平台吗？[①]

潘宇超[②]　胥　莉[③]

【摘要】

支付是电商购物最重要的一环，抖音推出自有支付平台的迫切性与自身电商平台的发展成正比。在获取相应的互联网金融服务牌照后，支付平台还承担着为字节跳动将来的金融服务引流、拉拢客户的重要职能。拥有庞大用户量，完善的账户体系，是字节跳动进入电商和金融领域的关键。

一、抖音目前使用的支付平台及其关系

目前，在抖音购物后使用的支付平台分别来自阿里和腾讯的支付宝与微信钱包。2018 年 3 月，自微信开始屏蔽用户分享至朋友圈的抖音视频起，字节跳动与腾讯开始了一年多的冲突，同年字节跳动与淘宝合作，开始发展电商业务，2019 年 6 月，字节跳动与阿里巴巴签署年度合作框架协议，进一步稳固双方的合作关系。在现有的支付工具中，支付宝也被列为推荐支付工具。可见，在现阶段，抖音是亲支付宝而疏微信钱包。

---

① 原文发表于上海交通大学行业研究院官方微信公众号《安泰研值》2020 年 9 月 8 日。

② 上海交通大学行业研究院研究专员。

③ 上海交通大学安泰经济与管理学院副教授、上海交通大学行业研究院支付行研团队负责人。

二、推出自有支付平台的必要性

2020年年初，抖音宣布自1月起，粉丝数低于1 000的账号，每周只可发布一条带购物车的视频；粉丝数在1 000～3 000、3 000～10 000、10 000以上的账号，每天分别只可发布2条、5条和10条带购物车的视频。这是明显针对淘宝的限流行为，释放出抖音已不甘于为淘宝导流的信号。签约抖音的罗永浩进行直播带货时，第一场直播上架了22件商品，其中12件商品可在抖音小店购买；第二场直播上架了19件商品，其中6件商品可在抖音小店购买。同时，抖音还邀请合作直播卖货的品牌入驻抖音小店，提升商家对抖音小店的入驻率。抖音已经有意识地将直播带货的流量引导至自建的电商平台。

2020年8月26日，抖音相关负责人表示为保护消费者权益，抖音将加强对直播带货的管控。具体措施为：针对直播带货，9月6日起，第三方平台的商品在直播中的分享需要通过巨量星图平台匹配直播带货的达人；10月9日起，第三方来源商品将不再进入直播间的购物车。2020年6月，阿里与字节跳动签署的年度合作框架协议到期，目前未有官方途径宣布新的协议已完成签署。同年6月18日前夕，字节跳动宣布成立电商部门。以字节跳动成立自有购物平台进军电商的决心，和淘宝的分道扬镳只是时间的问题，在抖音上依次有序地剔除淘宝的痕迹是必然的事情。

支付作为电商购物最重要的一环，不仅满足了用户与商家的交易需求，同时其背后隐藏的庞大的现金流令每一个企业垂涎三尺。而字节跳动在自建电商平台后，是否还愿意继续使用第三方的支付平台？第三方支付平台又是否愿意为他人的电商事业添砖加瓦？以京东和支付宝为例，早期京东接入过支付宝，但在2011年，全面停止使用支付宝。外界猜测有以下三个原因：① 拒绝为支付宝做免费广告；② 降低平台支付成本；③ 防止竞争对手获取核心商业数据。

新的年度框架协议迟迟未定，字节跳动在电商平台方面野心勃勃。究竟阿里与字节跳动是反目成仇，彻底切断电商与支付平台的合作，以期延缓字节跳动在相关领域的发展，同时也将字节跳动推向其原本的竞争对手腾讯；还是字节跳动在电商领域妥协转而寻求在支付平台的合作；又或者按兵不动，专注于发展自身的直播带货；等等，让我们拭目以待。

支付平台是电商中最基础、最重要的一环。对于字节跳动而言，无论阿里是敌是友，无论腾讯是否会抛出橄榄枝，在其自有电商逐步发展的过程中，无论从摆脱第三方的限制，还是从增加平台的现金流动角度考虑，发展出自有的支付平台都是非常必要的。

三、推出支付平台的蛛丝马迹

2019 年春节期间，字节跳动旗下各大平台推出了红包活动，该活动由第三方支付平台武汉合众易宝科技有限公司提供支持，落实在了一款名为“岁岁通”的产品上。合众易宝作为一家拥有互联网支付牌照的公司，为此次活动提供资金划转、资金提现等服务。此外，在 2019 年 1 月推出的新视频社交软件“多闪”中使用的支付平台亦由合众易宝提供。

2020 年，经央行批复，合众易宝已完成工商股权变更，股东变更为天津同融电子商务有限公司，而天津同融电子商务有限公司的股东是北京石贝科技有限公司，该公司的单一大股东为张一鸣，持股比例达 99%。字节跳动通过此举获得了互联网支付牌照。

此前也有多家媒体报道，字节跳动收购了深圳市中融小额贷款股份有限公司，从而获得网络小贷牌照，但消息未经官方核实。值得注意的是，2020 年 3 月，该公司高层变动，多位新入人员具有字节跳动背景；4 月 1 日，该公司将股权出质给了深圳今日头条科技有限公司，数额未公布。即使字节跳动没有收购该公司，但也可推测出对其具有一定影响力。

四、推出支付平台的时间

抖音何时推出自有的支付平台既取决于内部的发展，也受到外部环境的影响。其推出自有支付平台的迫切性与自身电商平台的发展成正比。最极端情况下，微信钱包与支付宝双双切断合作，抖音也能凭借合众易宝快速推出新的支付服务。

2019 年，淘宝直播电商交易额为 2 500 亿元，快手直播带货 1 500 亿元，抖音直播带货 400 亿元；2018 年分别为 1 000 亿元、300 亿元、100 亿元。而 2020 年，截至 6 月底，抖音直播带货销售额仅 119 亿元，快手直播销售额为 1 044 亿元。

直播带货作为新兴的事物，是否能成为常态化的销售方式还是昙花一现后被新模式取代，还需进一步观望。对抖音来说，若直播带货的销售额度无法持续稳定地增长，则推出自有支付平台的意义不大。以京东为例，2011 年，停止与支付宝合作，2012 年收购网银在线，获得“第三方支付牌照”，同年销售额突破 600 亿元；2014 年推出京东支付平台，同年销售额达到 2 600 亿元。此外，同样拥有支付平台的美团点评在 2015 年推出金融服务时年交易额为 1 600 亿元；在 2016 年，收购北京钱袋宝支付技术有限公司获得支付牌照并推出支付功能，该年交易额达到 2 400 亿元。

以京东和美团点评作为参考，其推出自有的支付平台时交易额都达到了千亿级别。而 2019 年，抖音全年直播带货的销售额为 400 亿元；2020 年截至 6 月，销售额仅为 119 亿元。考虑到提前布局金融支付所需要的时间，可推测在字节跳动成立电商部后，若抖音的销售额迟迟无法突破 500 亿元，且无法展现出长期稳定可持续的向千亿级别的交易额进发的增长潜力，则其推出自有支付平台的可能性不大。反之，如果抖音电商平台展现了强大的销售能力与潜力，能快速突破 500 亿元的销售额并进一步向 1 000 亿元进发，则极有可能在 2 年内推出自有支付平台，以结合自有电商平台完成销售闭环。

五、总结

抖音作为字节跳动旗下产品，在直播带货上的销售额固然是很重要的影响因素，但字节跳动旗下其他产品的市场表现也对这一决策存在影响。支付平台是字节跳动切入互联网金融服务的前哨站，承担着为将来的金融服务引流、拉拢客户的重要职能。当一个平台能够利用其建立起的生态环境将用户牢牢地吸引，那么它就拥有了和 B 端金融服务机构谈判分润的能力。理想状态下，平台利用互联网技术降低 B 端金融机构的获客成本，将节约的成本变成自身的分润来源、机构的额外收益、用户被让利后的受惠。字节跳动旗下的各大产品平台汇集了海量的用户数据，因此比起传统的金融机构能够对普惠金融进行更有效的监管与风控，从而进一步覆盖全场景下的支付。全场景支付既可以全方位为用户服务、提升用户体验、增加用户黏性，也为平台提供多元的稳定流量，为包括金融产品在内的众多产品提供庞大的流量池，最终构建起以数字经济基础设施服务为核心的生态系统。

支付平台与金融服务的推出可以看作是一家企业在盈利模式与商业模式上的突破，用户群体的建立是其中最困难的一步。拥有庞大用户量，建立完善的自有账户体系，是字节跳动进入电商和金融领域的关键。但是，抖音搭建的购物平台产生的交易量能否足够支撑用户账户的活跃度，并进一步发展成为全场景下的支付入口，将可能影响字节跳动在互联网金融领域的拓展。

文化与服务

中国传媒行业的新拐点[①]

顾 颖[②]

【摘要】

改革开放40多年，中国传媒产业发生了巨大变化，传媒政策也在不断地调整和优化。本文通过解读《关于加快推进媒体深度融合发展的意见》[③]，试图找出传媒产业政策对传媒产业的影响，以及传媒产业未来的发展趋势。

中国传媒在错综复杂的时代背景下历经了多次变革，从事业到产业，从内容为王到渠道为王再到内容渠道双向融合，从单一传播渠道到多传播渠道融合，从产业分立到产业多元化发展，从高垄断市场向竞争性垄断市场发展。

2020年9月26日，中共中央办公厅、国务院办公厅印发了《关于加快推进媒体深度融合发展的意见》（以下简称《意见》），明确了媒体深度融合发展的总体要求。《意见》还指出，要以先进技术引领驱动融合发展，加强新技术在新闻传播领域的前瞻性研究和应用，推动关键核心技术自主创新。

---

① 原文发表于上海交通大学行业研究院官方微信公众号《安泰研值》2020年9月28日。

② 上海交通大学安泰经济与管理学院助理研究员、上海交通大学行业研究院办公室副主任。

③ 2020年9月26日，中共中央办公厅、国务院办公厅印发《关于加快推进媒体深度融合发展的意见》。

一、深度融合

上海交通大学行业研究院“传统媒体转型之路”课题小组[①]于 2020 年 8 月、9 月和 11 月分别在北京、长沙、上海展开了调研，走访了多家纸媒、广电、互联网平台和产业园区。

从传媒行业的发展情况来看，中国传统媒体与新媒体已经进入深度融合期。传统传媒，无论是主动出击还是被动应战，都在“拥抱”互联网。虽然这种“+互联网”模式效果一般，但为融媒体时代的深度融合奠定了基础。相对地，新媒体在采用“互联网+”模式贴近用户的同时，也在努力向内容生产靠拢。采用“互联网+”模式的新媒体气势如虹，但也只是占了些先发优势[②]。

受整体经济环境及中美贸易摩擦等因素的影响，2019 年中国传媒产业虽保持了增长态势，总产值达到 22 625.4 亿元，但增速在近 10 多年来首次跌破两位数，为 7.95%[③]。随着中国媒体的深度融合发展，中央级媒体开始在融合核心技术上发力攻坚。

人民日报社早在 2015 年 10 月 8 日就成立了新媒体中心，荣获“2017 中国应用新闻传播十大创新案例”。为推进媒体融合发展，人民日报社实现了用户的全方位覆盖、传播的全天候延伸和服务的多领域拓展，其微博、微信和抖音账号都排名靠前。同时，为提升内容质量和产品的多样性，让媒体人的创意产生更大的内容价值，人民日报社创新机制，建立了“中央厨房”，开辟了一条崭新的业务线——融媒体工作室，鼓励报、网、端、微采编人员按兴趣组合、项目制施工，资源嫁接，跨界生产，充分释放全媒体内容生产能力。这也是“中央厨房”从重大事件报道迈入常态化运行的全新尝试，以内容的生产传播为主线，打造媒体融合发展的业务平台、技术平台和空间平台。人民日报社“中央厨房”被称为媒体融合的“样板间”。

同样属于国家级的原中央电视台（中国国际电视台）、原中央人民广播电台、原中国国际广播电台也于 2018 年 3 月进行了合并组建，成立了中央广播

---

① 上海交大行业研究院“传统媒体转型之路”课题组成员：陈宏民（教授）、余继军（博士）、罗娅文、李海刚（副教授）、胥莉（副教授）、顾颖（助理研究员）、谢天（研究专员）、潘宇超（研究专员）。

② 陈宏民. 平台竞争：从跨界到颠覆［M］. 上海：上海交通大学出版社，2020.

③ 崔保国，徐立军，丁迈. 传媒蓝皮书：中国传媒产业发展报告（2020）［M］. 北京：社会科学文献出版社，2020.

电视总台（China Media Group）。之后，2019 年 5 月 30 日又成立了央视频融媒体发展有限公司。央视频融媒体发展有限公司的主要业务是为新推出的总台综合性旗舰客户端——央视频提供市场化的运营与技术服务，与总台视听新媒体中心一起建设总台 5G 新媒体平台。2019 年 7 月 17 日，中央广播电视总台总经理室正式成立，标志着总台经营工作和产业发展进入新阶段。总经理室立足总台“5G+4K+AI”战略布局，把握经济发展机遇，为建设国际一流新型主流媒体提供了强有力的经济保障。2021 年 2 月 1 日，中央广播电视总台 8K 超高清电视频道试验开播。

二、新风口

可以看到传统媒体凭借原有的资源和资产优势，正在重新配置资源，进行多种经营创新。正如《意见》指出，要用好 5G、大数据、云技术、物联网、区块链、人工智能等信息技术。

上海交通大学行业研究院“传统媒体转型之路”课题小组之后又调研了湖南的传媒产业，对湖南“媒体+园区”之路印象深刻。湖南“媒体+园区”模式将政府、传媒企业、文创企业、科技企业融合在一起，产业集聚优势明显，从内容到平台，从机制到模式，整体向融合进军，背靠 5G 和 AI，不断深化转型工作。部分先行者已经到达新的出发地，开始反哺后出发者；后出发者也集聚力量，准备一飞冲天。这种转型经验和经济反哺做法值得借鉴。

此外，湖南卫视是目前全国唯一实现全媒体平台布局的传统媒体。早在 2000 年，省级地面频道还蒸蒸日上的时候，湖南电视台就提出了全媒体战略布局。2010 年，湖南广播电视台成立。2014 年，湖南广电开始“一体两翼”的全媒体平台布局。2015 年，湖南广播影视集团有限公司挂牌，并于 2018 年 7 月与潇影集团、网控集团“三军会师”，整合组建成新的湖南广播影视集团有限公司。

2015 年 3 月，湖南广播电视台党委组织全台中层骨干开了一周战略研讨会，统一思想，出台了《湖南广播电视台建设新型主流媒体的若干意见》，共 23 条，集中全台所有资源自创互联网传媒平台，以传统媒体自制版权内容带动互联网平台超常规发展。2017 年开始，芒果 TV 对湖南卫视的版权付费反哺，2018 年开始实现内容反哺。截至 2020 年，芒果 TV 手机 App 下载安装激活量超 7.35 亿次，全平台日活量突破 6 800 万，有效会员突破 1 400 万人，稳步进入行业第一阵营，成为互联网视频行业的国有主力军。

三、新拐点

《意见》的出台，给了中国传统媒体最有力的支持，其从优质内容、先进技术、专业人才、项目资金等多维度阐述了推动主力军进入主战场的重要性。特别是在全球经济动荡、中美关系不稳定的情况下，传媒行业的发展成为国家战略布局的重要内容。

值得警醒的是，目前只有湖南广播电视台建成了互联网平台，实现了真正意义的媒体深度融合。且从几次调研来看，媒体人在转型和融合过程中，仍有不小的困惑和迷茫，主要还是在体制机制方面。从营收角度来看，传统媒体与新媒体在影响力和竞争力上的差距也依然很大。以资讯聚合平台今日头条的母公司字节跳动为例，其2019年的全年营收锁定在了1 000亿元。

但5G、虚拟现实、人工智能、区块链等新技术在传媒行业的应用场景很广，这给传统媒体再次带来了转机。5G使得之前的技术瓶颈不复存在，虚拟现实在B站已经拥有千万粉丝，人工智能可以精准匹配内容和用户，区块链更是可能成为传媒行业的下一片蓝海。这些新技术都可能成为传媒行业的新拐点。这也是上海交通大学行业研究院将持续关注的重点领域。

做实网络视频平台的蛋糕[①]

潘宇超[②]

【摘要】

用户数量的上升与群体付费意识的觉醒并没有让网络视频平台迎来全面盈利的时代，高成本内容使网络视频平台成为重资产平台并致其亏损。平台要想通过降本增效追求盈利，就必须实现低成本与高用户商业价值，内容低成本源自对上游供应链的掌控，用户高商业价值源于用户对平台的强依赖。

目前的主流网络视频平台根据内容的获取方式可分为三类：以芒果 TV 为代表的内容自制平台，以爱优腾为主的半自制半采购平台，以抖音、快手为主的内容分享平台。将芒果 TV 归类为内容自制平台并不代表其达到了内容 100%自制，而是该平台的发展与收益极大程度上依赖于自制内容。此外，B 站起始于一个以内容分享为主的网络视频平台，此后又开始涉足于影视剧版权的采购与内容的自制，同时它的主要营收也不是来源于传统的会员付费与广告收入，而是以游戏运营与直播相关的收入为主。基于 B 站的运营模式、收入方式的特殊性以及定位的模糊，不将其列入本文的讨论范畴之中。

《中国电视/网络剧产业报告（2020）》中提出，2020 年中国网络视频用户规模持续上升，达到了 8.5 亿人。然而，用户数量的上升与群体付费意识的

① 原文发表于上海交通大学行业研究院官方微信公众号《安泰研值》2020 年 12 月 1 日。

② 上海交通大学行业研究院研究专员。

觉醒并没有让网络视频平台迎来全面盈利的时代，不少主流视频平台依旧在持续亏损中。高成本内容使网络视频平台成为重资产平台并致其亏损。比起重资产平台，抖音、快手这样专注于内容分享而没有内容成本拖累的轻资产平台，实现规模扩张与盈利要轻松许多。

芒果 TV 作为重资产平台，2017 年已实现盈利并保持至今。除了芒果 TV 以湖南卫视为背景对上游供应链的高效管控有效降低了成本以外，它还从每个用户身上挖掘出了更大的商业价值。与爱奇艺对比，2019 年，爱奇艺总营收 290 亿元、付费会员数 1.07 亿人，每会员营收比为 271 元/人；芒果 TV2019 年总营收 81 亿元，付费会员数 1 837 万人，每会员营收比为 441 元/人。可见，网络视频平台要想通过降本增效追求盈利，就必须实现低成本与高用户商业价值，内容低成本源自对上游供应链的掌控，用户高商业价值源于用户对平台的强依赖。

一、对上游供应链的掌控

2019 年上海国际广告节上，芒果 TV 秀出了以市场 10%的产量制造 50%的综艺爆款的内容生产力，且每款综艺的制作成本只有竞争对手同量级的一半。同年，爱奇艺的总营收为 290 亿元，内容成本为 222 亿元，共计亏损 93 亿元①。若其成本控制能力与芒果 TV 一致，内容成本支出将会锐减 111 亿元，并实现盈利 18 亿元。

芒果 TV 是如何实现成本控制的？第一，芒果 TV 拥有 16 个综艺制作团队，2019 年自制综艺上线 33 部，强大的自制团队保证了内容创作的延续性与创作成本的可控性。第二，完善先进的影视剧生产工业体系，用互联网科技重塑内容生产体系，将人工智能、大数据、互动技术、VR 等新型科技融入生产流程，为低制作成本、高效生产创造条件。第三，把控创作体系与制作体系，芒果 TV 在综艺制作中实现了以内容带动艺人而非传统的以艺人带动内容的模式，通过签约爆款节目制造的当红艺人，将内容供应中诞生的艺人价值以低价留存，或将自有的艺人价值通过爆款内容进行提升，实现艺人商业价值的高性价比兑现。

通过对内容供应链上游的创作者、制作者、制作工具、艺人等主要要素的

---

① 数据来自爱奇艺公司 2019 年年报。

掌控，芒果 TV 实现了内容生产的延续性、成本的可控性、商业价值的最优化。

二、增加平台依赖性

除了降低成本让爱奇艺扭亏为盈之外，通过提高单体用户的商业价值同样能让亏损的网络视频平台实现盈利。假设爱奇艺 2019 年每会员营收比与芒果 TV 一致，那么其总营收将会达到 472 亿元，上升 182 亿元，预计盈利 89 亿元。当然，爱奇艺与芒果 TV 是用户数量级不同的平台，爱奇艺无法达到那么高的每会员营收比。但是提高单体用户的商业价值对平台营收的帮助不言而喻。而增加用户对平台的依赖性是提升用户商业价值的最主要路径，可通过如下三个具体措施实现：

1. 内容的延续、风格的明确

多年连续播出或多季的影视剧可视为具有内容的延续性，如《快乐大本营》和《琅琊榜》。具有延续性的影视剧表明该内容获得了市场认可，能够为平台留存一批固定用户，同时盈利压力从一年或一季延展至多年或多季。以综艺节目《爸爸去哪儿》为例，第一季的冠名费仅 2 800 万元，第二季跃升至 3.1 亿元。第一季的高质量内容为第二季的冠名费做了重要背书。因此，影视剧制作者在创作或规划时不应仅仅关注短期效益，也要考量延续性内容带来的长期潜在收益。

纵观国内各大网络视频平台，综艺节目明显形成了内容的延续性，而绝大部分电视剧处于非延续状态。但是，目前各平台拍摄的由网络小说改编而成的影视剧大多分为上下部或者以多季的形式拍摄并播出。造成此类现象的原因在于：网络小说剧本内容繁复，一季的影视剧难以完整表述全部剧情；优秀网络小说改编的影视剧自带大量潜在观众，对于这样的优质资源，制作方精耕细作以求长期稳定收益。传统影视编剧习惯以一季多达 40~50 集的内容讲述整个故事，没有形成西方多季少集数生产方式以建立内容延续性的创作习惯。随着影视剧集数与内容精简化风格的兴起，未来的影视剧将会向着多季少集数、增加内容韧性与延续性的趋势发展。

延续性的内容可以培养观众对于内容的依赖性，但不一定能够培育用户对于平台的依赖性。芒果 TV 的自制综艺不仅保证了内容的延续性，也保证了内容在平台上的延续性，并且单一节目在纵向延续的同时还可以形成同类型节目的横向拓展，以此形成明确的风格属性，将用户对于内容的依赖转移至对平台的依赖，从而深度吸引用户。基于价高者得的采购剧容易导致第一季在A平台上播放的爆款内容，第二季却在B平台上播放。对于采购剧而言，内容的延续性依旧存在，而播放该剧的平台很难将用户对于内容的依赖性转移至平台。但爆款影视剧依旧可以让播出平台的付费会员在短时间内迎来爆发。如2018年热门剧《扶摇》在腾讯视频独播时，该平台在第二季度的付费会员数增加至7 400万人，同比增长121%。

采购剧是否能够与自制剧一样，将用户对于内容的依赖转移到平台上，从而深度吸引用户？理论上，如果平台能够签署长期排他性采购协议以保证采购的影视剧在平台上的延续性，并围绕目标用户建立明确的风格属性，就能培育用户对平台的依赖性。实际上，签订此类排他性的采购协议几乎不可能，而且对于采购方来说还存在着长期绑定导致的额外风险，这也是如今的网络视频平台热衷于打造自制剧的原因。

2. IP的绑定

在饭圈文化盛行的当下，粉丝与明星存在着强绑定的关系，如果平台能够将一位明星纳入旗下，那么粉丝与明星的强绑定关系将会传导至平台，成为粉丝与平台的强绑定关系。同样，无论是线上还是线下的热门小说与作家都会有一批忠实的粉丝，如果平台能够获取这些热门小说与热门作家作品的独家改编权，推出相应的影视剧，那么粉丝与热门作品或作家的绑定关系就能引导至平台上。自2014年，当红网络小说作家猫腻改签至腾讯旗下后，腾讯视频于2017、2018、2019年共推出了3部由该作家作品改编的影视剧，在全平台共取得了466.4亿次的播放量。

无论是当红的明星，还是内容与作家，都归属为IP标志。不仅IP与平台的绑定可以吸引粉丝，对IP的垄断还能加强用户对平台的依赖性，甚至可以带来新的平台竞争策略。当某个IP被平台A所垄断时，平台A根据该IP可规划出一系列的内容产品。若前期投放到各个平台上，既能够分摊制作成本与风险，还能大范围地进行IP的宣传以拉拢更多粉丝，当粉丝忠诚度培养成熟时可改变大范围投放IP产品的策略，将新IP产品变成独家播放，从而引流其他平台上的IP粉丝到自有平台上。

3. 模式的吸引

抖音通过内容的智能分发，将每一个用户的抖音App变成了个性化的内容定制平台。然而依靠内容的分发模式吸引用户的平台很难完全复制其成功路径，在相同的分发模式下，先行者拥有巨大的内容优势。所以很难有第二个抖音，也很难有第二个快手，甚至同为短视频平台的抖音与快手在内容的分发观看模式上也不尽相同。用户对短视频平台的依赖性来源于平台模式与整体内容的垄断性质，让用户很难寻找到完全的替代品。而相同的模式难以成功复制不代表相同的成功路径也难以复制，当新的内容推荐分发模式出现后，必将会在短视频领域占有一席之地。长视频平台与短视频平台的差异在于：由于观看时长的不同，长视频平台不依靠智能内容分发模式来留存客户，而是依靠内容产品本身来吸引。

三、总结

“要将蛋糕做大”，这是互联网公司进入一个新兴市场时说得最多的一句话。网络视频平台成立近 15 年以来，网络视频用户达到 8.5 亿人，网络视频这一块蛋糕已经做得足够大，可大部分主流平台的连年亏损表明这一块蛋糕并没有让他们吃饱。

蛋糕不仅要做大，还得要做实。以往的网络视频平台盲目追求用户群体规模的扩张，忽视了单体用户价值的开发。在蛋糕足够大的今天，如何提升单体用户的商业价值应该是各平台接下来重点考虑的问题。

对教育行业而言，新冠肺炎疫情是“危”也是“机”[①]

“新冠肺炎疫情对教育产业的影响及建议”课题组[②]

【摘要】

新冠肺炎疫情暴发后，在教育部、工信部的指示下，各地学校加快推进在线教育开展进程，引发大规模触网在线教学，这势必扩大在线教育用户规模，加速“互联网+教育”的发展。在此背景下，应充分利用在线教育传播快捷、形式多元的优势，推进教育信息化进程，提升教育资源配置效率，扩大优质师资力量的覆盖面，提升中国总体教育水平，充分融入教育全球化进程。

新冠肺炎疫情的出现，对中国的经济活动与社会活动产生了重大的影响，同时催生了许多行业的在线化进程。教育是最基础也是最重要的行业，我们必须以全面普及在线教学的形式，积极应对此次疫情所带来的社会需求变化。如此全面且及时地开展在线教学，是过去 10 多年来各高校积极推动教育信息化的成果体现。

但不容忽视的是，在短时间内从惯有的线下教学全面转化为在线教学，引发出许多在线教学模式所特有的现象与问题。我们应把握这个难能可贵的机会，将此次在疫情下开展的在线教学视作全面普及在线教学的一次“试运

---

① 原文发表于上海交通大学行业研究院官方微信公众号《安泰研值》2020 年 7 月 7 日。

② 课题组成员：陈宏民，顾颖，谢天，潘宇超；通讯作者：谢天。

行”，全面了解在线教学的特性与存在的问题，为疫情后进一步推进在线教学提供针对性建议。

一、疫情下推进在线教育的重要性

教育部办公厅、工业和信息化部办公厅于2020年2月12日发布了《关于中小学延期开学期间“停课不停学”有关工作安排的通知》，明确要求各地各学校在延期开学期间开通国家中小学网络云平台和电视空中课堂，免费提供有关学习资源，供各地自主选择使用。

截至2020年4月15日，自学前教育至高等教育各阶段的教育主体仍未开展线下教学，这意味着保守估计我国至少3亿名学生已全面完成触网教育。疫情促使教学活动迁移至网上开展，在线教学用户量激增，大大缩短了用户习惯培养周期，势必引发教学方式的变革与理念的转变。

教育由线下转向线上，原先的现场教学变成可传输、可复制、可共享的数据，网络技术将原本受限于时间、空间、人力、交通的传统教育覆盖面无限延伸，极大地提升了知识分享的效能，降低了知识传输的难度。随着5G网络投入应用，大数据、云计算、人工智能、物联网等技术工具迅速发展，产业链条日渐完备，配套服务逐渐优化，商业模式建立定型，在线教学的技术环境大大改进，在线教育将向着智能化、高效化、多元化、定制化的趋势发展。

此次疫情中，在线教育模式初步体现出其特有的传播性与灵活性优势，不仅有助于减少教学场地、能源成本、交通成本等社会资源损耗，同时有效降低了因出行或人群聚集所带来的安全隐患。与此同时，亦需继续挖掘在线教育对教学的提升价值，应基于信息传输实时化、教学资料数据化、教学形式多元化等优势，开发相关教学服务功能，使线上线下有机融合，有效提升教学质量；并将优势教育资源逐渐延伸至教育资源欠发达地区，这将有助于实现教育普及化，解决优秀教师稀缺问题，改善教育资源分配不均现象，提升全国整体受教育水平。

必须注意的是，英、美等国的线上教育早已发展得如火如荼，这次突如其来的新冠肺炎疫情更是在此基础上加速了线上教育和教育信息化领域的发展，这将大大缩短中国大学面临全球教育资源竞争的时间。抢占国际教育制高点，提升全球教育的影响力和地位，成为疫情后各国高等教育领域的重要课题。未来也许会出现由资本推动、在线教育平台提供技术支撑、外国名校提供课程教育的新合作模式，这将给中国大学的招生造成严峻的挑战，本土高校需做好迎接这一潜在外部竞争的准备。

二、疫情后推进在线教育的若干建议

基于在线教育的快速发展，对疫情后的在线教育有以下几点建议：

1. 建立多层次的激励体系，在全国范围内推进在线教育试点

基于在线教学的特有优势，国家教育主管部门在政策上进行有力推动，同时在线教育服务在技术进步与资本支持的双重驱动下日渐完善，教育在线化势必成为未来的发展趋势。教育事务主管部门应立足现在、面向未来，以提升教学质量为宗旨，以教学信息化与数据化为导向，以实践应用结果为参照，有序推进在线教育试点。

尤其需加强顶层设计，例如由教育主管部门及顶级高校筹组评估委员会，甄选在当前技术水平下适合开展在线教育的学校、学科与具体课程；同时建立多层次的激励机制，对积极开展在线教育试点的单位或个人予以逐层激励。高校管理部门则应当在课程设计、辅助技术、教工培训、政策引导等层面提出针对性的转型方案，为迎接即将到来的在线教育时代做好充分的准备。

2. 建设统一的在线教育平台，有效提升教学管理效率

由于线上教学在短期内尚无法完全取代线下教学，因此，现阶段推进在线教育的主要模式，仍将以线下为主、线上为辅，寻求将在线教学合理嵌入传统教学的模式，促进不同教学形式间的有机融合，实现优势互补，在提升教学质量的同时，实现高效的教学管理。

为有效加强在线教学的应用与管理效果，建议建设统一的综合性在线教育平台，有机整合课程教学、答疑解惑、作业管理、讨论社区等教学内容，提供多元的教学服务项目。充分挖掘信息技术的潜在价值，有的放矢地优化在线教学的应用效果，建立规范性、标准化的课程模板，作为推进在线教育的参考依据。

3. 建立全国性的高校课程互认联盟，优化整体教学质量

在线教育技术的发展，令异地接受教育成为可能，高校间加强交流合作，实现课程互认，将大幅提升整体的教学水平。建议由来自全国的 211 大学联合成立跨校际的教学联盟，实现部分课程的互通互认，这将有利于高校发挥各自的学术专长；同时鼓励学校在优势项目上寻求差异化与个性化，实现资源互

通、优势互补，从而提升联盟内部的总体教学质量，这有利于国家进一步普及教育，提升平均教育水平。

联盟内学校结合自身实际条件，甄选一系列的优势课程，经学术委员会评定后加入课程互认体系。学生可通过在线教育平台修习校际相互认可的课程，通过考试后可获得一定数量的学分，同样计入毕业所需的总学分。社会人士亦可通过修习互认课程，获得教育部认可的共享网络学位，待条件成熟后，可考虑将网络学位转变为高质量学位。由于涉及课程互认与学分换算，因而亟待建立相对统一的教学流程及评估标准，建议通过统一的在线教育平台，开展异地异校课程互认的实践与尝试。

4. 将在线教育尽快融入学历教育系统，建立模块化的课程体系

在线教学具有节约社会资源、教育形式多元、可重播录播点播、适合传播分享等优势，但与此同时，其在现行技术条件下的一大痛点是切断了教师与学生间、学生与学生间的联系互动，缺少线下授课的课堂互动氛围，从而在一定程度上影响了教学效果。

建议参考英国与澳洲大学的“模块（module）”系统，由教学管理部门与任课教师共同探讨，根据课程的具体教学目标与实际需求，建立分割化、模块化、单元化的课程体系。根据不同学位、学科、课程的特点及需求，将每门课程分割为讲座、案例讨论、团队作业、个人辅导等教学模块及测验、论文、宣讲、展示等评估模块，并根据不同模块的特质，嵌入多样化的线上教学技术，将线上与线下教育有机结合，实现不同教学形式的优势最大化。

5. 加强应对突发性事件的处理能力，建立灾备系统与应急响应机制

疫情初期因用户激增所导致的在线教学平台技术性崩溃现象，体现出平台服务商相对缺乏对于潜在问题的预判能力以及对突发事件的处理能力。在线教育应成为教育行业应对突发性公共事件的预案，要建立“灾备系统”，建立应急响应机制，提出解决预案与操作流程，提升对突发事件的处理能力及对潜在问题的预判能力。

在线教学平台服务商们应当有能力预判到因全面开展在线教学所导致的用户爆炸性增长现象，以及接踵而至的计算资源与带宽的全面承压问题，并提前设计应急预案，通过动态调配云计算的算力与带宽资源来应对突发性的需求量变化，优化资源利用效率。

各院校管理部门则需要针对逐步发展的在线教学预设各类极端情况与相应

预案。可借鉴公共卫生管理模式，按不同安全级别设计应急方案，以备在疫情出现后迅速有序地将线下模式平稳转换为（部分）在线模式。学校管理部门要建立网课管理的规范性条例，对教师开展在线教学的常规性培训，保留适合网课的设施与场地，或提高切换效率。

新媒体时代下，MCN 的生存空间为何不断被挤压[①]

谢　天[②]

【摘要】

这是一个创造奇迹的时代，随着新媒体与直播带货的蓬勃发展，平头百姓“飞上枝头变凤凰”的路径似乎也同步被缩短，诞生了李佳琦、薇娅、辛巴等“带货神话”。“意见领袖（KOL）”们的走红，固然存在时势造英雄的偶然性，却也不能忽视其背后的支撑力量 MCN（multi-channel network），它是一种新的网红经济运作模式。

MCN 的概念率先出现于美国视频平台 YouTube，在中国则首先在娱乐直播行业中产生类似的业务模式，并逐渐同短视频与直播带货等新媒体运营方式相结合，发展成为类似于“网红经纪人”的全新业态。总体而言，由于 MCN 企业目前主要开展短视频或直播平台上的 KOL 增值服务，具备鲜明的“红人经纪公司”属性。无论是传媒界还是资本界，都对 MCN 模式报以极大的关注，风头一时无两。

MCN 模式的成功，尤以“直播带货”最具代表性。以蘑菇街于 2016 年上线直播电商内容为起点，各大短视频、直播、零售平台陆续跟进，继而李佳

① 原文发表于上海交通大学行业研究院官方微信公众号《安泰研值》2021 年 2 月 25 日。

② 上海交通大学行业研究院研究专员。

琦、薇娅、辛巴等头部主播先后创下“带货神话”。随着业务模式趋于成熟，配套服务逐步完善，“直播带货”顺利解决了“流量变现”的症结难点，成为零售行业的新热点，吸引媒体企业、零售企业、平台企业、投资人等纷纷进场。

然而仅在短短数年内，尽管新媒体与直播电商依然如火如荼，MCN 却似乎有些风光不再：KOL 寻求摆脱掌控，平台支持力度骤减，经营日渐困难，进而体现在急速冷却的投资力度上。其中固然有疫情所导致的市场低迷因素，但更大程度上是由于媒体行业开始重新审视 MCN 的存在价值及其不可替代性——MCN 模式在其发源地美国同样经历了过热增长后急速冷却的“过山车”式的发展历程。

一、MCN vs KOL：“明星”与“经纪人”的分裂

理论上来说，MCN 与 KOL 的利益应当是绑定的，MCN 扮演着“代理人”或“经纪人”的角色，负责对 KOL 进行针对性的包装与打造，将其产出的优质内容推送至各平台渠道，并对接商业资源，以期实现利润分享。

然而在实际运营中，由于 MCN 掌握着资本、行业人脉、平台资源、商业资源等前端资源，在对个人 KOL 的议价中具有绝对优势，于是往往可以在签订合作协议或经纪合约中获得较大的倾斜度。尤其是 MCN 扶植、孵化出的 KOL，往往面临着相当严苛的合作条款，具体可能体现在合作期限、解约条件、账号权属、知识产权归属、收益分配、竞业禁止、违约金等方面。

随着新媒体平台的蓬勃发展，KOL 逐渐积累起固定的粉丝群体与社会知名度，原有的实力对比被打破，先前签订的不平等、不合理的合作条款自然会引发矛盾与纠纷。2019—2020 年，已发生多起 KOL 与签约 MCN 机构发生摩擦的事件，尤以 Vlog 博主“林晨同学 Hearing”与 MCN“不差旅行”的合作纠纷及舆论战最具代表性，引发社会对这一现象的广泛关注。

随着 MCN 的热度逐渐消退，媒体行业开始冷静思考 MCN 的真正价值。有观点认为，MCN 的工作并未对内容产品推广与 KOL 个人宣传形成过多的实质性推动作用，且倾向于签约已建立一定个人品牌及知名度的 KOL，而非完全从起点开始培育孵化，MCN 扮演着“加速器”的角色却收取“发动机”的费用，显然缺乏合理性。

二、MCN vs 平台：MCN 能做的，平台都能做

资源整合能力是绝大多数 MCN 机构的核心竞争力。MCN 根据特定平台的特性及特定用户群体的偏好，有针对性地设计、打造并分发推送相匹配的产品，同时接入调性相契合的商业资源。然而，这一核心逻辑的致命缺陷在于，在人工智能及大数据计算推动算法革命的当下，平台比 MCN 更易于精准触及用户，获取深度数据，定点推送内容。

与其说“用户选择观看自己想看的内容”，不如说“平台选择推送希望用户观看的内容”，平台能自动实现海量内容与海量用户的精准匹配，并根据后台实时反馈而进一步优化精准度。此外，如今媒体平台发展趋向于综合化、多元化、整合化，纷纷涉足零售及支付领域，从而对用户的购买行为进行深度的观察与分析，形成精准的商业资源对接方案。

在这一趋势下，MCN 原有的核心竞争力显得日渐薄弱，基本能被平台功能完全取代，且这一趋势正愈演愈烈。某些平台开始试水 MCN 业务，例如：字节跳动投资成立经纪公司“上海星睐文化传媒有限公司”，并投资入股 MCN 机构“风马牛传媒”；湖南广电、浙江广电、长沙广电等兼有内容制作能力与播放渠道的传统广电集团也纷纷开始设立 MCN 部门。

此外，随着内容生态初具规模，平台对 MCN 的依赖性迅速降低，MCN 对平台的依附性却日益强烈，呈现出用户规模几近饱和、内容产品产能过剩、流量争夺成为焦点的行业态势。在此契机下，平台逐渐减少给予 MCN 的补贴，2018 年尚有 50%以上的 MCN 享有平台补贴收入，2019 年该比例降至 34.1%；2020 年的重点布局营收方式中，仅有 1%的机构选择“平台补贴”。①

三、面对多方挤压，MCN 还有生存空间吗

当 MCN 的热度逐渐退散，KOL、平台及资本方对于 MCN 的市场价值判断也开始发生变化。从优质内容生产者的签约数量、融资数量及规模来看，MCN 行业正呈现显著的马太效应，KOL 与资本都集中于少数的头部 MCN 机构。2019 年，仅有 8%的 MCN 营收规模达到 1 亿元以上，41%集中在 1 000 万～

① 克劳锐. 2020 年中国 MCN 行业发展研究白皮书［R］. 北京：克劳锐，2020.

5 000 万元，44%在 1 000 万元以下。①

资本对 MCN 机构投融资力度的急速减弱，体现出市场对这一产业模式的态度转变，但这并不意味着市场不再需要 MCN。事实上，MCN 并非单一行业，而是一揽子新媒体乃至新零售服务的整合者。尽管专职 MCN 企业正遭受到来自各方力量的挤压与威胁，但这些服务内容将继续存在，甚至外沿将进一步扩大，需求将进一步增加。

当过载发展的新媒体、直播带货市场逐渐趋于冷静，MCN 模式也将迎来一次行业洗牌。掌握头部资源或其他不可替代的核心竞争力的旧有 MCN 将继续存在，充分发挥旗下 KOL 或内容产品对忠实用户的影响力，寻求建立多元化的分发渠道、收入形态、合作模式。与此同时，平台将逐渐从用户端向上游的 MCN 服务渗透，提升供应链能力，以期全面提升对“人货场”的掌控力度。

平台向前端不断挤压，将迫使 MCN 进一步向上游整合，加强对 KOL 及内容生产者的利益绑定。例如，短视频领域的 MCN 将更多地参与内容生产过程；以策划及制作能力见长的 MCN 依然能够在市场中占据一席之地；原本聚焦于商品筛分、渠道匹配的 MCN 则将逐渐被基于大数据的平台服务取代；独立的 KOL 可能跳过 MCN，直接同平台建立合作（特例：谦寻、美腕等 MCN 企业本就为薇娅、李佳琦等 KOL 所创立，故而不存在利益切割的风险）。

四、供应链管理会成为 MCN 的进化方向吗

政策的鼓励、资本的推动、社会热度的聚焦，都加速了直播电商的发展进程，甚至有些“超速超载”。中消协发布的《2021 年“618”消费维权舆情分析报告》指出，直播电商中存在产品质量货不对板、主播兜售“三无”产品或假冒伪劣商品、粉丝数据与销售数据造假、售后服务难保障等现象，体现出政府与平台监管措施不到位、配套服务缺失的问题。由“新媒体”入局“新零售”的 MCN，逐渐暴露出 MCN 在上游供应链管理能力的不足，这将直接影响到该商业模式的续航能力与发展前景。

于是，愈来愈多的 MCN 开始深度布局前端的供应链管理业务，例如：谦寻文化建立“超级供应链基地”，该基地不只为谦寻独家服务，也可面向其他

① 克劳锐. 2020 年中国 MCN 行业发展研究白皮书［R］. 北京：克劳锐，2020.

MCN或带货主播，薇娅期望以该基地为中心，赋能整个直播电商生态；辛巴在广州建立“辛选直播基地”，直接链接源头工厂，通过直播间打通品牌商、工厂和消费者，提升品控与生产效率，降低成本与售价；微念科技主打“李子柒”个人品牌，与柳州市商务局建立战略合作，在柳州投资开设螺蛳粉厂，实现KOL商业价值与前端产业链能力的强强联合。

随着MCN纷纷布局前端供应链建设，补全从事电商业务的必要能力，其在未来面临的竞争威胁及合作机遇将不仅来自同侪，也可能来自其他零售企业。以下，笔者谨提出三条关于直播电商供应链建设的行业预测：

1. 企业实体化

建设直播电商供应链的根本目标，是缩短实体零售或传统电商零售的产业链长度，从而降低产品品质与配套服务的不可控性，减少物流运输、中间商差价、库存冗余等相关成本。MCN在前端布局愈多，则商品品质愈稳定，价格愈优惠；消费者的购买理由不再基于主播的个人魅力，而是发自对特定主播或MCN的质量信任，MCN的零售属性愈强，媒体属性相应愈弱。

于是，MCN不仅建有直播间，更需要根据需求建立直播仓、前置仓、中央配送中心（CDC）、区域配送中心（RDC）等仓储单元，并成立专门的供应链管理部门，未来甚至可能配备专有的采购、质检、物流团队。除了“主播带货”这一特殊形式外，实质上与一家专业的电商企业已没有太大差异。

更有不少MCN直接投建产品线，生产自有品牌产品，例如“李子柒”螺蛳粉、辛巴所创美妆品牌“MRSIMBA”、宸帆旗下30余个女性消费品品牌等，实现从“从品牌到流量”到“从流量到品牌”的逻辑转变，完成从“带货”向“卖货”的身份转换。

2. 业务输出化

已构建成熟前端供应链系统的MCN，除自营的直播电商业务外，亦可对外输出供应链服务给那些尚不具备实力建设完整供应链的MCN（如谦寻的供应链基地亦对外部MCN开放），或是其他不以直播电商作为主要经营模式及收益来源的媒体企业。

例如，在疫情导致市场萧条的背景下，央视、湖南广电、浙江卫视、SMG等传统媒体企业纷纷开展以扶助农业、扶助地方经济为目的的直播带货活动。在此过程中，由于农业产品存在非标属性、选品团队经验不足、仓储物流服务疏失等原因，导致出现各种品质或售后服务的问题，对消费者权益与企业口碑造成损失。

该类直播电商活动并非常态化，也不以寻求商业盈利为最主要目的，媒体企业没必要、亦不可能为此构建完整的供应链体系。因而可通过选择与 MCN 建立合作，购买供应链服务及其他 MCN 服务类型；MCN 亦可从过往行业经验出发，给予更具专业性的完整解决方案。

3. 服务外包化

MCN 除自主铺设供应链管理部门外，亦可选择将该块业务外包，向专业的供应链企业购买相关服务。目前，此类“供应链代运营”更多服务于例如 papitube 等以内容生产见长的短视频 MCN，或是有意愿在 Tik Tok 等境外平台开拓跨境直播电商的 MCN。

此外，成都、合肥、丹东等地先后成立 MCN 产业基地或产业园，在政府的支持下吸引 MCN 及其他产业链企业入驻，建设完整的短视频或直播电商生态圈。此类产业基地通常更易吸引到希望获取政策扶植、寻求业内合作的中腰部 MCN，因此，通过开展外部合作来补全供应链环节的弱点，显然是更经济的做法。

以新发展理念引领
上海建设世界著名旅游城市[①]

武邦涛[②]

【摘要】

以新发展理念引领上海建成世界著名旅游城市的工作，切实体现在城市建设的决策、组织、领导与控制等各个环节，制定具有前瞻性的顶层规划，创新符合文化旅游产业发展规律的体制机制，形成高质量发展合力，推动文化与旅游产品的融合创新，聚力打造旅游精品项目，为世界著名旅游城市建设赋予新动能。

将上海建设成为世界著名旅游城市，是上海城市建设既定的重要战略目标之一，也是广大民众乐观其成的热切期盼。事实上，上海早日跻身为世界著名旅游城市，对于加速“内循环”、促进上海社会经济健康发展，将上海建设成国际一流城市，带动长三角一体化发展，具有重要作用和深远意义。在“十四五”期间，我们必须坚定不移地贯彻创新、协调、绿色、开放、共享的新发展理念，使之体现在城市建设的决策、组织、领导与控制等各个发展环节，持续为促进世界著名旅游城市建设赋予新动能，在努力促进文旅业高品质发展方面出实招。基于上海城市建设与文化旅游产业发展的内外部环境，当前以新

---

① 文章写于 2021 年 5 月。

② 上海交通大学安泰经济与管理学院教授、上海交通大学行业研究院文旅行研团队负责人。

发展理念引领世界著名旅游城市建设的着力点分为以下几点，分述如下。

一、创新是推动发展的关键动能

1. 更加重视以管理创新实现高质量发展

制定具有前瞻性的顶层规划，注重效能与效率提升，创新有利于文化旅游产业发展的体制机制，形成目标明确、上下一致的发展合力。其切入点包括：在广泛深入调查的基础上对上海文旅业近、中、远发展规划及特色重点项目可行性展开论证，提出专业建议，组织以各类具有实力的文旅及金融服务企业为主体的项目建设与经营核心队伍，负责执行明确的实施方案与规划。

2. 推动文化与旅游产品的融合创新，聚力打造旅游精品项目

一是充分发挥红色旅游资源、海派文化优势，创造文化精品。运用人工智能、信息通信等高科技成果精心打造多种类型的文化与旅游系列产品，不断推出高科技与文化旅游的融合代表作，展现红色旅游主线与海派特色，使之成为中国共产党党史学习教育的重要大课堂，成为上海迎接国内外嘉宾、展示海派文化的会客厅。

二是着力打造丰富的水上旅游项目，使上海旅游更具魅力。首先，持续完善黄浦江、苏州河水上游览系列项目，充实文化内涵，改善游客体验，使之成为上海旅游精品之一。其次，发展邮轮产业，规划启动上海至我国沿海城市、三亚等地的邮轮旅游项目。

三是挖掘利用非物质文化遗产打造特色主题公园。启动对崇明生态岛旅游重点项目建设的调研工作。

四是推动上海“文旅体+科技”高质量发展所需的高素质复合型人才队伍建设。建议依托上海若干具有优势的综合性大学及专业、大型旅游企业，共同创办上海高级文旅学院，创新办学模式，努力建设符合文化与旅游、体育融合发展需要的，具有创新能力的“文旅体+科技”的一流人才培养基地，以满足“文旅体+科技”创新发展进程中的人才需求。

二、提高协调水平，实现文化与旅游产业的高质量发展

其一，近年来，上海市在城市环境、演出场所、公共游憩空间建设等方面，成绩斐然，但也存在一些文化旅游项目建设同质化现象，涉及市、区及职能管理等多层关系的某些大项目的进度不尽如人意。其根源是整体优化不足，

整合不够。解决上述问题的思路是着力于协调水平的提升。我们可以多层级建立党政定期联席会议制度，对市、区、镇文化旅游规划、政策和重大旅游项目落地进行协调决策，明确相关方的责权利，解决市、区多层管理问题。各区也应成立类似的党政定期联席会议制度，如徐汇区的党政定期联席会议制度对该区文化旅游业的发展贡献突出，值得借鉴推广。

其二，以充分协调为先，精心打造充分体现上海优秀文化和特色的古镇、民宿品牌。目前，以浦江镇召稼楼、革新村民宿，周浦镇，朱家角镇为代表的市郊古镇、民宿建设初见成效，环境美化程度日益提高，消费者日趋增多。建议由相关职能部门牵头，成立古镇、民宿建设专家指导组。在调研总结的基础上，对前期建设经营情况进行梳理，在把握主要问题的基础上，明确方向和重点任务，制定古镇、民宿“十四五”规划和帮扶政策。以非物质遗产的挖掘和提升为重点，因地制宜，突出各自文化特色产品的培育，注重文化与旅游康养融合，可利用丰富的房屋资源和良好的生态资源，形成康健养老一体化模式，创新盈利模式。强化对古镇、民宿文化旅游经营人才的岗前培训和职业培训。以本市一至两所重点高校为依托，引入高校相关院系专业师资，编写教材，对从事古镇、民宿文化旅游经营的管理人员进行职业培训，以提升经营管理水平。

三、坚定不移地走绿色发展之路，形成可持续发展态势

习近平总书记近期指出：“要完整、准确、全面贯彻新发展理念，保持战略定力，站在人与自然和谐共生的高度来谋划经济社会发展，坚持节约资源和保护环境的基本国策，坚持节约优先、保护优先、自然恢复为主的方针，形成节约资源和保护环境的空间格局、产业结构、生产方式、生活方式，统筹污染治理、生态保护、应对气候变化，促进生态环境持续改善，努力建设人与自然和谐共生的现代化。”[①] 这段表述是对绿色发展理念的精辟阐释，对当前上海建设世界著名旅游城市尤其具有现实的指导意义。由于建设世界级旅游城市依赖于优质的生态环境，所以我们要加大对本区域生态环境的保护力度，强化对江河湖海岸线资源和水体的保护和改善力度，不断降低碳排放量，为实现国家碳达标、碳中和战略做出贡献。

---

① 习近平 2021 年 4 月 30 日在中共中央政治局第二十九次集体学习时的讲话。

四、以开放包容的宽阔胸怀打造全球化合作平台

海纳百川，兼收并蓄。建设世界级旅游城市需要吸纳多方智慧、多方力量。我们要不断改善营商环境，贯彻落实国家“一带一路”倡议，走出去，引进来，策划实施广泛的利益共享的国际合作、区域合作项目，积极打造各种类型的战略合作联盟，为加速世界级旅游城市建设尽其所能。

五、秉持共享理念，注重社会和谐发展

建设世界级旅游城市需要凝聚众多文化旅游企业和广大民众参与其中，我们必须秉持共享理念，注重社会的和谐发展。始于 2020 年的新冠疫情对社会经济发展产生了巨大冲击，尤其给文化旅游行业造成巨大损失。上海市政府曾积极出台《上海市全力防控疫情支持服务企业平稳健康发展的若干政策措施》，扶持各类文化旅游企业努力自救，取得了显著效果。当前，我们对众多文化与旅游企业还应继续施以援手，以有效政策扶持其渡过难关并不断增强活力。实施符合民众期望的各种优惠政策，促进文化旅游及体育活动消费，不断增强民众的获得感。建议加快对各类博物馆、公园免费开放的进程，适当发放文化、旅游、体育专项消费券，这将有助于城市居民形成良好的生活方式，获取正能量，树立新风尚。

后疫情时代下国家级旅游度假区的发展研究[①]

张静抒[②]

【摘要】

随着旅游需求从单一的观光需求转变为多样性的度假需求，我国涌现了一大批各级旅游度假区。而国家级旅游度假区在后疫情时代能满足旅游者出游需求，对旅游业逐步恢复有一定的促进作用。本文从我国国家级旅游度假区的发展情况入手，对国家级旅游度假区在后疫情时代如何推动我国旅游业高品质发展、满足多样化旅游者需求等提出了建议。

国家级旅游度假区作为旅游目的地，在后疫情时代成为推动我国旅游高品质发展、提高我国旅游整体服务体验的新阵地，其影响力不容小觑。那么，何谓旅游度假区？国家级旅游度假区的发展情况如何？后疫情时代，国家级旅游度假区该何去何从？

一、什么是旅游度假区

2019 年 12 月，文化和旅游部在其颁布的《国家级旅游度假区管理办法》中重新从度假区的功能、空间、管理等方面对旅游度假区做了新的界定，即“旅游度假区，是指为旅游者提供度假休闲服务、有明确的空间边界和独立管

---

① 文章写于 2021 年 5 月。

② 上海交通大学安泰经济与管理学院讲师、上海交通大学行业研究院文旅行研团队成员。

理机构的区域”。而国家级旅游度假区，则是指符合国家标准《旅游度假区等级划分》（GB/T26358－2010）相关要求，经文化和旅游部认定的旅游度假区。

二、国家旅游度假区的昨天与今天

随着人均 GDP 的增加和人均可自由支配收入的提高，国人出游意愿日益增强，原有单一的“观光型”旅游模式已经无法满足人们的出游需求。因此，1992 年国务院发布了第 46 号文件《关于试办国家旅游度假区有关问题的通知》，1996 年国家旅游局提出“度假休闲游”主题，1999 年推出了“旅游黄金周”，并出台了一系列管理办法与标准，如《旅游度假区等级管理办法》《旅游度假区等级划分》等，使得国家级旅游度假区呈阶梯式发展：

（1）2015 年 11 月，17 家度假区成为首批国家级旅游度假区；

（2）2018 年 1 月，第二批 9 家单位正式成为国家级旅游度假区；

（3）2019 年 5 月，国家级旅游度假区迎来 4 家新成员；

（4）2020 年 11 月，文化和旅游部公示了第四批拟入选的 15 家国家级旅游度假区。

因此，截至 2020 年年底，我国国家级旅游度假区总数为 45 家，分布在全国 23 个省直辖市，约占全国行政区划的 2/3。其中，大部分分布于东部沿海和西南，当然，这与我国整个经济发展水平相吻合，也符合度假区“休闲”主题。

在国家级旅游度假区的数量上，浙江领先，有 6 家；江苏，5 家；山东和云南，各 4 家；四川，3 家；其余则分布于广东、广西、福建、江西、安徽、上海、河南、湖北、湖南、重庆、贵州、海南、吉林、西藏等地。显然，这些地区都有丰富的旅游资源，能够满足旅游者多样的旅游需求。由于这 45 家国家级旅游度假区成立的时间不同，原有的发展规模与基础不同，所依托地区的经济发展程度不同，因此发展情况也各不相同。但是它们都能够依托不同类型的旅游资源与旅游环境，因地制宜地设置符合当地特色的休闲度假产品，延长度假产业链，形成度假休闲产业集群。由于后面 15 家是 2020 年 11 月入选的，因此，有关国家级旅游度假区所取得的成绩与得到的以下经验，则是以前三批 30 家国家级旅游度假区为基础的。

（1）强化资源导向型：发挥优势旅游资源，以度假区内与众不同的“景”为核心，打造“吃住行游娱购”的合理动线，让游客在“游”中“闲”下来。

（2）关注旅游者新趋势：新生代旅游者对旅游要求更多样，更饱满，更个性化，使得度假区在产品多样化方面基本能满足各类旅游者细分市场的需求，逐渐建立起各自的主打旅游休闲产品。

（3）突出度假与休闲活动：更强调旅游产品的休闲功能。在产品多元化的基础上着重用“活动”让旅游者“沉浸”“漫步”在度假区。

（4）加强区域智能化管理：科技的发展也改变了度假区的管理模式，提升了管理等级，使度假区在区域旅游功能定位管理、个性化旅游服务管理等方面都有了提升。

正是基于这些经验，疫情后旅游业在逐步恢复，国家级旅游度假区也取得了不错的成绩。据文化和旅游部统计，2020 年第三季度 30 家国家级旅游度假区旅游接待总人数达 4 426. 18 万人次，环比上涨 82. 57%；旅游接待总收入 249. 19 亿元，环比上涨 90. 88%。

三、后疫情时代，国家级旅游度假区何去何从

中国旅游研究院发布的《2021 年第一季度旅游经济运行分析与上半年趋势预测》预计，2021 年第一季度国内旅游人数 6. 97 亿人次，同比增长 136%；国内旅游收入 0. 56 万亿元，同比增长 150%。预测 2021 年上半年国内旅游人数 17. 22 亿人次[①]，同比增长 85%；国内旅游收入 1. 28 万亿元，同比增长 102%。而 2021 年五一小长假的数据显示，短短 5 天实现国内旅游出游 2. 3 亿人次，同比增长 119. 7%，按可比口径恢复至疫前同期的 103. 2%；实现国内旅游收入 1 132. 3 亿元，同比增长 138. 1%，按可比口径恢复至疫前同期的 77. 0%（文化和旅游部数据中心测算）。从这 5 天的数据不难看出国内旅游的火爆。因此，当国民出游意愿高涨与后疫情时代下旅游行为改变相交融时，国家级旅游度假区可以说必将进入一个“黄金”发展阶段。因此，如何利用国家级旅游度假区这块“金字招牌”，更好地吸引旅游者，满足旅游者的旅游需求，从而推动区域旅游的联动发展，就成为后疫情时代国家级旅游度假区茁壮发展的关键。

所以，国家级旅游度假区在后疫情时代要想成为国内旅游市场一个重要的

---

① 文化和旅游部网站 2021 年 7 月 30 日数据统计显示：根据国内旅游抽样调查结果，2021 年上半年，国内旅游总人次 18. 71 亿，比上年同期增长 100. 8%（恢复到 2019 年同期的 60%）。

子市场，需要做到：

1. 功能互补与联动

度假区的特殊功能性决定了其在资源、区位、市场、整体环境、综合配套服务设施等方面都需要联动发展，在旅游功能方面要满足互补特性。例如，度假区的酒店建设就不能只局限在本酒店，重酒店不重氛围，重房间不重空间，重项目不重业态，而应该有全局观。这对度假区管理委员会也提出了新的管理模式要求。因此，酒店选择、布局需要从整个度假区的目标定位入手考量，既关注酒店本身的类型，又重视度假区旅游功能的匹配。

2. 集群效应

根据国外成熟的旅游度假区建设经验，国家级度假区在度假酒店的布局上要形成集群效应，这些酒店应该在属性、品质、等级、类型等方面互为补充，在分布上与区域内的特色旅游产品一致，从而为旅游者提供多种体验与选择。当然，集群效应并不局限在酒店，餐饮也应有此效应。

3. 别“闲下来”

度假旅游从某种程度上讲，实际上是一项“有钱”“有闲”的活动，因此，度假旅游性消费多集中在假日，这无疑使得度假区的旅游产品与服务，如酒店、景点、餐饮等都有潮汐效应。旅游者蜂拥而来，蜂拥而去，使得旅游产品很容易“闲下来”。这无疑也是制约国家级旅游度假区健康发展的瓶颈问题。因此，要从两方面入手打破瓶颈：一是促进度假区内旅游功能的丰富与多元化，形成一个融休闲娱乐、运动健身、康体疗养、常态化节庆演艺等为一体的旅游健康业态；二是在加大品牌建设力度的前提下，配合度假区定位营造具有本度假区特色的氛围、良好的人文气息、优美的自然生态环境，从而扩大旅游者的游憩半径。

然而，要下好这盘大棋，国家级旅游度假区管理委员会的“政府主导地位”不容忽视！

在线旅游上游供应商现状及其发展趋势研究[①]

周洁如[②]　贺敬瑜[③]

【摘要】

受2020年新冠疫情影响，旅游业的线上化脚步进一步加快，在线旅游行业发展势头向好。上游供应商指旅游资源与产品提供商，包括旅游景区、酒店、交通、餐饮等参与方，是在线旅游产业链的源头。本文以在线旅游行业上游供应商为对象，分析其在线分销、促销的发展现状以及在线旅游行业的痛点与变化趋势。

一、在线旅游产业链简介

在线旅游，顾名思义是依托于互联网将传统旅游消费活动从线下转移至线上而产生的新兴产业。从产业链角度看，包括上游旅游产品供应商、中游在线旅游产品分销商、下游媒体及内容营销平台，以及对上述上、中、下游三者提供相关支持的服务提供者，如图1所示。

其中，上游供应商提供旅游资源与旅游产品，参与主体如旅游景区、酒

---

① 原文发表于上海交通大学行业研究院官方微信公众号《安泰研值》2020年12月25日。

② 上海交通大学安泰经济与管理学院副教授、上海交通大学行业研究院文旅行研团队负责人。

③ 上海交通大学安泰经济与管理学院硕士研究生。

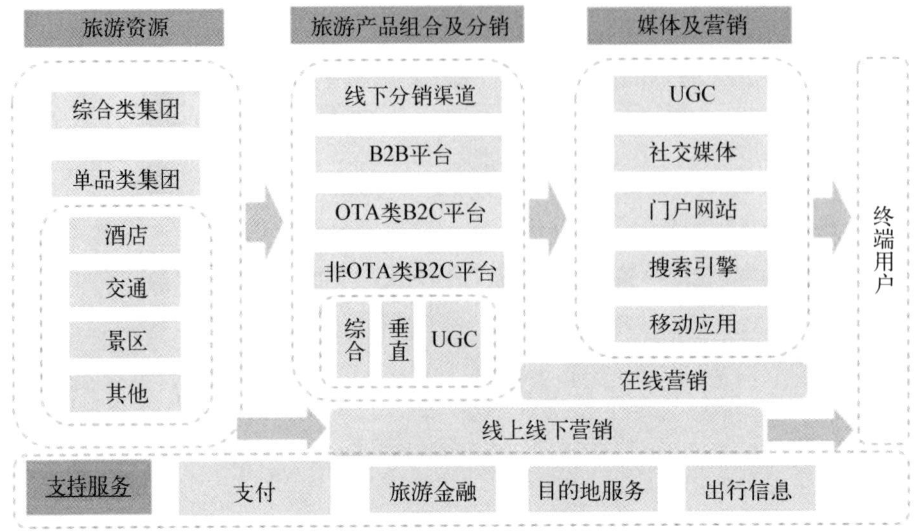

图1　在线旅游产业链[①]

店、交通、餐饮、旅游土特产品商家等。中游旅游产品分销商通过自建平台和中间代理商两种渠道进行旅游产品与服务的直销和分销。下游媒体及内容营销平台通过社交媒体与UGC（用户生产内容）平台等方式将旅游信息传递给消费者。在产业链中，提供目的地服务、支付工具、旅游金融以及出行信息等的企业为在线旅游行业提供支持服务。上述四者构成完整的在线旅游产业链条，且产业链中的每一部分均直接或者间接指向终端用户[②]。

二、上游供应商在线分销现状分析

由图1所示，上游供应商主要为中下游提供吃、住、行、游、娱、购等旅游服务，主要包括交通、酒店、景区以及其他产品供应商。随着互联网的发展，以及新冠疫情的影响，上游供应商不断探索传统旅游的线上化发展。

1. 酒店业

酒店对分销渠道依赖较大，不论是单体酒店还是连锁酒店，酒店行业主要

---

① 艾瑞咨询. 2019年中国在线旅游度假行业研究报告［R/OL］.（2019－11－25）［2020－11－20］. http：//report.iresearch.cn/report/201911/3476.shtml.

② 中文互联网数据资讯网. 在线旅游（OTA）及旅游产业新模式深度研究［EB/OL］.（2019－06－18）［2020－11－20］. http：//www.199it.com/archives/893072. html.

有3种销售渠道，分别是通过OTA（在线旅行社）平台的分销、通过综合批发商销售的批发以及通过酒店自身官网与App的直销。其中，OTA与直销是当前酒店行业的主要销售渠道。劲旅咨询数据显示，连锁酒店如华住、如家的直销订单占比为60%~80%，锦江直销订单占比在30%左右。

2. 景区

景区的销售渠道主要包括4种。第一种是线下票务代理，主要是旅行社与票务代理商。旅行社的营运项目通常包括了景区门票、出行票务、出行规划、国际旅行所需证照的咨询代办等。第二种是线上门票分销渠道，如景区官方的微信公众号平台、景区官网等。第三种是SaaS服务平台，即租用现有的网络平台，通过给佣金分成的方式与网络票务代理商合作进行景区门票分销。第四种是建立景区自身的PaaS平台，可以通过与其他公司合作开发自己的购票平台，然后进行分销。

3. 旅游交通

以航空公司为例，一直以来，航空公司主要有直销与OTA分销两条销售渠道，其中分销占比达到80%以上。直销即消费者通过航空公司自己的电商平台或呼叫中心等渠道直接从航空公司订票。分销指航空公司通过OTA或旅行社售票，OTA或旅行社通过GDS（全球分销系统）获得航班信息。但第二种预定方式引起航空公司的不满，因为航空公司要向OTA与GDS支付双重服务费。

4. 旅游土特产品

旅游土特产品销售渠道主要包括旅游景区直销与网络销售。旅游景区与个体经销商借助景区与地域特色宣传并于景区销售土特产品。伴随着线上化渠道的普及，如今土特产品也开始通过网络销售。此外，旅游土特产品直播带货日渐兴盛，成为景区土特产品变现的新兴方式。

5. 餐饮

餐饮是旅游者吃、住、行、游、娱、购中的重要组成部分，随着下游媒体与内容端对于餐饮企业的宣传与传播，餐饮行业与当地旅游行业呈现相互促进的态势。餐饮行业的销售渠道主要是线下直销、在线咨询（如大众点评网）、外卖（如饿了么），同时随着新零售的发展，餐饮行业也开始发力线上销售。在疫情空窗期，很多酒店业的餐饮部积极适应疫情的变化，开发新的产品，加入外卖行业。

三、上游供应商在线促销现状分析

在互联网背景下，营销更多地转为线上场景。根据 AISAS（attention-interest-search-action-share）消费者行为模型，企业获取客户围绕消费者行为展开，分为注意、兴趣、搜索、行动、分享 5 个消费者行为阶段。在线旅游供应商越来越多地倾向于围绕上述 5 个方面展开在线营销。酒店、景区、交通等主要上游供应商的在线营销方式如下所述：

1. 酒店业

当前酒店业在线营销体系为：酒店通过网络广告、精准营销与 OTA 合作等方式让用户对酒店产生认知，然后用户通过搜索引擎等方式查找与进一步了解酒店。酒店利用自身的官网与会员活动吸引用户并实现用户转化。同时，通过微信、移动官网、会员商城、门店服务等线上线下营销渠道维护用户，并培养用户忠诚度。

2. 景区

当前景区的在线促销主要呈现出 3 个特征：景区在线宣传的故事化、网络意见领袖传播以及社交媒体口碑传播。具体表现为：越来越多的景区将自身文化与风景相结合，通过团队精心策划与品牌人格化让游客更容易记住；各大 OTA 在线旅游服务商和职业旅游达人深度合作，旅游达人拍摄的旅游照片、撰写的旅游攻略成为年轻主力大军选择旅游目的地的重要参考；景区通过互联网在线服务游客（景点讲解、景区地图导览、外语翻译、信息查询），提升游客旅行体验，游客在微信朋友圈分享的景区旅行体验比电视台广告更有影响力。

3. 旅游交通

以航空公司为例，同样受疫情影响，航空业面临着史无前例的行业危机，在复苏回暖的过程中，航空公司在 2020 年上半年采取了各式各样的在线促销模式。目前航空公司的主要在线促销方式包括创新产品、直播带货等。

例如，2020 年 6 月 18 日，东航在其官网以及微信官方平台推出“周末随心飞”线上产品。在“限量+特价”的饥饿营销下，东航 App 多次宕机。这不仅满足了特定人群的消费预期，且满足了航空公司的现金流需求，还在移动社交媒体上赢得了大量关注。

再如，春秋航空董事长王煜于 2020 年 4 月 25 日开启直播首秀，向广大网友介绍春秋航空即将开通的夏秋航季新航线，1.5 小时直播时长，累计 838.7

万人观看，同时在线人数最高达66.66万人[①]。

4. 旅游土特产品

在疫情之下，为解决旅游土特产品滞销问题，许多旅游土特产品公司与旅游零售平台开启跨界合作，上线“土特产直销”板块，连接B端商户与C端用户，打通旅游目的地特色产品销售渠道。此外，旅游土特产品供应商与景区联手线上直播，带动景区品牌宣传与土特产品销售，实现流量变现。

5. 餐饮

疫情后，随着用户消费观念与消费行为的变化，餐饮行业线上化不断加快，出现了餐饮行业与新零售的融合。餐饮行业通过短视频、移动社交媒体渠道进行促销宣传，拓展品牌影响力。此外，部分品牌上线标准化产品引入电商平台进行网络销售，提升了餐饮品牌的覆盖范围，酒店业的餐饮部也开始通过外卖渠道发展新的餐饮业务。

四、后疫情时代旅游供给端面临的行业痛点及变化趋势

1. 行业痛点

1）旅游供应商发展受制于在线旅游分销商

从产业链角度来看，当前在线旅游上游供应商参与者众多，而作为其重要分销渠道的OTA分销商，数量有限但规模巨大，以携程、去哪儿等携程系企业为龙头占据了市场绝对领先地位。根据极数公布的相关数据，2020年OTA市场份额中，携程旅行以40.7%的比例占据绝对优势，美团、去哪儿旅行、同程旅行市场份额比例分别以18.9%、17.5%与10.0%位列其后，它们对上游供应商的讨价还价能力增强，收取的佣金提高，彰显了渠道为王的态势。公开资料显示，美团与携程向酒店收取的佣金为20%~25%，严重压缩了上游供应商的利润。

2）旅游供应端亟待整合

从上游供应商细分领域来看，酒店、旅游交通、旅游景区等细分领域存在龙头企业，但在“全域旅游”时代背景下，尚未出现整合上游各项旅游供给的龙头企业，导致行业发展小而分散，“酒店+景区+文娱产品”等多种业务生

---

① 企业思想家. 航空公司花式营销的背后［EB/OL］.（2020-06-28）［2020-11-20］. https://www.sohu.com/a/404581531_644547?_trans_=000014_bdss_dkmwzacjP3p：CP.

态急需整合。

3）景区等旅游资源线上化程度仍较低

交通、住宿等旅游产品是上游供给端率先被在线化的品类，而作为重要旅游资源的景区，个别进行了智慧景区建设且颇有成效，但整体而言在线化程度仍然较低。

4）卫生与安全问题仍存在

当前，上游餐饮行业仍存在食品安全、酒店卫生等问题。面对当前日益增长的消费者安全卫生意识，在线旅游行业的上游供应商还需不断提高产品质量，树立良好的品牌形象。

2. 变化趋势

受新冠疫情影响，旅游业遭受重创，这也进一步加速了传统旅游行业的线上化、数字化与无接触化的脚步。旅游供给端有如下变化趋势：

1）用户行为在线化

随着互联网与智能手机的普及，网民越来越多。根据第47次《中国互联网络发展状况统计报告》，截至2020年12月，我国手机网民规模达9.89亿人，网民使用手机上网的比例达99.7%。

在需求端，有用户规模和强出游习惯给予支撑；在供给端，有高在线化率实现资源的有效整合，机器人等智能化设备在酒店旅游行业的应用亦开始加速，还有“云旅游”带动旅游消费的种草等，都会对中国旅游产业的消费结构产生影响。

2）数据信息线上化

在复工后，酒店、餐饮以及景区均进行了线上信息的及时披露，同时结合健康码、线上预约等，对相关用户进行分流管理，有效推进了数据信息的线上化，实名制、分时预约等也加速普及。随着数字科技的深入发展，以5G、智能硬件、短视频等为代表的新一轮数字经济，将对旅游产业产生巨大的影响。

3）旅游服务无接触化

游客的安全意识以及政府有关防疫的严格要求促进上游供给端服务的无接触化。景区的无接触服务主要体现在实名登记、预约购票、人脸识别入园、智慧导游方面，酒店业则通过自助机自行办理入住，酒店大厅里的机器人，可以自行上下电梯，承担给客人送货和送餐等服务。这些无接触的服务将进一步推进文旅行业朝着智慧旅游的方向发展。

在线旅游应对疫情大考的创新：旅游直播[①]

周洁如[②]　施　奕[③]

【摘要】

2020年的新冠疫情催生了在线旅游的创新——旅游直播。本文探讨了旅游直播的界定与分类，分析了其在文旅行业的作用、当前的痛点以及疫情后的发展趋势。未来旅游直播依旧会是在线旅游的营销手段之一，并将在市场培育与营销模式的探索中不断优化。

2020年的新冠疫情致使“旅游直播”应运而生。“旅游直播”不仅成为人们“在线种草”的新途径，也点燃了文旅行业从业者的希望，并逐步成为在线旅游行业发展的营销新场景。2020年11月26日，文化和旅游部在《关于推动数字文化产业高质量发展的意见》中指出：“要促进数字文化与社交电商、网络直播、短视频等在线新经济结合，发展旅游直播、旅游带货等线上内容生产新模式”，由此可见旅游直播的重要性。

一、旅游直播概念界定与分类

易观[④]指出，直播是依托网页或客户端技术搭建的虚拟网络直播间，是一

① 原文发表于上海交通大学行业研究院官方微信公众号《安泰研值》2021年1月21日。

② 上海交通大学安泰经济与管理学院副教授、上海交通大学行业研究院文旅行研团队负责人。

③ 上海交通大学安泰经济与管理学院硕士研究生。

④ 易观. 中国娱乐直播行业白皮书2016［R］. 北京：易观，2016.

种为主播提供实时的表演创作、支持主播与用户之间互动的平台，是一种互动娱乐形式。单依晨[①]认为，直播主要是以互联网为基础，通过视频方式进行的实时直播，并非录制与剪辑播出，而是将现场的情况以视频的方式进行实时连续地输出。很显然，旅游直播是直播在旅游业中的运用。

旅游直播的分类方法不同，因而其类型也不同。较实用的分类方式是按照直播目的分类，分为以下两类。

（1）“直播+内容”：以“种草”为目的，致力于增加用户对旅游产品的关注和感知。该类直播往往实地取景，内容围绕目的地的介绍和玩法的推荐，吸引用户关注旅游产品并产生兴趣。

（2）“直播+电商”：以“带货”“拔草”为目的，致力于用户的购买转化。从图文形式的卖货场景进一步延伸到可互动、可测评的实时现场，以刺激用户的购买欲望，实现旅游产品的线上销售。

二、旅游直播的作用

旅游直播对于用户、旅游企业以及整个旅游行业来说都有正向溢出效应。具体而言，有如下作用：

（1）对用户而言，旅游直播不仅能让用户云体验心仪目的地的实地实景，发挥娱乐消遣的功能，还能使用户在主播的带领下，感受最地道的玩法和最深度的体验，身临其境般地完成“在线种草”。

（2）对旅游企业而言，旅游直播是在疫情期间进行品牌营销以及与用户保持互动的良好手段。一方面，企业可以通过直播宣传产品，构建用户“种草+消费”闭环，从而提升现金流；另一方面，也能借助直播积累用户，与用户建立连接。主播能够与用户发生更深层次的互动，比如回答用户的实时问题，直播抽奖，依据直播间用户的喜好改变动线，等等。

（3）对行业而言，旅游直播可以拉动旅游供应链的升级。马蜂窝在《文旅生态洞察 2020》报告中提到，旅游直播中所见即所得的“实景直播”，过滤掉了传统营销中的“噪音”，如过度美化、平台刷单刷评论等。因此，旅游直播可以削弱供应端与需求端之间的信息不对称性，为旅游供应链升级提供解决方案。

---

① 单依晨．网络视频直播的特点及发展研究［J］．传媒，2017（6）：91－93.

三、疫情下旅游直播的行业实践

1. 旅游直播产业链

旅游直播产业链的上、中、下游分别为旅游产品供应商、直播内容生产者、直播平台，终端为观看旅游直播的线上用户。在线旅游行业的各方都能够参与旅游直播，如图 1 所示。

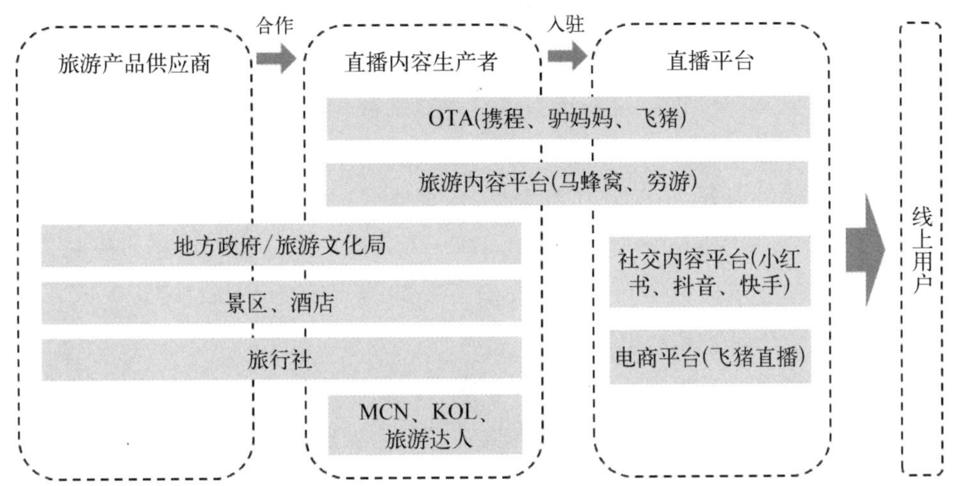

图 1　旅游直播参与者与合作模式

2. 旅游直播的实践

1）在线旅游平台发起的旅游直播

在线旅游平台对于市场的灵敏度和响应能力在行业中是最强的。2020 年 2 月，携程、去哪儿、飞猪、同程艺龙、马蜂窝等 OTA 率先拥抱旅游直播。各平台根据自身优势，差异化布局旅游直播板块。

(1) 马蜂窝。马蜂窝成立了专门的旅游直播业务部门，搭建直播团队，自建直播渠道。马蜂窝的直播内容主要来源于平台合作的旅游企业和旅游达人，马蜂窝有时也会参与直播节奏和内容的设计与规划，为旅游企业和旅游达人提供专业帮助。

截至 2020 年 12 月，马蜂窝平台上已经有 70%的核心商家开展了直播，高峰期可达到每日近 100 场站内直播。2020 年“五一”劳动节期间，马蜂窝联合逾千个平台商家、旅游达人和全球合作伙伴共同策划“千场直播特别企划”，内容覆盖全球数百个目的地。

马蜂窝目前正致力于打造精品直播栏目“马蜂窝攻略 LIVE”，自 2020 年 7 月起，陆续推出“深夜博物馆”“味蕾环游记”“老街图鉴”“圣地巡礼”等主题栏目。这种栏目化的运营，一方面可以为游客提供更有深度、更具品质的旅游直播内容，另一方面也有利于直播内容的结构化，更好地满足细分客群的需求。

（2）携程。携程直播同样获得了极高的关注度。在直播渠道选择上，携程先是入驻抖音和快手，用“BOSS 直播”快速聚集流量，打开市场，后又自建直播渠道，不断完善直播矩阵。

“BOSS 直播”中携程董事长梁建章亲自上阵做主播，并通过角色扮演吸引用户眼球、获得热度。“BOSS 直播”先后在西江苗寨、湖州、深圳、溧阳、腾冲等不同地区展开。在 2020 年的 17 场直播中，梁建章的扮相跨越 9 个朝代、5 个民族、20 种身份，共计超过 4 000 万人次观看。根据携程研究院[①]发布的数据，“BOSS 直播”历史总交易额突破 11 亿元，产品核销率近 5 成，为千家高星级酒店带货超百万间夜。

目前，直播已成为携程重点发展的模式，直播的产品从最开始的酒店、民宿等拓展至本地餐饮、景点门票、本地乐园等，直播矩阵包括“BOSS 直播”、“周末探店”直播、“境外本地”直播。据携程 CEO 孙洁女士的公开演讲，截至 2020 年 10 月 28 日，携程直播矩阵已累计创造交易额超过 24 亿元，累计观看人数约 2 亿人。

（3）飞猪。背靠淘宝系的飞猪则充分发挥在线旅游生态体系中平台方的作用，把直播自主权交到商家手中。直播中的“人、货、场”如何安排和设计，全凭商家的意愿。飞猪给所有旅游产品供应商提供更为商业化、更为开放的空间。从中小旅游企业到星级酒店集团，都纷纷加入飞猪直播行列，飞猪也会联合一些头部商家举行主题直播，如“100 位 BOSS 直播”。

飞猪公开发布的数据显示，从 2020 年 2 月至 11 月，飞猪已连续推出 4.5 万场直播，2020 年双 11 当天，飞猪旅游直播单场最高承销额超过 8 000 万元。

2）旅游目的地政府牵头的旅游直播

为了提升旅游者的消费信心，助力旅游企业复工复产，许多旅游目的地政府牵头，相关部门联合地方文旅企业，发起旅游直播。

---

① 携程研究院. 2020 携程 BOSS 直播大数据报告［R］. 上海：携程研究院，2020.

例如，景域驴妈妈集团于 2020 年 3 月在抖音平台发起了一场“百名县长爱心义卖直播大会”。其中，西藏自治区当雄县县长其美次仁以蓝天白云和雪山草原为背景，向网友推介西藏纯天然的绿色食品牦牛肉干和牦牛肉酱，同时向全世界的网友发出“到西藏来旅游”的邀请，点燃了用户疫情后旅游的热情。

在渠道合作方面，由于旅游目的地缺乏与用户直接沟通联系的渠道，因此其往往与携程、飞猪、驴妈妈等在线旅游平台合作发起直播。如湖州市政府与携程合作，舟山市政府与驴妈妈合作，苏州市政府与同程合作。由此，旅游目的地可以借助 OTA 的流量和会员资源，实现旅游推介和产品销售。

四、旅游直播的痛点

旅游直播在疫情下兴起，持续发展，但也存在如下痛点：

（1）旅游直播对场景和内容质量要求高。例如一些有拍摄限制的场景或游乐体验活动难以通过直播呈现。如何将内容的“纯度”和“深度”展现出来，是旅游企业需解决的问题。

（2）旅游直播形式与内容的同质化。由于旅游产品本身的同质化，导致了旅游直播形式与内容的同质化，如实地探访类直播、风景直播等。如果在前期策划时没有考虑内容的差异化、精品化，则很可能会让用户失去观看的新鲜感与热情，导致用户的观看时长难以提升。

（3）旅游直播的转化率问题。中国旅游研究院①分析认为，对于消费低频、毛利率低、相对个性化的旅游目的地，用户决策更为复杂，因此，直播推广难度大、变现难，而相对标准、易于展示的酒店类产品，可能成为旅游直播带货的突破口。马蜂窝发现用户往往会在观看直播的 1~2 天后下单，而携程“BOSS 直播”以酒店产品为切入点，直播间内实时转化效果突出，销售峰值 1 分钟卖出了 8 000 间夜。

五、旅游直播的发展趋势

总体而言，旅游直播将呈现如下发展趋势：

---

① 中国旅游集团研究院. 旅游直播行业研究［EB/OL］.（2020 - 5 - 18）［2020 - 7 - 15］. https：//mp.weixin.qq.com/s/zJt0_ zoxLMYL0AoaXm9VJw.

(1) 长期来看，旅游直播会成为旅游在线营销的手段之一，疫情过后的旅游直播并不会失去活力。

(2) 旅游直播还需持续培育。伴随着国内周边游，甚至是中远程旅游的复苏，“云旅游”的热度已明显下降，政府引导发起的活动也开始减少。然而OTA、旅游目的地、KOL发起的具有带货性质的旅游直播仍在如火如荼地开展着。以马蜂窝为例，2020年12月的日均旅游直播数量依旧稳定，为7~8场/天，虽然场次相比疫情时大幅减少，但观看量数据依然乐观，回看量可达到十万量级，受欢迎程度不减。

(3) 用户观看旅游直播的动机逐渐发生转变。疫情期间用户观看旅游直播更多是为了消遣以及为未来出游规划描绘蓝图，而后疫情时代，旅游直播会成为旅游企业重要的营销手段和用户的决策依据。随着旅游直播产业的成熟，各方资源汇集，合作质量提升，行业有能力提供更有特色和吸引力的直播内容，更有趣的产品和有针对性的消费决策建议。这样，用户习惯就逐渐养成，即通过视频直播的方式，沉浸式地感受远方，并做出消费决策。

(4) 旅游直播价值将持续显现。旅游直播作为内容营销的一种类型，其价值与其他形式的在线旅游营销相仿，都是为了提高用户消费决策和旅游出行的效率。疫情背景下旅游直播的模式已被验证是可行有效的，且长期来看，这种创新模式会不断地迭代优化，成为在线旅游用户决策路径中的重要一环。

零　售

新零售策略之深度客户分析[①]

陈景秋[②]　章　甜[③]　杨　涵[④]

【摘要】

深度客户分析的第一步是尽可能多地接触到客户，即增加触点，将他们的信息数据化，否则将“巧妇难为无米之炊”；第二步是形成数字化会员库，好比构建一个充满数字化客户信息的水池；第三步是在这个信息池中，对形成的消费信息进行深度分析，让水流起来，最终赋能零售业供应链的各个环节。

传统零售时代，客户是上帝；新零售时代，抓住上帝的体验是王道！通过深度分析客户，以消费体验为中心开展运营，零售商才有机会在新零售时代乘胜为王。

一、增加触点

触点是零售企业接触到客户的不同方式，从门店、小程序、公众号、扫码到快递上门均可以视为触点。触点无处不在，让商家突破门店的时空界限，在线上线下构建一套完整的触达、销售、服务和扩散体系，实现业绩的持续增长。便利之星通过线上支付、关注公众号、关联小程序和 App 等多个触点，

---

① 原文发表于《文汇报》2020 年 11 月 5 日。

② 上海交通大学安泰经济与管理学院教授、上海交通大学行业研究零售行研团队成员。

③ 上海交通大学安泰经济与管理学院工商管理专业本科生。

④ 上海交通大学安泰经济与管理学院经济学专业本科生。

吸引消费者注册成会员，再带动他们参与各种优惠活动（积分兑换、限时优惠和拼团等），促进消费和多次消费。

App和小程序都是最常见的触点，App在性能、设计、效果和流畅程度上优于小程序，但是成本更高，一套App的应用程序通常需要在安卓和IOS两个平台上各自开发，其应用和推广还需要诸多优秀的人才，包括产品经理和市场运营人员，以及大量资金的投入。相较而言，小程序的运营门槛更低，尤其是在诸多小程序服务平台出现之后，例如，基于喜推SaaS平台，零售商几分钟内就可创建自己专属的智能小程序，实现商城、官网、数据统计和对用户的智能追踪等多项功能，为企业节省大量的人力、时间和资金成本；同时，小程序还具备获客成本更低和更易分享及传播的优点。

然而，增加触点能否实现引流和销量增长，还取决于品牌和产品自身的吸引力。2017年，运行两年的美特斯邦威“有范”App的黯然下线就是一例。该App当时具备很多功能：消费者可以把它视为一个综合的时尚购物平台，在上面不仅可以买到美邦产品，还可以购买很多与美邦合作和签约的国际知名品牌的产品；时尚达人可以将喜欢的衣物搭配好并做成图片在平台上分享，如果被消费者看中并购买，则达人可以与平台分成，这样平台又兼具了时尚搭配体验和智能创业的功能。可惜事与愿违，美邦并未被它的目标客户群——千禧一代视为“有范”。事实上，美邦品牌当时已经老化，“有范”App老旧且低龄化的设计未能吸引千禧一代下载和使用，因此期望“有范”通过品牌聚合和用户参与来获得客户黏性更是如空中楼阁一般。

二、建立数字化会员库

增加触点是为了找到客户、建立链接和产生影响，而构建数字化会员库则是为了打造和深度挖掘客户价值。零售商已经意识到，单纯依靠线上流量或到店模式均难以支撑销售量的持续增长；通过数字化会员库打通线上线下的会员体系，能够更好地确定目标消费群和预测消费者产品购买的可能性，从而有针对性地制作营销策略。

在数字化会员库中，通过会员等级和积分体系的建设，对会员行为路径进行分析，有助于掌握会员消费喜好和频次，深度挖掘会员价值；同时，通过实时呈现VIP会员画像，构建完整的会员管理体系，为精准营销提供数据支撑，并最大化延长会员的生命周期。完整的会员数据包括五类信息：第一，会员的基本属性——姓名、手机号、性别、年龄和生日等，这些信息帮助我们识别她或他，回答目标客户是谁的问题；第二，会员的行为轨迹，包括活跃地点、活跃时间、活跃频率、活跃度和停留时间等，帮助我们了解客户习惯，解决应该何时向她或他推送的问题；第三，会员的兴趣标签，例如在品类、风格、浏览和互动等方面的偏好；第四，会员的消费属性，例如消费偏好、消费能力、消费频率、促销敏感和支付方式等，第三和第四点都可以帮助我们了解客户喜欢什么样的商品，解决应该向她或他推送什么的问题；第五，会员的关系数据，包括一度好友、二度好友、热度和分享数等，帮助我们了解哪些人是同类的，从而回答向谁推送什么的问题。

2017 年，银泰百货的数据系统和阿里数据正式打通，之后银泰会员与天猫、淘宝的会员账号以及支付宝体系也实现了互通。会员数据打通意味着银泰百货与客户的交互方式由单向转变为双向，由此银泰百货可以对客户进行分层管理和有针对性地推送，从过去人找货的模式演变为货找人。在构建数字化会员库的同时，银泰也完成了商品的数字化，从而转变成为一家服务数字化会员的互联网商场。经过 2 年的运营，银泰百货数字化会员于 2019 年 9 月突破 1 000 万人，会员交易占比提升了 81%，会员复购率则提升了 283%。数字化会员库不仅是深度分析客户的基础，也是会员数据驱动经营的基础。

三、消费信息分析

新零售时代的消费信息分析呈现出高度数字化、动态化、个性化和差异化的特点：数字化指消费信息来自线上，对其的分析也需要在线上进行；动态化指随着消费信息的实时更新，对消费者的需求和采购量的分析和预测也实时更新；个性化指运用大数据分析获取消费者的不同类型和个性需求，从而进行个性化的广告推送；差异化指不同零售商对可获取的数据类型、数据量级、分析方式和结果保持差异化，例如耐克和欧莱雅分析的数据来源和需要的方式是不同的，会根据各自需求进行调整。

耐克借助自身所拥有的数字化会员数据库进行消费分析：通过 Nike-Plus 会员计划与客户建立更加个性化的联系，包括根据会员分享的个人运动习惯和轨迹，为她或他专门推荐耐克鞋款并预留合适的尺码；识别特殊群体并利用算法为他们推荐个性化产品，例如，当识别出一些更喜欢在清晨或深夜跑步的客户之后，耐克就会为他们推荐夜光跑步设备，即便在能见度很低的环境中也可以看到。

欧莱雅则借助百度平台进行更加广泛的消费信息分析。一方面，欧莱雅通过与百度的合作，让旗下越来越多的品牌被消费者搜索、点击和记录。例如，欧莱雅曾通过百度的“人群定向”技术，对搜索过时尚、彩妆、女性等关键词的人群追踪发送巴黎欧莱雅彩妆戛纳展的品牌展示广告，在之后 10 天内与欧莱雅彩妆有关的关键词的日均搜索量上涨近千。另一方面，基于百度的大数据，欧莱雅可以洞察消费者在彩妆上的真实需求，同时了解自己的哪些产品正在被搜索，以及有哪些相关的信息和热点，这些都为解决优质产品的触点问题和实现有效的精准广告投放奠定了基础。欧莱雅曾在前期与百度的市场调研中发现，虽然“玻尿酸”的搜索率极高，然而消费者难以从诸多医美广告中获取亟待了解的效果和安全性等信息。为此，欧莱雅联合百度为其新品复颜玻尿酸系列打造了别出心裁的广告营销：当消费者用手机百度搜索“玻尿酸”时，屏幕中就会跳出相关夺人眼球的搜索结果，在介绍了玻尿酸是什么、怎么用，以及安全性的同时，还展示了 360 位消费者的亲测证言以及第三方机构的肌肤测试结果……新鲜的推送和互动形式，让更多消费者打破对“玻尿酸”的认知盲区和误区，这一切正是基于对消费信息的广泛分析。

从增加触点到建立数字化会员库再到消费信息分析，体现了与客户心理链接的层层深入。触点作为客户接触零售品牌的最初通道，伴随的情感体验尤为重要，这正是心理学上的首因效应——“最初的记忆令人难忘”所揭示的。构建数字化会员库有利于规范会员管理，会员身份也使消费者对零售商建立了一种无形的承诺，增加了黏性；随着数字化会员库的建立，能进一步深入加工和分析客户心理和行为信息，并以此为基础向客户进行个性化的推送，从而实现为客户创造价值的新零售真谛。

新零售转型：门店的“新衣”①

陈景秋② 杨 涵③

【摘要】

本文总结了门店在新零售下的三种转型方式：第一，门店布局优化，依赖线上零售和大数据为门店选品和产品陈列提供依据，更加注重门店区域细分以及改造升级门店；第二，各种体验店将门店转变为客户体验的场所，以更好地连接人、货、场和促进线上线下的一体化；第三，门店智能系统为前两种门店转型方式提供技术基础，记录和分析有关人、货、场三者的交互过程和结果。

传统零售时代，门店只是卖货；网络零售时代，门店更是式微。然而，随着在线零售的红利见顶，门店的作用又被重新定义和评估。门店不仅是线下引流线上的重要渠道，也是连接消费者和零售商的重要载体，为此被赋予更多新的角色。在新零售的当下，门店呈现由表及里的变化，包括门店翻新、有序商品摆放、开设不同类型的体验店，以及支持门店运营的智能软件系统的设置，等等。

一、门店布局优化

门店是零售企业接触客户的重要触点，伴随着新零售的浪潮来袭，门店布

---

① 原文发表于《文汇报》2020 年 11 月 27 日。

② 上海交通大学安泰经济与管理学院教授、上海交通大学行业研究零售行研团队成员。

③ 上海交通大学安泰经济与管理学院经济学专业本科生。

局优化呈现出更加信息化和智能化的特点。在线销售的流行和大数据的应用，为门店选品和产品陈列提供了重要依据。例如，起步电商的小米优先为门店选择在线上被验证过的畅销品，并根据口碑和评论来决定新品是否进入门店。对于家居和电器等零售商，由于卖品展示占地面积大和各品类功能差异明显，过去在产品展示和摆放上严格按功能分区，现在则参照在线产品热度和相关度排列。例如，国美通过大数据分析不断优化门店产品摆放，将高毛利商品和畅销型号的有效组合作为门店最佳选品，并对门店的 SKU（库存量单位）做指导和优化，不断更新畅销产品，从而扩大客户的可选范围，激发他们的购买欲。

卖场在店面布局上，更加重视区域细分，并将区域细分与沉浸式体验相结合。世纪联华鲸选通过模块化来重新布局卖场，以家居用品、休闲食品、生鲜、美妆、母婴和服装等常见品类分区，同时在各区域都增加了独立的体验区，例如，糖果区的“sweet word”、母婴用品区的“妙喵城”和美妆区的“姿研舍”等，让客户可以及时体验，从而增加了他们的购买意愿。

传统服饰品牌则通过翻新和升级门店传递新的品牌形象和信号。羽绒服品牌波司登在关闭了 8 000 家门店和布局新零售之后，力图改变消费者认为它是中老年品牌的认知。门店升级成为树立品牌新形象的重要途径，其中一个重要方式就是邀请法国顶级设计师重新设计位于南京西路的上海旗舰店：一楼大面积的透明橱窗，显眼的品牌新标识和背景灯光，使其摆脱了原来的“土味”形象，在店内除了有最新一季的产品之外，还有纽约时装周秀款、与明星同款的 Puff 系列以及与迪斯尼的合作系列等，彰显了品牌的高端、时尚、国际化和现代化的气息；二楼还参照爱斯基摩冰屋设置了极寒体验仓（最低温度可达零下 15 摄氏度），以便顾客检测羽绒服的御寒能力。极富科技感的设计也传递了品牌向高科技和新型零售迈进的信号。

二、不同类型的体验店

网上流量红利的下滑，使得零售商们逐渐坚信：门店不仅可以为客户提供更好的直接体验，也是连接线上和线下的重要载体。近年来，不同行业的零售商打造了不同类型的体验店，大多实现了线上线下的融合互通，堪称新零售店的典范。

卖场主打一体化的体验店模式。百联集团的 RISO 整合了各品类业态的消费体验，包括餐厅、花店、咖啡吧和书吧等，还将在未来融入艺术、文化和展览等更多业态。为了向客户提供更好的体验服务，RISO 尽量减少货架并增加体验区的面积，例如，客户在美食体验区不仅可以品尝，还可以烘焙，在生鲜区和食品区可以互动和拍照等，从而让卖场环境更加生活化和多元化。永辉超级物种则是生鲜体验式一体化店，集外卖、高端超市和食材餐饮于一体，顾客可以选购食材回家，也可以在选择食材后让大厨现场烹饪。RISO 和永辉均向在线客户提供门店周边 3 公里之内的快速送达服务。

一体化的体验店还适用于卖场之外的其他业态。浙江艾美家居打造了一体化的家居体验馆"艾美睿"，以"生活方式店"的形式售卖家居及各种衍生商品，从装饰品、餐具、厨电、零食、茶饮、咖啡到书籍；小红书上有客户评价这里是喝下午茶的好去处，同时要买的东西应有尽有……一体化的生活体验馆和微信小程序的联合互动，在短时间内迅速吸粉，起到了线下和线上互相引流，咖啡奶茶为主营家居业务引流的作用，提升了艾美家居的品牌价值。日本杂货品牌无印良品一直是跨界经营的典范，零售范围从文具、收纳用品、服装、化妆品到家具，2018 年在深圳则开启了全球首个集酒店、餐厅、零售、书店于一体的项目，让消费者从吃、用、睡都能在无印良品体验到底，这不仅是为了跨界，更是将强调场景体验的新零售思维贯彻到底。

服饰巨头们热衷于打造集体验店、旗舰店和概念店于一体的大型高端门店，以彰显自己作为时尚先锋和新科技领航者的实力。在"House of Innovation"耐克上海 001 门店中，第一眼看到的就是"新奇酷炫"，一个巨大的数字屏幕贯穿了 B1 到 3 楼，整层 B1 是被称作"核心中场"的科技体验馆，客户可以选择数字化的训练课程，完成"触地跳跃、极速快步、敏捷折返"等运动挑战，直观感受球鞋等产品的极限体验，成绩足够好还能登上大屏幕；然后这里还会讲故事谈情怀，客户可以看到与耐克产品制造有关的场景，包括不同鞋子的材料和年份、球鞋设计工作台以及传送 T 恤和运动鞋的传输带，从而体验耐克产品的灵感来源和制作技术；最后，还向 Nike－Plus 会员提供一对一的定制服务，如浸染、喷绘和涂鸦等。对客户而言，这里好像不是卖东西的地方，而是游乐场和博物馆。让客户玩好了，自然能提升他们对品牌的认同感，激发他们的购买欲。何况这些体验店里都布有智能购买的电子屏，方便客户随时在线下单。

三、门店智能系统

智能门店系统旨在于记录、追踪和分析有关人、货、场交互的数字信息，从而为门店经营和决策提供依据，同时与线上数字信息系统对接实现一体化管理。

先说对“货”的记录、追踪和分析。传统零售时代，查收货和每笔货物的出入库都完全依靠人工，那么准确率和实时更新都会成为老大难问题。RFID（射频识别）系统的应用使这一难题得以解决：以电子标签的方式赋予每件产品身份标识，只要对电子标签扫码就可以将货物自动记录在系统里，从而实现库存精准到件，工作人员再也不用亲临仓库就可以随时查询产品库存以及款式和尺码等信息，提高了准确性和效率。2018 年升级改造的 ZARA 伦敦旗舰店中，有了 RFID 系统，店员通过手中的移动设备可以实时监控产品库存和调货，并向客户提供有关服饰搭配和尺码的建议；店内的智能镜子可以扫码商品二维码，为客户提供购买或穿搭信息；客户通过电子扫码实现自助结账和快速支付；网购客户通过扫码网购订单，还可以在提货专区自提——订单被电子系统识别之后，会交由一个能同时处理 2 400 个包裹的机械臂自动操作，从而实现了仓店合一、线上线下一体化的门店功能。

再说对“人”的记录、追踪和分析。有了智能监控和分析设备之后，门店可以将客户行为电子化和数据化，获取人流往来时段、停留时间和取货数量等信息。例如，便利之星在门口设置红外传感装置，以获取客流何时到达和离开的信息，并进一步分析客流规律；国美与云从科技合作，通过 AI 图像识别技术分析摄像头拍摄到的人流，从而得出不同时间段、不同柜台间的人流量和停留时间。在获取信息的基础上，不同零售商会根据需要进行建模分析，验证人流增加或减少的原因，从而为优化门店的产品摆放、SKU 设计和店面选址等提供依据。良品铺子基于内部大数据平台，将人流数据与其他数据结合，从而精准分析用户群体的消费需求并预测门店的未来客流量；优衣库则基于客户下单的地理位置、日活跃度和复购率等构建大数据模型，为开店选址提供科学依据。

以上总结了三种门店转型的方式：门店布局优化更多改变的是门店的表象，不一定依赖线上零售和大数据，体现了门店为迎接新零售而做出的积极改变；各种体验店则颠覆原有的门店模式，将门店转变为客户体验的场所，以更好地链接人、货、场和促进线上线下的一体化；门店智能系统可以为前两种门店转型方式提供技术基础，记录和分析有关人、货、场三者的交互过程和结果。

然而，由于新零售仍然是一个发展中的事物，所以对于未来的门店究竟是怎样的，现在仍然难以给出确切答案。唯一可以确信的是，门店转型将是一个持续而长期的过程，零售商只有不断学习和跟进各种影响零售业态和零售模式变化的新技术，同时秉持以客户需求和体验为中心的原则，才可能在变幻莫测的新零售时代生存和发展。

基于网络媒体报道的新零售策略分析[①]

陈景秋[②]　荣　鹰[③]

【摘要】

基于对83家零售企业实施新零售策略的网络媒体报道，本报告运用定性分析的方法，提取出7项关键的新零售策略，分别是数字化系统构建、深度客户分析、优化客户体验、门店转型、借助社交平台、创造转换成本和平台转型。83家企业采取最多的新零售策略分别是深度客户分析和优化客户体验，而在数字化系统构建和平台转型上的媒体信息较少。

什么是新零售？“新”代表无限可能，“新零售”本身并不指代任何具体的商业模式。如果要回答什么是新零售，必须去理解它的HOW，即新零售的策略和做法。为此，我们搜集了网络媒体中有关企业新零售的新闻报道，通过定性分析获取零售企业所采纳的主要新零售策略。我们的分析对象为国内零售企业或在国内有主营业务的跨国零售企业，为此我们在各中文搜索引擎包括百度、搜狗和必应，以及新零售网、36氪网和虎啸网等专业网站，搜索“新零售”“线上销售/零售”“智慧零售”“配送+零售”“新零售转型”等关键词，并过滤广告性质的文章，从而获得了有关企业新零售策略的若干条新闻信息，

---

① 原文发表于《文汇报》2021年4月27日。特别感谢章甜、杨涵、徐婧怡、萧戈言四位学生在本文调查研究中所做的贡献。

② 上海交通大学安泰经济与管理学院教授、上海交通大学行业研究零售行研团队成员。

③ 上海交通大学安泰经济与管理学院教授、上海交通大学行业研究零售行研团队负责人。

最终筛选出83家零售企业用于我们最后的分析（见表1）。

表1　用于新零售策略分析的83家企业名称

	传统零售	新零售
卖场/综合	大润发、家乐福、百联、银泰、名创优品、广百股份、便利之星、金虎便利、世纪联华、永辉超市、无印良品	每日优鲜、盒马鲜生、叮咚买菜、网易严选、趣拿、拼多多
食品餐饮	星巴克、望湘园、良品铺子、西贝、麦当劳	瑞幸咖啡、三只松鼠、束式茶界、霸蛮社
家居建材	红星美凯龙、宜家、TATA木门、浙江艾美家居	尚品宅配、林氏木业、e2e建材平台
服饰	美斯特邦威、南极人、巴宝莉、太平鸟、达芙妮、恒源祥、波司登、回力鞋、海澜之家、百丽、CacheCache、Zara、H & M、Levi's、优衣库、Nike、The North Face、欧时力、拉夏贝尔	
美妆	丝芙兰、SKⅡ、Lamer、资生堂、欧莱雅	完美日记、The Top Skin
母婴	贝因美、十月妈咪	孩子王
电器	奥克斯、美的、苏泊尔、国美、五星电器、格力、苏宁	小米
运动	特步、卡地亚、李宁	
珠宝眼镜	周大福、卡地亚、爱迪尔、宝岛眼镜	可得网
其他	仁和、玩具反斗城	极宠家、全球蛙、花际里

基于对83家零售公司的网络媒体报道的定性分析，采取编码法和归纳法提取关键信息，最终获得7项新零售策略——数字化系统构建、深度客户分析、优化客户体验、门店转型、借助社交平台、创造转换成本和平台转型。

策略1：数字化系统构建。新零售的重要特征之一是各种在线消费数据信息的爆炸式增长，为此，企业能否有效记录和分析这些数据并加以应用的数字化能力至关重要。信息化——将纷繁复杂的管理体系中的模块和单元电子化，并在此过程中使流程规范化和标准化——是数字化建设的必要前提。数字化可以应用于企业管理的诸多环节，其中一个典型是数字化供应链，包括：通过打通供应链数据，将销售动态实时传递，不仅增加了确定性还降低了成本；通过数字化覆盖更多的生产商，让零售企业与生产商直接对话并压缩供应链的中间环节，从而提升运营效率。

策略 2：深度客户分析。深度客户分析，旨在将原本模糊的消费者群体转变为有着清晰数字画像的消费者个体，用于个性化的精准营销。第一，增加触点可以引流和将客户信息数字化；第二，形成数字化会员库，以整合线上、线下的会员资源，更好地确定目标消费群并预测购买；第三，对消费信息进行实时分析，获取消费者的不同类型、特征和消费需求偏好等信息。

策略 3：优化客户体验。在新零售下，最大限度地优化客户体验既是手段也是目的。常见的举措包括：一方面，通过虚拟现实技术（virtual reality，VR）、IP 形象设计、个性化的增值服务和消费场景化，提升在线消费的交互式体验；另一方面，通过智能手段使购物更便捷并不断提升送货速度。

策略 4：门店转型。门店升级可以传递向新零售转型的信号。在门店布局优化方面，依托在线大数据，较好地结合口碑和热度，同时考虑产品和相关度进行门店选品；更加注重区域划分；通过翻新门店塑造更具科技感和时尚感的品牌新形象。在开设体验店方面，既设有一体化的生活体验馆，又有应用高科技元素的新奇酷炫店。在智能门店系统方面，RFID（射频识别）系统的应用较好地解决了“货”的准确记录和实时更新问题。

策略 5：借助社交平台。社交平台可以成为新零售的主战场。常见的方式包括：第一，社交裂变，帮助零售商通过社交平台拉新；第二，经营粉丝社群，以社群为纽带进行经常性的情感交流和线下活动，从而提升客户黏性；第三，直播带货，商家联手网红或名人等 KOL 创下销售佳绩，甚至具有鲜明个人标签的总裁也可“上阵吸粉”带货。

策略 6：创造转换成本。由于产品信息的高可得性，客户转换品牌的成本远低于从前。为了提高客户转换成本，会员特权和定时优惠等手段呈现出新的特点。例如，很多零售企业开始采取付费会员制度，以期提高留存率和促进精准营销；积分商城可以兑换的产品更加丰富多样；促销模式从单纯的优惠券发展到各种优惠组合模式；各个互联网销售平台推出预定优惠和限时优惠活动。以上举措都体现了在新零售时代，零售商的思维逐渐从经营商品向经营会员转变。

策略 7：平台转型。平台可以是帮助用户实现方便操作的信息系统，可以是促进在线交易的电商网站，还可能是企业内部的组织结构形式。电商对传统零售的冲击，使得很多传统零售商决心建立自己的电商平台，当然即便建成仍会面临电商巨头的倾轧。但是，一些旨在整合行业内资源和重塑价值链的垂直电商，反而能更好地把握供应链压缩带来的效益增长机会，并且重塑了行业。电商平台的运营成功，不仅靠资金投入，还需要企业具备拔毛断喙的勇气，因为在线业务的运营与企业组织原本的结构和运行逻辑是相冲突的。这就需要平台转型，通过组织结构大调整，将企业转变为一个既拥有整合的资源体系又适合团队灵活作战的平台结构。

我们进一步总结了在7项策略（一级编码）及其子策略（二级编码）上的企业频次分布。如表2所示，策略2“深度客户分析”（21.88%）和策略3“优化客户体验”（22.50%）更多被企业所采纳：前者包括增加触点、建立数字化会员库和消费信息分析，体现了关注客户需求的重要性；后者包括交互式体验和提升购买便捷度，体现了满足客户需求的重要性。这两项策略展现了新零售以客户为中心的理念和特征，也是吸引和留存客户并进行精准营销的基础。应用门店优化策略的企业占总频次的16.25%，仅次于深度客户分析和优化客户体验，表明门店依然是新零售的主要阵地，被零售企业所重视。

表2 各项新零售策略内的企业频次分布

一级编码	频次	百分比	二级编码	频次	百分比
1. 数字化系统构建	12	7.50%	1.1 信息化升级	4	2.50%
			1.2 数字化供应链	8	5.00%
2. 深度客户分析	35	21.88%	2.1 增加触点	17	10.63%
			2.2 建立数字化会员库	11	6.88%
			2.3 消费信息分析	7	4.38%
3. 优化客户体验	36	22.50%	3.1 交互式体验	16	10.00%
			3.2 提升购买便捷度	20	12.50%
4. 门店优化	26	16.25%	4.1 布局优化	6	3.75%
			4.2 线下体验店	9	5.63%
			4.3 智能门店系统	11	6.88%
5. 借助社交平台	16	10.00%	5.1 社交裂变	4	2.50%
			5.2 经营粉丝社群	5	3.13%
			5.3 直播带货	7	4.38%

续 表

一级编码	频次	百分比	二级编码	频次	百分比
6. 创造转换成本	20	12.50%	6.1 会员权限	8	5.00%
			6.2 定时优惠	12	7.50%
7. 平台转型	15	9.38%	7.1 自建电商平台	7	4.38%
			7.2 平台组织转型	8	5.00%

数字化系统构建的企业频次最少（7.50%），这在一定程度上与预期不符，因为数字化系统构建应该是其他策略（如深度客户分析、优化客户体验）的基础。这说明在新零售的转型中，更多企业可能只是关注新零售的表面特征，而忽略了新零售的内核——数字化系统构建。除此之外，平台转型策略也是新零售转型的根底，因为企业组织的数字化能力不仅需要技术投入，还需要改善企业管理系统和流程，在这种情况下组织转型是不可或缺的。然而，有关平台转型的企业报道较少（9.38%），尤其是平台组织转型，仅占5.00%。

综上，83家企业采取最多的新零售策略分别是深度客户分析和优化客户体验，而在数字化系统构建和平台转型上的媒体信息较少。可见，网络媒体所报道的新零售策略更多体现在与客户分析和客户体验有关的特征上，反映了企业和大众媒体对新零售的基本认知。本报告期望对零售企业开展新零售或者向新零售转型提供借鉴。但是由于本报告主要基于网络媒体报道，未来应该通过更多的信息渠道和定量分析方法对报告结果做进一步的验证。

智能制造与能源

智能制造与供应链数字化转型[①]

董　明[②]

【摘要】

目前智能制造从工具到决策都要进行革命性的发展，即从传统工具到智能工具，从经验决策到基于“数据+算法”的决策。数字化转型包括以决策为核心的三个方面：技术转型、业务转型和组织转型。数字化既不等于计算机化，也不等于信息化。数字化要实现的是从人际信任到数字信任的转变，确保供应链运营中各个环节的数据和信息都能实时、透明、互联、可追溯，最终达到可视化、自感知和自适应这三个目标。

一、从“工业时代”到“数字时代”

人类社会经历了石器时代、铁器时代、工业时代（机械时代）、数字时代（人工智能时代）四个时代，每一次革命都实现了生产工具的革命性提高，使人类掌握了更高水平的能量运用能力，人类利用工具的技能也越来越强。

数字化使得人和人、人和机械、机械和机械的交流时间、空间成本大大降低。每一次 IT 产业的进步都会推动制造业快速发展，随着 21 世纪初云计算、大数据、物联网、移动互联网的快速发展，CPS 系统、工业互联网、智能制造

---

① 本文收稿于 2021 年 7 月 3 日。

② 上海交通大学安泰经济与管理学院教授，上海交通大学行业研究院智能制造行研团队负责人。

技术也有着相应的快速进步。

二、智能制造：从工具革命到决策革命

智能制造目前发生了很大的变化，那就是要从工具到决策都要进行革命性的发展，其中，工具革命是从传统能量转换工具向智能设备和软件工具演变，以自动化提高工作效率，决策革命是从经验决策向基于“数据+算法”的决策演变，以智能化提高决策的科学性、精准化。

从工具上来说，传统能量转换工具就是现代流水线式规模生产所用到的机器人、机床和各种专业的硬件设备。但物联网、人工智能、数字孪生等科技的爆发性发展带来了算力和算法的巨大进步，使得制造业的传统工具向数字化、智能化发展。其中，包括体力劳动者使用的智能设备工具：3D 打印机、数控机床、AGV 小车、自动吊装机、自动收割机、自动分拣系统等；脑力劳动者使用的智能软件工具：CAD、CAE、CAM、开发工具软件等。智能制造带来的工具变革使得制造生产更加高效，成本更低。

从决策上来说，经验决策将被基于“数据+算法”的决策所替代。数据是智能制造的基础，也是其核心生产资料。传统经验决策不仅无法处理智能制造环节中的海量数据，也无法对生产过程做出快速响应和决策。因此，以人工智能、机理模型等为代表的算法技术可以帮助智能制造发现规律并提供智能决策支持。例如，在需求端，使用客户画像来应对市场变化；在研发端，使用 PLM（product life－cycle management，产品生命周期管理）系统进行研发创新；在管理端，使用 ERP（enterprise resource planning，企业资源计划）、SCM（supply chain management，供应链管理）系统优化组织方式；在生产端，使用 MES（manufacturing execution system，生产过程执行系统）选择最优工艺。“数据+算法”的决策模式不仅提高了决策的精准性和科学性，缩短了决策周期，同时也降低了由决策的不确定性所带来的试错成本。

最终，随着智能制造的发展，工具和决策的两场革命在未来将进一步融合，形成全新的决策机制，从局部决策优化进化到涵盖全局的整体决策优化。

三、理解数字化转型的内涵及要实现的目标

数字化既不等于计算机化，也不等于信息化。如果说数据化就是把非电子化的模拟信号转变为电子化的数据，例如把纸质的文件转变为电子文件，那

么，数字化（digitalization）就是指使用数字技术对商业模式进行改变。关于数字化转型，可以分“数字化”和“转型”两个部分来看待，“数字化”指的是技术方面的转型，即要有收集、分析和应用数据的能力；“转型”则更多是指包括流程在内的业务转型以及组织层面的转型。

数字化要实现的是从人际信任到数字信任的转变，企业上下游之间会形成数字化的连接，彼此之间也会转化为数字化的信任，即在供应链运营中各个环节的数据和信息都能实现实时（real time）、透明（transparency）、互联（interconnection）、可追溯（traceability），最终达到可视化、自感知和自适应这三个目标。

四、数字化转型及技术演变脉络

数字化转型包括技术转型、业务转型和组织转型三个方面，这些都以决策为核心，转型是为了更好的决策，例如人工智能和大数据这些技术就是为了辅助医生更好地做决策。通过信息物理系统（CPS）、大数据与人工智能等技术手段，虚实结合的数字化管理以及产业生态与能力整合这些概念，我们也可以划分制造企业数字化转型的不同阶段。

例如，某些企业可能还没有数据收集的能力，尚处于数字化转型补课阶段；也有一些企业已经到了强调经营决策的数字孪生阶段，把包括工业 App、工业软件、大数据和人工智能运用到了自身的业务流程中；还有像海尔这样的企业已经进入了第三个阶段，强调做大产业规模与工业互联网平台。

五、物流及供应链的数字化

数字化在物流和供应链中也有很广泛的应用。那么，物流的数字化包含了“物”（实体对象的数字化）和“流”（不同过程的数字化），这两者的数字化才能构成整个供应链的数字化。

例如，华为基于数字化构建了自感知的物流体系，包括：数据资产目录、数据标准、数据分布和数据模型。DHL 的仓库管理则运用了数字化孪生的方式，系统能够收集 IoT 数据、实时库存和运营产生的数据。比如在仓库布局更改前，使用数字孪生系统进行模拟，预估布局更改或引入新设备和新工艺的潜在影响。

数字化供应链控制塔的环节包括从采购到生产，再到仓储、物流配送，最终到达客户端。这里面分了五个层次：第一个层次是可视化，也就是可以看到在整个网络中需要跟踪的所有事件和里程碑；第二个层次是警示，也就是自感知，即所有发生的事件与里程碑都同服务协议和约定到货时间相关联，预警提醒会及时发送以便管理团队尽早制定解决方案；第三层是自动化，在控制塔内执行相关事务，并根据之前设计的决策机制进行自动处理；第四层是决策支持，控制塔使用团队可以基于智能技术所提供的建议做出决策；第五层就是自治，也就是自调整，在没有人工干预的情况下运营供应链网络。

六、来自智能制造灯塔工厂的启示

制造企业数字化转型的失败率高达 70%，麦肯锡对全球 1 000 多家制造企业的调研显示，大约 70%的企业停留在数字化转型试点阶段（试点陷阱），无法实现价值和竞争力的突破。自 2018 年起，世界经济论坛联合麦肯锡在全球范围内评选认证具有表率意义的制造企业，在 1 000 多家制造类企业中总共选出了 54 家“灯塔工厂”。

从企业内部制造环节价值链（纵向集成）的数字化举措来看，这 54 家“灯塔工厂”主要集中在数字化装配和加工、数字设备维护、数字质量管理、数字绩效管理以及数字化可持续发展领域；从企业上下游端到端价值链（端到端集成）的数字化举措来看，这些企业集中在供应网络对接、端到端规划、端到端产品开发、客户对接以及端到端交付领域。

从“灯塔工厂”数字化转型案例的角度来看，不同的企业有着不同的切入点：

第一，从数字化解决方案与智能生产线设计相结合入手，实现数字化精益生产，不仅带来了生产效率的提升、生产周期的缩短，同时降低了生产成本和工厂的运营成本。

第二，从产品质量管理入手，在端到端产品生命周期中部署物联网和人工智能，可以基本上消除产品瑕疵率，减少生产质量瑕疵诊断时间，有效提升产品质量和客户满意度。

第三，从生产设备维护入手，将高级分析和神经网络等嵌入制造流程中，基于机器学习预见性维护和数字孪生等数字技术进行设备维护，从而提高生产线速度，减少停机时间，降低停工风险。

第四，从端到端价值链入手，确保从供应商到消费者的连接，在端到端价值链参与者之间建立一个互联互通的生态系统，实现供应链的敏捷性，降低成本，增加销量，同时也加快了产品上市的速度。

那么，我们应该如何学习和借鉴这些具有示范性的灯塔工厂呢？

按照产品的多样性/创新型和 to C/to B 两个维度来把灯塔工厂分为四大类。第一类企业聚焦效率，即通过数字化手段来提高效率。第二类企业聚焦成本，基本是按照库存进行生产（make-to-stock），且生产批量规模大。第三类企业聚焦产品，这些企业往往需要按照订单来进行设计定制化/创新型产品（design-to-order）。第四类企业则聚焦客户，按照订单来进行生产（make-to-order），批量小，无库存，满足客户多样化的需求。

针对四类灯塔企业，企业可以构建相匹配的四种数字化策略。它们分别是效率/成本型数字化策略、响应/创新型数字化策略、端到端数字化策略以及纵向集成数字化策略。

总而言之，数字化转型升级既要仰望星空，也要脚踏实地。“灯塔工厂只是引领者，并非转型升级的重点。”数字化转型就是要摸着石头过河，没有什么成功的定式，每个企业也只能是边摸索边尝试，找到适合自己的转型方法和路径。

数字化转型推动制造业升级[①]

董　明[②]

【摘要】

长三角地区已成为世界级制造业基地，但由于全球价值链的“低端锁定”效应，大多数制造业企业存在利润率较低、技术水平不足等问题。新一代数字技术推动的新一轮产业革命，为我国制造业摆脱核心技术获取困局，实现价值链升级创造了难得的机遇。企业通过数字化转型，可以从工艺升级、产品升级、功能升级、链条升级这四个方面实现产业集成与一体化。为了更好地发挥数字技术对制造业转型升级的驱动作用，应加强制造业数字基础设施建设，强化供应链数据集成与共享，注重智能制造生态系统构建。

借助区位环境、人力资源、政府政策等，长三角地区已成为世界级制造业基地。但是，大多数制造企业集中于产品加工等价值链低端环节，利润率较低，还容易形成恶性竞争。新时期如何才能打破长三角制造业的“中低端锁定”呢？

随着物联网、大数据、云计算、人工智能等技术的飞速发展，制造业迎来了数字化转型的有利契机。通过数字化转型，企业在改造传统业务的同时，还能以数字能力催生出新技术、新产品、新业态，从而改变原来制造型企业扎堆

① 原文发表于《解放日报》2019 年 2 月 12 日。

② 上海交通大学安泰经济与管理学院教授，上海交通大学行业研究院智能制造行研团队负责人。

于加工环节的困境，并促使企业形成更广泛的合理分工。

所谓数字化转型主要是指通过工艺升级、产品升级、功能升级、链条升级来帮助制造业实现产业集成与一体化。

工艺升级是一种较为基础的方式，主要通过数字化对原有技术、工艺进行改进，从而提高生产效率。例如，宝钢的数字化制造系统，可以根据客户订单自动计算出需要生产的钢板类型和数量；钢板生产好以后送到剪切中心，再根据客户定制要求，自动剪切出符合尺寸的钢板并直接运送给客户，从而节省了大量的人力、物力。福田康明斯在质量控制中采用了基于人工智能的视觉检测和基于物联网的制造质量管理措施，瑕疵率大幅下降，生产质量瑕疵诊断时间有效缩短。

产品升级一般指通过数字化扩展产品功能或引入新产品，核心是产品研发、产品设计取得突破性进展。在这一过程中，数字化可以提供一切必要性支持，不仅包括三维立体打印、虚拟仿真测试等，而且能为企业实现产品模块化、定制化提供助力。诺基亚在新产品引入中运用虚拟技术并利用云端数据控制实现实时流程管理，实现了原型制作周期和流程缺陷率各 50%的下降。

功能升级主要指企业在品牌设计、营销、服务等功能层面有所突破。例如，通过跟踪用户网络行为来实现数字化精准营销。作为一家大型制造企业，美的集团通过建设大数据平台，将用户的购买记录、购买渠道、地域、使用偏好等信息全部标签化，从而形成了完整的用户画像。基于这些用户画像，美的集团可以进行深度的精准营销。而在 C2B 定制化方面，上汽大通走在了汽车行业前列。在购车这个环节，用户可以直接从上汽大通下订单，上汽大通开发的“蜘蛛智选”工具，可以让消费者在 App 上进行高度自由的私人订制。上汽大通还利用大数据系统把各种配置的车型做一个相对平均的顺序分配，避免出现有些工位过于繁忙、有些却处于闲置，且下线时间节奏大幅度波动的情况。

与前三种升级方式不同，链条升级是指企业转入新的价值链条，即企业的根本业务发生了变化。传统制造业由于生产模式、区位条件等因素往往很难实现链条升级，但借助数字化手段，企业拥有了更多的跨行业转型机会和更强的转型能力。例如，青岛海尔从传统家电企业朝着制造创客、企业家的平台型组织转型；360 公司原本是网络安全软件企业，而现在利用公司在安全领域积累的经验，转型打造 360 手机品牌。

就长三角制造业的数字化转型而言，安徽的企业可以聚焦工艺和产品升级，江苏、浙江的企业可以优先进行工艺、产品和功能的升级改造，上海的企业可以优先考虑功能升级甚至链条升级。各地要注意扬长避短，从而实现合理分工、均衡发展。

数字化转型推动制造业升级的对策建议如下：

数字化转型的核心要素是数据，数据资源高效率的生成、记录、收集、存储与使用皆离不开完善与高效的数据基础设施。智能化基础设施的建设对于新一代信息技术赋能创新功能的发挥及制造业企业的数字化、智能化转型起着基础性的支撑作用。在数字基础设施的建设过程中，应将工业互联网的建设放在首要位置。工业互联网能够连接产业链全过程，充分发挥资源整合优势，提高全要素生产率，拓展产业链空间，推动制造业产业发展向高端迈进。因此，应将工业互联网的建设视为数字基础设施建设的核心内容。

此外，制造业企业的数字化转型升级对供应链的柔性、敏捷性、灵活性提出了更高层次的要求，应着重提高数据实时的采集、清洗、存储能力以及加强与大数据分析与信息挖掘能力相关的基础设施的建设。建设能够满足海量数据训练、学习的大数据计算中心，借助分布式虚拟存储、云计算、机器学习等信息技术提高对多种类、大批量数据的信息发现和知识挖掘能力，为智能制造的实现提供高水平的大数据设施配套支持。面向智能制造转型的新趋势，还需加强智能芯片、工业机器人、智能传感与控制设备等智能制造软、硬件系统产品的研发应用，为传统制造向智能制造的全面转型提供核心控制技术与装备设施智能化升级方面的支撑。

全球价值链视角下 我国先进制造业集群发展建议[①]

董　明[②]

【摘要】

培育世界级先进制造业集群，是中国从制造大国走向制造强国，实现制造业向全球价值链中高端攀升的必经之路。本文通过分析我国先进制造业集群发展现状及空间布局，提出了目前集群发展中存在着整体价值链地位不高、技术创新能力不足、集群制度尚未完善的问题。在全球价值链重构的背景下，中国必须抓住新一代数字化技术和产业革命带来的机遇，从加工制造向智能制造转型，加快攻克核心关键技术的步伐，从技术跟随到技术引领，提升在全球价值链上的话语权。同时，在制造业产业集群的地理布局和空间组织上，利用大国的市场与资源优势进行空间整合，形成集群的网络化组织结构，加强我国先进制造业集群的竞争力，从而促进制造业转型升级和经济的高质量发展。

改革开放以来，中国充分把握融入全球价值链的战略机遇，凭借土地、劳动等要素低廉的优势，使制造业产业规模逐步扩大，价值链分工参与水平不断提升。但面对发达国家再工业化战略与发展中国家承接产业转移的双重挤压，

---

① 本文收稿于 2021 年 7 月 20 日。

② 上海交通大学安泰经济与管理学院教授，上海交通大学行业研究院智能制造行研团队负责人。

国内传统比较优势难以为继，制造业大而不强的弊端已逐渐显现。为了摆脱我国制造业贸易附加值率低下、关键技术缺乏、创新驱动不足的局面，党的十九大报告明确提出“促进中国产业迈向全球价值链中高端，培育若干世界级先进制造业集群”，这是推动我国制造业实现高质量发展、实施制造强国的战略选择，是我国新时代现代化经济体系建设的重要目标和任务之一。

与此同时，以大数据、云计算、互联网等为典型代表的数字技术蓬勃发展，新技术革命方兴未艾引发的全球价值链加速重构，是中国制造业转型升级的机遇与挑战。因此，必须从全球价值链的视角出发，深刻理解制造业集群作为我国在参与全球竞争中颇具特色的经济组织形式，创造国际经济合作和竞争新优势和争取全球价值链中的更多话语权的路径遵循。只有通过世界级先进制造业集群的建设，调整产业组织结构的空间布局，提升产业集聚的水平和高度，才能在全球价值链重构背景下实现我国制造业全面转型升级，推动经济高质量发展。

一、我国先进制造业集群发展现状

所谓先进制造业集群，不仅具备产业集群的一般特征，还特指在先进技术、工艺和制造业领域，地理相邻的大量企业、机构通过相互合作与交流共生形成的复杂网络结构和产业组织形态。目前，我国已基本建成具有一定规模和影响力的先进制造业集群，主要涉及新一代信息技术、高端装备、先进材料和生物医药制造等领域（见表 1）。

表 1　我国主要先进制造业集群

先进制造业领域	集　群　地　域	集　群　产　业
新一代信息技术	深圳电子信息通信集群	全球重要的电子信息产业基地
	武汉芯屏端网产业集群	中国光电子产业基地
	合肥智能语音产业集群	中国智能语音产业基地
高端装备制造	西安航空航天产业集群	中国大中型飞机研制生产的重要基地
	长沙工程机械产业集群	中国工程机械行业的“母体”
	株洲轨道交通产业集群	中国最大的轨道交通装备制造产业基地
先进材料制造	宁波石化产业集群	规模居全国七大石化产业基地前列
	苏州纳米新材料产业集群	全球最大的纳米技术应用产业集聚区

续 表

先进制造业领域	集　群　地　域	集　群　产　业
生物医药制造	北京中关村生物医药产业集群	领跑全国的生物医药产业
	上海张江生物医药产业集群	全球瞩目的生物医药产业创新集群
	江苏泰州生物医药产业集群	中国唯一的国家级医药高新区

资料来源：根据赛迪研究院《2019 先进制造业集群白皮书》整理。

我国先进制造业集群从空间分布上看呈现出东强西弱、一带三核两支撑的特点。三核是指环渤海核心、长三角核心和珠三角核心。环渤海核心是国内重要的先进制造业研发、设计和制造基地。长三角核心主要在航空制造、海洋工程、智能制造装备领域较突出，具备较完整的研发、设计和制造产业链。珠三角核心以特种船、轨道交通、航空制造、数控系统技术及机器人制造为主。两支撑为中部支撑和西部支撑：中部支撑地区的航空装备与轨道交通装备产业集群实力较为突出；西部支撑地区在轨道交通和航空航天产业形成了一定规模的产业集群。

二、我国先进制造业集群发展短板

中国制造业集群建设已经取得了举世瞩目的成就，但与世界级先进制造业集群相比，大多数集群还存在较大差距。主要表现为以下问题：集群整体价值链地位不高，技术创新能力不足，集群制度尚未完善。

1. 集群整体价值链地位不高

中国的制造业集群是从“低端嵌入”参与国际分工的，所从事的生产制造工序环节大都处于全球价值链中低端。中国制造业集群在演进发展过程中，对处于价值链中高端的跨国公司的高度依赖往往使自身陷入跨国公司所主导的“俘获型”全球生产网络中。其结果是，主导国际产业分工的跨国公司可以通过内在的战略性技术“隔绝机制”来隔断中国制造业集群的技术上升通道，使中国制造业集群陷入技术的“低端锁定”。

2. 集群技术创新能力不足

我国大部分先进制造业集群以简单技术的应用为主，产业结构的总体层次、水平仍较低，创新能力及竞争力不强。第一，集群对自身高新技术研究与开发的支持力度不够，技术原创性较差，主要靠吸引一些高新技术企业入园来引入高新技术，企业自主创新能力不强。第二，不少集群一味争夺项目、追求产值，忽视培育包括专利、知识产权在内的核心竞争力，造成企业对外技术依赖性较强，集群发展后劲不足。第三，产学研用机制不完善，我国大多数产业集群与大学或研究机构缺乏长期稳定的合作机制和合作氛围，大学或科研机构并未成为集群创新的重要外溢来源和科技创新始发性资源。

3. 完善的产业集群机制尚未形成

我国产业集群缺乏完善的产业集群机制。一方面，一些政府部门对产业集群政策经验不足，过度依赖土地经营和优惠措施，导致集群发展中普遍存在用地浪费、专业化生产性服务业欠缺、无法形成有效的创新氛围等问题。另一方面，我国中介组织的运行环境有待改善，不少集群缺少在法律、信息、管理、产品推广等方面的中介服务支撑，也缺乏为其培养专用性人才的教育机构和完整的培训体系，由此阻碍产业集群发展壮大。

三、我国先进制造业集群发展建议

中国制造业集群的主要短板在于创新能力、组织架构与制度环境等方面，导致中国制造业集群“大而不强”“散而不聚”。面对全球价值链曲线的变化趋势，中国有必要跳出传统“微笑曲线”的思维逻辑，及时调整和转变思路，通过市场和政府的协同作用来培育世界级先进制造业集群。

1. 从加工制造到智能制造

必须牢牢抓住以智能制造为核心技术的新一轮产业革命带来的机遇，充分利用中国制造业体量庞大对智能制造技术存在规模化需求的优势，通过人工智能技术的战略突破以及新一代信息技术和制造技术的深度融合，实现制造业特别是加工制造企业的转型升级。

2. 从技术跟随到技术引领

全球价值链重构为中国制造业集群提供了系统性技术“赶超”的机遇。新一轮产业革命引发的全球价值链重构，是以互联网、大数据、云计算、物联网等新一代信息技术的广泛应用为特征，以新一代智能制造技术为核心引领的。只要中国能够有效利用完善的产业基础和巨大的市场规模，率先攻克新一轮产业革命的核心技术，就完全有可能从世界科技的“跟随者”变为“并行者”，甚至是“领跑者”，直至实现对发达国家的系统性技术“赶超”。

3. 从空间无序到空间整合

随着中国基础设施的不断升级，可以利用大国的市场与资源优势，在更大的空间范围内协同培育世界级先进制造业集群，但前提是必须打破行政地域空间的限制。一是以“一带一路”建设、京津冀协同发展、长江经济带发展、粤港澳大湾区建设等为引领，以城市群建设为基础，根据各制造业行业的空间分布情况，合理规划每个领域的集群的主要承载空间，以求在更大的空间范围内细化产业链分工，进行资源整合和统筹协调。二是通过健全区际利益补偿机制，围绕培育世界级先进制造业集群推动形成跨区域的分工协作机制、资源共享与利益分享机制。三是消除区域市场壁垒，加快推进区域市场联动，构建区域市场一体化发展新机制。

4. 从松散结构到网络化组织

要在更大的空间范围内培育世界级先进制造业集群，必须改变目前较为松散的集群行为主体之间的关系，加强合作与互动，构建多维度、多层次的集群发展命运共同体，形成集群的网络化组织结构。一是打造一批世界级行业领军企业，作为培育世界级先进制造业集群的基石。二是集聚上下游产业链企业，通过“补链”与“强链”，完善升级产业链条，实现全产业链协同发展。三是推动功能健全、类型丰富的集群中介组织体系建设，为集群发展添加润滑剂与黏合剂，推动形成组织共治、利益共享、合作共赢的集群网络化发展模式。四是推进制造业与现代服务业融合发展，特别是提升现代物流、金融服务、工业设计等生产性服务业的支撑水平，实现集群生产与服务功能相结合。

调峰填谷：V2G 或将主导未来车网关[①]

尹海涛[②]　瞿　茜[③]　殷俊舜[④]

【摘要】

电动汽车将像储能电池般，辅佐电网参与调峰、调频等服务，在电网负荷达到高峰时，电池从电网获得电力，而在电网处于低谷之时，电动汽车再将自身的电力反馈给电网。这便是车辆到电网（vehicle to grid）技术，是包括欧美国家在内的发达国家正在实践的技术。为此，本文结合中国的 V2G 试点项目，综合分析当前 V2G 模式下对于电网、企业、车主的利益考量。在此基础上，根据中国国情，进一步分析 V2G 项目在中国推广所面临的挑战与机遇。

一、席卷欧美的实验

V2G 是 vehicle to grid（车辆到电网）的缩写，V2G 技术的核心在于电动汽车与电网的互动关系：当电网负荷过高时，由电动汽车用自身电池存储的能源向电网馈电，这样电网将有机会决定电动汽车的充放电时间，同时应对用电高峰造成的冲击。中国工程院黄其励院士将其概括为“车网双向充电”，这将

---

① 原文发表于《经济观察报》2020 年 8 月 31 日。

② 上海交通大学安泰经济与管理学院副院长、上海交通大学安泰经济与管理学院教授、上海交通大学行业研究院新能源发电与储能行研团队负责人。

③ 上海交通大学安泰经济与管理学院副教授、上海交通大学行业研究院新能源发电与储能行研团队成员。

④ 上海交通大学安泰经济与管理学院本科生。

主导未来的车网关系。

目前，美国和欧洲对 V2G 技术颇为重视，配套政策支持力度也很大。早在 2012 年，美国特拉华大学就进行试点项目，评估在 V2G 技术条件下，电动汽车向 PJM 公司的电网提供调频服务，以减轻可再生电力固有间断性的潜力。2016 年 11 月，美国联邦能源管理委员会（FERC）提出修改法规，推动储能与分布式能源集成商（DER）进入电力市场。2020 年，特斯拉公司已经在 Model 3 与 Model Y 车型上添加了双向智能充电技术。

2016 年，欧盟启动 SEEV4-City 长期试点计划，拨款 500 万欧元，支持 5 个国家（英国、荷兰、挪威、比利时等）的 6 个项目，探索通过 V2G 技术帮助电网容纳更多新能源与新能源汽车。2016 年，丹麦“Parker”项目是世界上首个完全商业化运行的 V2G 项目，通过 V2G 技术为电网提供频率和电压控制等辅助服务。

2018 年，英国政府宣布 VIGIL 计划，拨款约 3 000 万英镑支持 21 个 V2G 项目，测试相关的技术研发成果，同时也为该类技术寻找市场。2019 年，雷诺集团官方宣布在欧洲推出 15 辆 ZOE 组成的车队，展开 V2G 试点项目。2020 年 4 月，德国尝试消纳风力发电的 V2G 试点项目正式完成。2020 年 6 月，菲亚特克莱斯勒公司，在意大利米拉菲奥开展全球最大的 V2G 试点项目，预计到 2021 年年底能够建成容纳超过 700 辆电动汽车，监管容量达到 25 兆瓦的 V2G 设施。从这些试点探索看来，车网双向充电在一些国家与地区正逐步商业化。

二、利益相关方的考量

电网钟情 V2G 主要有两个原因：第一，新能源电力的消纳压力，要求电网提升调峰调频的能力；第二，电化学储能，在调峰调频上存在优势。传统调峰方式的响应速度以秒为计量单位，V2G 调峰的响应速度能够达到毫秒级，能够针对用电需求更快做出反应。

单个电动汽车相当于一种移动分布式的却未被高效利用的储能电池。电动汽车的电池能够提供相当可观的储能容量，市面上一般电动汽车的储能容量基本超过 50 千瓦时。

据测算，京津唐电网供区内约有 40 万辆电动汽车，若通过 V2G 方式实现有序车网互动，可提供 180 万千瓦时可移动的优质调节资源，超过 2019 年年底的电化学储能装机总量。另据国家信息中心预测，截至 2030 年，中国新能源汽车保有量将突破 1 亿辆。届时，新能源汽车将拥有 50 亿千瓦时的储能规模，相当于 4 倍的全国抽水蓄能资源潜力。

与传统储能项目相比，V2G 具有成本相对较低、接入节点灵活的特点，且不受建设成本与场地的约束。在进行调峰方面，只需进行管理上的调控，无须增添大量的调峰储能设施。唯一需要用户做的是，要保证在停放时间之内保持与电网的互联。此外，V2G 技术还可以起到应急备用与电压支持的辅助服务。在 1 年的时间长度内，电网需要“备用”服务的次数低于 30 次，每次低于 15 分钟。如果建立独立的储电电站为此服务，应用效率将会极低，而 V2G 技术可以避免这一点。另外，飞快的响应速度也使得 V2G 能够参与调频服务。

新能源汽车参与调峰辅助服务，具有较大的市场潜力。以 2018 年广州市展开的车网互动为例，如果开展有偿调峰，电网每年可以累计消减 100 万千瓦时的供电量，电动汽车调峰收益预计可达 300 万～500 万元。如果开展电网填谷替代部分发电侧的深度调峰，广州市 21 万辆电动汽车预计每年每月参与 2～3 次深度调峰，每次调峰功率 5 万千瓦，按照 2018 年的虚拟电厂给出的补偿价格结算，预计填谷年收益达 150 万～240 万元。以此类推，若全国当前接近 400 万辆电动汽车全部参与调峰服务，调峰年收益将达 1.6 亿元。而通过在用电低谷期间低价买电，在用电高峰期间高价卖电，车主也可以获取较为客观的收益。2019 年，中国经营性充电站峰谷价差一般为 0.6 元/千瓦时。党政机关、企事业单位等自行建设的充电桩收费，则按照“一般工商业及其他”类用电价格。各省“一般工商业”峰谷价差自平均价差约为 0.672 9 元/千瓦时，如果每辆车大约有 40 千瓦时电量参与调峰，平均一天赚取 27 元，则年收益增加近万元。

事实上，在电动车保有量较高的北上广城市群中，峰谷价差普遍达到或高于平均价格，一年将产生 9 855 元至 13 700 元不等的收益。同时由于使用低谷电力，充电价格也会比无序充电节省很多。

此外，V2G 技术也被称为“双向智能充电技术”，这意味着它还能在电网断电情况下直接为用电器提供电力。像在区域性断电以及处于电网难以覆盖的荒郊野外，电动汽车能够成为紧急备用电源，提供最多 70 千瓦时到 80 千瓦时的电量。

三、落地中国的挑战与机遇

从政策上看，国内部分地区对参与电力辅助服务市场设立了一些准入门槛，比如需要保证 4 小时及以上的接入时长或 10 兆瓦以上的充放电功率。这对私人电动汽车以及充电站而言都是极难实现的长时间、高功率的充放电形式。

我国现阶段的电力辅助市场，缺乏针对分散性用户侧资源准入的相关政策。国内对此也在积极探索：在 2018 年广州案例中，南方电网采取下放准入门槛的措施；在 2019 年上海案例中，未设置任何准入门槛，也未设立任何响应量门槛，对所有被认为是有效的响应量提供补偿。但 V2G 参与电力市场的准入条件仍需被进一步明确以保证企业以及个人的进一步参与。

当前，V2G 盈利方式在中国局限于峰谷价差套利，而峰谷价差在我国始终保持较低水准且不稳定，需要政府进一步明确。在部分西方发达国家，电动汽车能够参与绿电交易、需求响应、电网辅助服务，并成功确立了分布式交易、需求响应、虚拟电厂机制等，所获利润将大大超过峰谷价差，这对企业与用户将有更大激励。

此外，电动汽车接入电网的时间与地点还存在不可控性的问题。其中，时间直接影响参与效果与响应量，地点的过于集中将导致对电网造成冲击与损耗。针对前者，在当前中国主要依靠峰谷电价的变化，引导电动车主在最佳时刻进行充放电。2020 年 4 月，华北电网首次将电动汽车纳入电力市场结算，给予车主在手机智能 App 上选择充放电量与时间的权利。针对后者，则取决于充电桩建设规划，比较可行的方式是建于医院、大型商场、工作园区等地，避免对车主出行造成影响。2020 年提出的新基建中也明确提出了 V2G 充电桩的建设规划问题。

与此同时，车主们也倾向于将长时间接入电网，视作一种代价与限制，而非闲置资源的利用。事实上，2019 年英国平均一辆汽车每天行驶 20 公里，一般不超过 50 公里。数小时接入时间对于车主出行几乎没有影响。当充电桩或充电站的建设更为普及时，如家用充电桩、大型工业园区、商场、医院、学校、停车场等地的充电站建立后，车主也不必为寻找充电位而影响出行。

值得注意的是，每日进行充放电，电池的损耗无法避免，这也是许多车主接受有序充电而不接受双向充电的原因。2020 年，中国政府规定市场上动力电池需要达到 1 000 次以上循环，在每日参与调峰、每次涉及 50%储电量的情况下，若以电池平均 1 200 次循环记，大约 6~7 年即需更换电池。此外，频繁的充放电以及高能量密度的电池，将会为安全问题增加难度。

许多车企将目光放在延长电池寿命和安装长里程电池上。在 2020 年推出的车型中，以 450 公里单次续航里程、1 200 次循环为例，生命周期总里程达 54 万公里，部分车辆可达到 70 万公里以上。目前，特斯拉公司已成功研制“百万公里电池”，宁德时代也研制出 200 万公里电池。但这也意味着购车成本的上升。电网是 V2G 技术的最大受益者，怎样分割收益是很重要的问题。

总体上看，目前中国在 V2G 方面的试点落后于欧美，仍有很大潜力。2019 年 6 月，上海展开车网互动商业模式的探索，首次将电动汽车纳入需求响应体系。2019 年 12 月，工信部《新能源汽车产业发展规划（2021—2035 年）》（征求意见稿）中提出，我国将加强新能源汽车与电网（V2G）能量互动，鼓励地方开展 V2G 示范应用。2020 年 4 月，华北电力市场首次正式将 V2G 充电桩资源纳入电力调峰辅助服务市场结算，充电桩正式从单一充电转化为双向充电模式，参与电网实时调控与调峰辅助服务。

目前，中国新能源装机容量世界第一，新能源汽车保有量世界第一，具有 V2G 车网互动的市场潜力。相信随着政策的明朗和商业模式的确立，V2G 必将成为中国未来能源生产和消费革命的重要一环。

发电侧储能的难点和支点[①]

李新钰[②]　尹海涛[③]　瞿　茜[④]

【摘要】

电化学储能作为新能源的“稳定器”，能够平抑波动，不仅可以提高新能源在当地的利用水平，也可以助力新能源跨区消纳。要充分发挥储能在电力市场的作用，需要重视以下几个方面：处理好传统电力市场和储能的关系；明确储能作为辅助服务市场主体的资格；完善辅助服务市场机制；完善储能标准，确保安全；在提升储能容量的同时降低成本。

2020 年 8 月 27 日，国家发改委、国家能源局发布《关于公开征求对〈国家发展改革委　国家能源局关于开展“风光水火储一体化”“源网荷储一体化”的指导意见（征求意见稿）〉意见的公告》。征求意见稿指出，“风光水火储一体化”侧重于电源基地开发，结合当地资源条件和能源特点，因地制宜采取风能、太阳能、水能、煤炭等多能源品种发电互相补充，并适度增加一定比例储能，统筹各类电源的规划、设计、建设、运营，积极探索“风光储一体化”，因地制宜开展“风光水储一体化”，稳妥推进“风光火储一体化”。

---

① 原文发表于《能源评论》2020 年 9 月。

② 上海交通大学安泰经济与管理学院研究生。

③ 上海交通大学安泰经济与管理学院副院长、上海交通大学安泰经济与管理学院教授、上海交通大学行业研究院新能源发电与储能行研团队负责人。

④ 上海交通大学安泰经济与管理学院副教授、上海交通大学行业研究院新能源发电与储能行研团队成员。

向新能源转型不仅是世界各国的能源发展趋势，更是我国的既定国策。2015 年，习近平主席在气候变化巴黎大会开幕式上庄严承诺，到 2030 年中国非化石能源占一次能源消费比重达到 20%左右。根据国家发改委能源研究所发布的《中国可再生能源发展路线图 2050》，到 2050 年，太阳能发电量将达到 21 000 亿千瓦时，也就是说，光伏发电量要在 2018 年的基础上提高近 11 倍。要实现这个目标，储能将是绕不开的话题。

一、两类储能各不同

发电侧储能并不是因为新能源发展而出现的新事物，而是各种类型的发电厂用来促进电力系统安全平稳运行的配套设施。从累计装机容量来看，目前抽水蓄能方式份额最大，但电化学储能因为其响应速度快、布点灵活等优点，代表着未来的发展方向。根据中关村储能联盟数据，2019 年 5 月至 2020 年 7 月，全球新增发电侧电化学储能项目 113 个，中国新增发电侧电化学储能项目 59 个。目前，电化学储能已经成为发电侧储能应用领域的重要方式。

当前我国发电侧储能从用途上看主要有两类。

第一类是火电配储能。主要是保障发电厂具有一定的调频调峰能力，提高火电机组的运行效率和电网稳定性。同时，在能源结构转型过程中深度挖掘火电的改造空间，拓宽火电的盈利方式。火电配电化学储能在我国已有广泛应用，山西、广东、河北都有发电侧火储联合调频项目。

第二类是新能源配储能。相比火电，风电和光伏的间歇性和波动性很大，为保证电力系统的整体平衡，往往造成部分地区“弃风弃光”的现象。2019 年，在新能源发电集中的西北地区，弃风率和弃光率仍然很高。例如，新疆的弃风率和弃光率分别是 14% 和 7.4%。电化学储能作为新能源的“稳定器”，能够平抑波动，不仅可以提高能源在当地的消纳能力，也可以辅助新能源的异地消纳。

二、当下面临五大难点

尽管电化学储能在发电侧已经有很多示范项目，但在应用方面仍然有许多困难需要克服。在政策和运营层面，主要面临以下几方面的挑战：

一是传统电力市场给储能留下的空间不大。发电侧储能的收益直接来源于电力市场，因此，电力市场的总体运行状况对储能的发展有着直接影响。

根据国家能源局的数据，截至2020年1月，我国电力装机总量在20亿千瓦左右，2020年1~6月全国总用电量为33 547亿千瓦时。这说明我国存在电力生产过剩的情况。同时，我国还不断有用于调峰的火电（燃气机组）、新能源机组上马，装机总量不断上升，导致储能的作用难以体现。

相比欧美国家，我国的电力设施很多是近些年修建的，基础设施更为“坚强”，具有相当的容纳能力。这就使得电网对储能所提供的辅助服务没有强烈需求。在美国，由于新建电厂的审批控制以及电网的老化，电力公司急需储能来平抑波动和满足扩容需求，在此基础上形成了对储能的大量需求。

二是储能作为辅助服务市场主体的资格不明确。储能的价值主要体现在它提供的辅助服务上，因此，辅助服务市场的规制对储能的收益有着决定作用。在发电侧，电化学储能是作为发电厂机组的辅助设备运行的。作为机组的附属设备，电化学储能没有辅助服务市场独立的经营资格，由此导致电化学储能的收益具有很高的不确定性。很多发电侧的发电和储能是分开管理的，当政策变化时，由于储能运营商不具有主体地位，可能没有多少谈判的能力，导致收益可能会进一步降低。

因此，发电侧储能的主体地位是个亟待解决的问题。目前，某些地区已经开始了这方面的尝试。例如，福建晋江的独立储能电站就拿到了“发电业务许可证”，以此为切入点让独立的发电侧储能进入电力市场。但即使如此，储能在市场中的身份和交易机制也不够健全。

根据2020年6月国家能源局福建监管办公室发布的《福建省电力调峰辅助服务交易规则（试行）（2020年修订版）》，独立储能电站的充电可以“采取目录峰谷电价或者直接参与调峰交易购买低谷电量”，放电时则“作为分布式电源就近向电网出售，价格按有关规定执行”。这就导致在调峰方面，储能的调峰收益更多是由计划和磋商决定的，充放电价的不明确给储能的收益带来很大的不确定性。即使在青海、湖北这些将电储能交易纳入调峰市场的省份，也只规定了储能电站充电时的交易机制，关于放电依然是“按照相关规定执行”。

除了以上困难之外，由于储能在调频方面具有极好的性能，因此，储能的主体资格还面临着来自辅助服务市场内部成员的阻力。

三是辅助服务市场机制不完善。由于储能本身并不创造电能，因此，储能的收益只能来自提供辅助服务的收费，而我国的辅助服务市场机制尚无法满足储能商业化运行的要求。

我国目前的辅助服务市场机制要求发电侧“既出钱又出力”，也就是要求并网发电企业必须提供辅助服务，同时辅助服务补偿费用要在发电企业中分摊。通过从这些企业中收取一部分资金，加上一部分补贴，形成一个资金池。调度中心根据各辅助服务主体的绩效打分，来决定发电企业能从这个资金池中收回多少份额。

以 2019 上半年为例，我国电力辅助服务总费用共 130.31 亿元，占上网电费总额的 1.47%。其中，发电机组分摊费用合计 114.29 亿元，占 87.71%。如此制度设计就决定了辅助服务市场基本是一个“零和博弈”，辅助服务的价值并没有得到很好的体现。

因此，从发电厂的角度来看，如果大家都通过配套储能来提供辅助服务，那么会出现发电厂收益并无变化而成本却提高了很多的问题，进而使发电厂缺乏安装储能设施的动力，这也是造成储能项目多是示范工程的原因。即使宏观政策支持发电侧储能的发展，这样的辅助服务机制也很难给发电侧提供正向激励。在辅助服务市场没有建立起来的情况下，储能的收入来源十分单一，很难达到商业运行的要求。

四是储能标准缺位。我国电化学储能行业近几年才初具规模，关于储能电池还没有国家层面的标准规范。在没有确定标准的情况下，储能电池的回收和梯级利用也难以有效实施。例如，部分地区在探索将退役动力电池应用于储能领域，但储能电池的要求和动力电池有很大不同，错误的梯级利用不仅会带来效率方面的问题，更严重的是存在安全隐患。而且，相关法规的缺失，可能会导致储能电池出现像铅蓄电池一样的回收乱象。

五是运营问题。储能的运营问题主要在于储能的容量和成本。现有的发电侧储能项目容量一般为 10～200 兆瓦时，多数不超过 100 兆瓦时，考虑到未来新能源装机容量越来越大，这样的储能规模显然难以充分助力新能源消纳。而现有的电化学储能可以通过技术手段轻松增加容量，当然，随之而来的安全问题也需要高度关注。

电化学储能的成本问题更是储能难以大规模投入的重要原因之一。以光伏发电为例，在西北等光伏资源丰富的地区，虽然已经可以做到平价上网，然而配套储能设施如果没有相应的激励或者补贴政策，发电成本就会大大提高。再考虑到设备的衰减和老化问题，成本的回收会更加困难。

因此，目前在没有明确且足够的政策补贴时，电化学储能难以大规模地投入使用。

三、未来需要四大支点

尽管电化学储能有以上种种限制，它的前景却是明朗的。随着我国能源转型以及电力市场改革的不断深化，电化学储能未来的定位会越来越清晰，应用的价值也会越来越得到体现。

第一，提高消纳能力。

未来新能源发电会占有越来越大的比例。与此共生的消纳市场给电化学储能带来了广阔的发展空间。一方面，新能源配储能可以帮助解决新能源在当地的消纳问题，储能能帮助风电和光电摆脱“垃圾电”的名声。更重要的是，由于我国的风、光资源主要集中在西北部，而需求负荷主要集中在沿海地区，如果未来要更多地依靠新能源，那么电力的跨地区转移就是一个必须解决的问题。这也是特高压进入我国“新基建”计划的一个原因。通过特高压，大量的新能源电力可以转移到沿海区域而中途没有过多的损失。

第二，扩大电力市场容量。

随着电力市场改革的不断深入，在价格机制的引导下，未来新电厂的建设会放缓。同时，用电需求仍然会不断上涨。考虑到电网的经济性，相比于建设新的电厂，未来更多的关注点会集中在电力系统的优化方面。例如通过合理的削峰填谷、需求响应来解决电力市场的扩容问题。

在这方面，电化学储能由于其快速的响应能力，在未来的电力容量市场中具有相当大的潜力。如果通过能源管理系统（EMS）能让储能在容量市场充分发挥其作用，那么扩容问题就能得到部分解决。

第三，促进市场价格机制形成。

本着“谁受益，谁承担”的原则，目前的辅助服务成本分配方式不尽合理。国家发展改革委、国家能源局在不久前发布的《关于做好 2020 年能源安全保障工作的指导意见》中指出：“进一步完善调峰补偿机制，加快推进电力调峰等辅助服务市场化，探索推动用户侧承担辅助服务费用的相关机制，提高调峰积极性。推动储能技术应用，鼓励电源侧、电网侧和用户侧储能应用，鼓励多元化的社会资源投资储能建设。”如此，让所有受益的市场主体都来承担辅助服务成本，辅助服务的价值才能在市场中得到较好的体现，发电侧储能将有更大的积极性在应用方面进行尝试和投入，电力用户也会根据市场价格进行需求的自我调整，从而提高电力系统的整体运行效率。

第四，对生态环境影响小。

在不同的储能方式之间，电化学储能在环境保护方面也有其优势。以抽水蓄能为例，一般需要在山地环境下建设上下水库、安装大型发电机组，电站建设运行可能会对周围的生态环境产生影响。而电化学储能在选址上没有抽水蓄能那么多的地理限制条件，且占地面积小很多。以晋江储能电站为例，总占地面积 10 887 平方米，以围墙内面积计算，全站能量密度为 42.5 千瓦时/平方米。在电化学储能应用和回收技术不断进步的情况下，预计其对于生态环境的影响会远小于抽水蓄能。

世界500强中的能源企业[①]

杨　君[②]　颜世富[③]　罗　钊[④]

【摘要】

2020年8月10日，《财富》杂志发布2020年世界500强排行榜，引发了广泛关注，揭秘了世界企业规模和发展状况，此榜最重要的依据是公司的营业收入。多年来，在众多行业中，能源矿产行业居于重要位置，表明能源矿产行业对于世界经济具有举足轻重的影响。

《财富》杂志发布了2020年世界500强排行榜，揭秘了世界企业规模和发展状况，该榜最重要的依据是公司的营业收入。多年来，在众多行业中，能源矿产行业始终居于重要位置，表明能源矿产行业对于世界经济具有举足轻重的影响。

在2020年《财富》世界500强企业中，能源行业上榜企业无论是在体量上还是数量上都占据着重要地位。从体量来看，世界500强排名前10位的企业中，能源企业占据6席，分别为：第2位的中国石油化工集团，第3位的国家电网公司，第4位的中国石油天然气集团公司，第5位的荷兰皇家壳牌石油

---

① 原文发表于上海交通大学行业研究院官方微信公众号《安泰研值》2020年7月29日。

② 上海交通大学安泰经济与管理学院2018级工商管理硕士。

③ 上海交通大学行业研究院副院长、上海交通大学行业研究院能源行研团队责任教授、上海交通大学安泰经济与管理学院博士生导师。

④ 上海交通大学安泰经济与管理学院2017级管理学硕士。

公司，第6位的沙特阿美公司，第8位的英国石油公司。尤其值得一提的是，世界500强榜单前5位中，有4家是能源企业。从数量来看，按照《财富》杂志对于行业的划分，世界500强排名前20的行业中（详见表1），炼油、采矿和原油生产、公用设施以及能源公司（详见表2）均属于广义上的能源行业，上榜企业数量加总后行业排名第一。

表1　2020年《财富》世界500强行业排名前20分布情况

排　名	行　　业	企业数量/家	占　比
1	银行：商业储蓄	50	13.51%
2	车辆与零部件	34	9.19%
3	炼油	29	7.84%
4	人寿与健康保险（股份）	26	7.03%
5	采矿、原油生产	23	6.22%
6	食品店和杂货店	19	5.14%
7	贸易	19	5.14%
8	金属产品	18	4.86%
9	财产与意外保险（股份）	17	4.59%
10	电信	16	4.32%
11	公用设施	15	4.05%
12	电子、电气设备	15	4.05%
13	航天与防务	13	3.51%
14	工程与建筑	13	3.51%
15	制药	13	3.51%
16	人寿与健康保险（互助）	11	2.97%
17	多元化金融	10	2.70%
18	能源	10	2.70%
19	专业零售	10	2.70%
20	计算机、办公设备	9	2.43%
合　　计		370	100.00%

表 2　世界 500 强能源行业名单　　（单位：百万美元）

排名	企　业　名　称	营业收入	所属国家
炼油			
2	中国石油化工集团公司（SINOPEC GROUP）	407 008.80	中国
4	中国石油天然气集团公司（CHINA NATIONAL PETROLEUM）	379 130.20	中国
5	荷兰皇家壳牌石油公司（ROYAL DUTCH SHELL）	352 106.00	荷兰
8	英国石油公司（BP）	282 616.00	英国
11	埃克森美孚（EXXON MOBIL）	264 938.00	美国
25	道达尔公司（TOTAL）	176 249.00	法国
36	雪佛龙（CHEVRON）	146 516.00	美国
48	马拉松原油公司（MARATHON PETROLEUM）	124 813.00	美国
57	卢克石油公司（LUKOIL）	114 621.20	俄罗斯
61	Phillips 66 公司（PHILLIPS 66）	109 559.00	美国
71	瓦莱罗能源公司（VALERO ENERGY）	102 729.00	美国
76	俄罗斯石油公司（ROSNEFT OIL）	96 312.70	俄罗斯
96	信实工业公司（RELIANCE INDUSTRIES）	86 269.90	印度
97	SK 集团（SK HOLDINGS）	86 163.00	韩国
113	埃尼石油公司（ENI）	79 513.20	意大利
120	巴西国家石油公司（PETROBRAS）	76 589.00	巴西
123	引能仕控股株式会社（ENEOS HOLDINGS）	75 897.00	日本
140	泰国国家石油有限公司（PTT）	71 501.60	泰国
151	印度石油公司（INDIAN OIL）	69 246.40	印度
169	Equinor 公司（EQUINOR）	64 357.00	挪威
186	马来西亚国家石油公司（PETRONAS）	58 027.00	马来西亚
236	日本出光兴产株式会社（IDEMITSU KOSAN）	48 892.00	日本
245	雷普索尔公司（REPSOL）	47 543.80	西班牙
309	巴拉特石油公司（BHARAT PETROLEUM）	40 409.80	印度
409	台湾中油股份有限公司（CPC）	30 545.90	中国
427	森科能源公司（SUNCOR ENERGY）	29 384.50	加拿大

续　表

排名	企　业　名　称	营业收入	所属国家
438	波兰国营石油公司（PKN ORLEN GROUP）	28 976. 60	波兰
447	GS 加德士（GS CALTEX）	28 541. 30	韩国
483	奥地利石油天然气集团（OMV GROUP）	26 258. 90	奥地利
采矿、原油生产			
6	沙特阿美公司（SAUDI ARAMCO）	329 784. 40	沙特阿拉伯
17	嘉能可（GLENCORE）	215 111. 00	瑞士
64	中国海洋石油总公司（CHINA NATIONAL OFFSHORE OIL）	108 686. 80	中国
108	国家能源投资集团（CHINA ENERGY INVESTMENT）	80 498. 00	中国
133	墨西哥石油公司（PEMEX）	72 820. 40	墨西哥
190	印度石油天然气公司（OIL & NATURAL GAS）	57 170. 70	印度
212	山东能源集团有限公司（SHANDONG ENERGY GROUP）	51 892. 50	中国
261	必和必拓集团（BHP GROUP）	45 139. 00	澳大利亚
265	陕西延长石油（集团）公司（SHAANXI YANCHANG PETROLEUM（GROUP））	44 564. 40	中国
273	陕西煤业化工集团（SHAANXI COAL & CHEMICAL INDUSTRY）	43 797. 80	中国
280	力拓集团（RIO TINTO GROUP）	43 165. 00	英国
295	兖矿集团（YANKUANG GROUP）	41 323. 40	中国
333	巴西淡水河谷公司（VALE）	37 570. 00	巴西
348	康菲石油公司（CONOCOPHILLIPS）	36 670. 00	美国
406	冀中能源集团（JIZHONG ENERGY GROUP）	30 666. 10	中国
419	英美资源集团（ANGLO AMERICAN）	29 870. 00	英国
463	大同煤矿集团有限责任公司（DATONG COAL MINE GROUP）	27 556. 60	中国
485	山西焦煤集团有限责任公司（SHANXI COKING COAL GROUP）	26 178. 90	中国
486	河南能源化工集团（HENAN ENERGY & CHEMICAL）	26 162. 50	中国

续　表

排名	企　业　名　称	营业收入	所属国家
489	潞安集团（SHANXI LUAN MINING GROUP）	26 077.60	中国
496	中国中煤能源集团有限公司（CHINA NATIONAL COAL GROUP）	25 846.40	中国
499	山西阳泉煤业（集团）有限责任公司（YANGQUAN COAL INDUSTRY GROUP）	25 490.80	中国
500	山西晋城无烟煤矿业集团（SHANXI JINCHENG ANTHRACITE COAL MINING GROUP）	25 385.60	中国
公用设施			
3	国家电网公司（STATE GRID）	383 906.00	中国
87	意大利国家电力公司（ENEL）	89 906.60	意大利
105	中国南方电网有限责任公司（CHINA SOUTHERN POWER GRID）	81 978.10	中国
110	法国电力公司（ELECTRICITÉ DE FRANCE）	80 277.60	法国
188	东京电力公司（TOKYO ELECTRIC POWER）	57 407.00	日本
227	韩国电力公司（KOREA ELECTRIC POWER）	50 256.70	韩国
303	Iberdrola 公司（IBERDROLA）	40 783.40	西班牙
364	Exelon 公司（EXELON）	34 438.00	美国
370	中国华电集团公司（CHINA HUADIAN）	33 808.40	中国
412	法国威立雅环境集团（VEOLIA ENVIRONNEMENT）	30 431.20	法国
420	CFE 公司（CFE）	29 868.80	墨西哥
428	关西电力（KANSAI ELECTRIC POWER）	29 288.00	日本
440	英国森特理克集团（CENTRICA）	28 933.70	英国
454	日本中部电力（CHUBU ELECTRIC POWER）	28 199.80	日本
492	西班牙能源集团（NATURGY ENERGY GROUP）	25 991.40	西班牙
能源			
55	俄罗斯天然气工业股份公司（GAZPROM）	118 009.10	俄罗斯
131	Uniper 公司（UNIPER）	73 651.60	德国
159	Engie 集团（ENGIE）	67 220.40	法国
255	意昂集团（E. ON）	46 861.10	德国

续 表

排名	企 业 名 称	营业收入	所属国家
266	中国华能集团公司（CHINA HUANENG GROUP）	44 501.90	中国
316	国家电力投资集团公司（STATE POWER INVESTMENT）	39 406.80	中国
345	全球燃料服务公司（WORLD FUEL SERVICES）	36 819.00	美国
465	中国大唐集团公司（CHINA DATANG）	27 464.00	中国
471	KOÇ 集团（KOÇ HOLDING）	27 052.80	土耳其
493	中国核工业集团有限公司（CHINA NATIONAL NUCLEAR）	25 974.90	中国

我们按照能源行业分类方式对《财富》世界 500 强行业子榜单中的企业进行重新归类，划分为煤炭、油气、电力以及矿石企业等，并针对煤炭行业、油气行业、电力行业进行分析。

一、煤炭行业：上榜企业都来自中国

得益于资源的巨大优势以及行业整合措施，2020 年《财富》世界 500 强中煤炭行业上榜的 12 家企业（详见表 3）均为中国企业，相比 2019 年 11 家上榜企业，中国中煤能源集团有限公司首次上榜。煤炭行业虽然整体保持强劲势头，但是整体排名呈现下滑趋势，只有陕西煤业化工集团、兖矿集团、大同煤矿集团有限责任公司（下称“同煤集团”）、中国中煤能源集团有限公司排名有所提升，其他 8 家企业均有所下降。国家能源投资集团是由中国国电集团公司和神华集团有限责任公司两家世界 500 强企业合并重组而成，2020 年以 804.98 亿美元的营业收入保持煤炭行业领头羊地位。煤炭企业受到资源分布的限制，山西以其独特的地理和资源优势成为我国煤炭工业基地，省内五大煤炭企业均榜上有名，分别为同煤集团、山西焦煤集团有限责任公司、潞安集团、山西阳泉煤业（集团）有限责任公司、山西晋城无烟煤矿业集团（下称“晋煤集团”），其中晋煤集团排名世界第 500 位，处于较为危险的位置。山东有两家企业上榜，分别为山东能源集团有限公司、兖矿集团，河南、河北各有一家企业上榜，分别为河南能源化工集团和冀中能源集团，其中兖矿集团名次提升 23 名，成为煤炭行业中排名上升最多的企业。

表 3　《财富》世界 500 强上榜煤炭企业　　(单位：百万美元)

排名	公　司　名　称	营业收入	总部
108	国家能源投资集团	80 498. 00	北京
212	山东能源集团有限公司	51 892. 50	济南
273	陕西煤业化工集团	43 797. 80	西安
295	兖矿集团	41 323. 40	邹城
406	冀中能源集团	30 666. 10	邢台
463	大同煤矿集团有限责任公司	27 556. 60	大同
485	山西焦煤集团有限责任公司	26 178. 90	太原
486	河南能源化工集团	26 162. 50	郑州
489	潞安集团	26 077. 60	长治
496	中国中煤能源集团有限公司	25 846. 40	北京
499	山西阳泉煤业（集团）有限责任公司	25 490. 80	阳泉
500	山西晋城无烟煤矿业集团	25 385. 60	晋城

二、油气行业：表现突出

在能源家族中，油气资源绝对占据“老大”地位，在 2020 年《财富》世界 500 强榜单中，油气公司表现十分亮眼，上榜能源企业共 77 家，其中 38 家企业属于油气行业（详见表 4）。但从排名变化来看，油气企业整体呈现下滑趋势，仅有马拉松原油公司、俄罗斯石油公司、信实工业公司以及日本出光兴产株式会社 4 家公司排名提升，中国石油化工集团公司、中国石油天然气集团公司以及沙特阿美公司保持不变，其他公司排名均有所下降。榜单前十的企业中有 5 家是油气企业，其中沙特阿美以 882 亿美元（2019 年：1 109. 07 亿美元）的利润位居盈利能力榜首。从国家分布来看，上榜企业来自 21 个国家，其中美国有 7 家油气企业上榜，位居第一；中国 5 家，排名第二；印度 4 家，排名第三（详见图 1）。

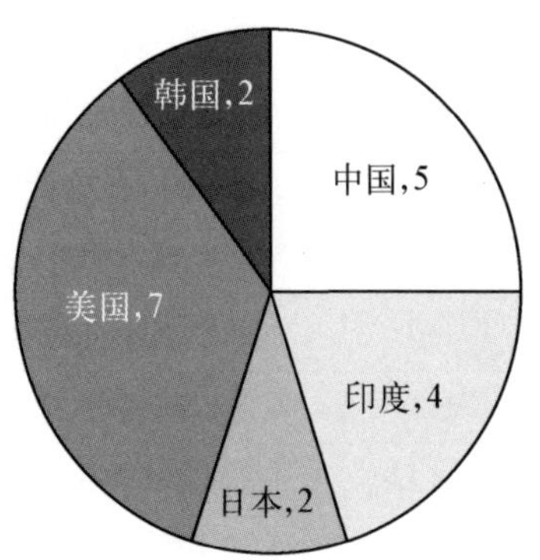

图 1　上榜油气企业国家分布（展示多于 1 个企业的国家）

表4　《财富》世界500强上榜油气企业　　（单位：百万美元）

排名	公　司　名　称	营业收入	国　家
2	中国石油化工集团公司	407 008.80	中国
4	中国石油天然气集团公司	379 130.20	中国
5	荷兰皇家壳牌石油公司	352 106.00	荷兰
6	沙特阿美公司	329 784.40	沙特阿拉伯
8	英国石油公司	282 616.00	英国
11	埃克森美孚	264 938.00	美国
17	嘉能可	215 111.00	瑞士
25	道达尔公司	176 249.00	法国
36	雪佛龙	146 516.00	美国
48	马拉松原油公司	124 813.00	美国
55	俄罗斯天然气工业股份公司	118 009.10	俄罗斯
57	卢克石油公司	114 621.20	俄罗斯
61	Phillips 66公司	109 559.00	美国
64	中国海洋石油总公司	108 686.80	中国
71	瓦莱罗能源公司	102 729.00	美国
76	俄罗斯石油公司	96 312.70	俄罗斯
96	信实工业公司	86 269.90	印度
97	SK集团	86 163.00	韩国
113	埃尼石油公司	79 513.20	意大利
120	巴西国家石油公司	76 589.00	巴西
123	引能仕控股株式会社	75 897.00	日本
133	墨西哥石油公司	72 820.40	墨西哥
140	泰国国家石油有限公司	71 501.60	泰国
151	印度石油公司	69 246.40	印度
169	Equinor公司	64 357.00	挪威
186	马来西亚国家石油公司	58 027.00	马来西亚
190	印度石油天然气公司	57 170.70	印度
236	日本出光兴产株式会社	48 892.00	日本

续 表

排名	公　司　名　称	营业收入	国　家
245	雷普索尔公司	47 543. 80	西班牙
265	陕西延长石油（集团）公司	44 564. 40	中国
309	巴拉特石油公司	40 409. 80	印度
345	全球燃料服务公司	36 819. 00	美国
348	康菲石油公司	36 670. 00	美国
409	台湾中油股份有限公司	30 545. 90	中国
427	森科能源公司	29 384. 50	加拿大
438	波兰国营石油公司	28 976. 60	波兰
447	GS 加德士	28 541. 30	韩国
483	奥地利石油天然气集团	26 258. 90	奥地利

三、电力行业：国家电网位列前三

2020 年《财富》世界 500 强中共有 19 家电力企业上榜，其中，国家电网公司以 3 839. 06 亿美元的营业收入位列榜单前三（见表 5）。国家电网公司曾经连续 3 年位列世界 500 强第二，受降电价政策影响，2019 年排名第四，2020 年排名第三。从排名升降情况来看，有 8 家企业排名上升，占比 42. 1%，其中上升最多的是意昂集团，上升 93 位，2019 年排名下降 93 位后重回原先排名；有 10 家企业排名下降，占比 52. 6%，下降最多的是英国森特理克集团，下降 129 位；法国电力公司排名没有变化。从国家分布来看，上榜企业来自 10 个国家（详见图 2），中国上榜企业最多（6 家），占比 31. 58%，日本有 3 家企业上榜，德国、法国均有 2 家企业上榜，可见中国电力企业发展在体量上超越其他国家。从营收情况来看，国家电网公司一家独大，是榜单第二名意大利国家电力公

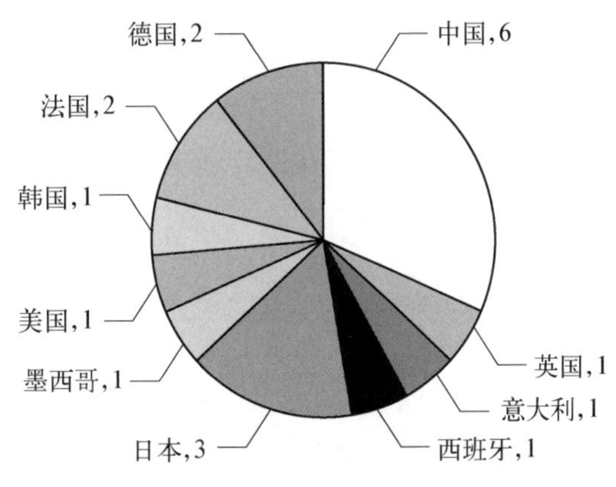

图 2　上榜电力企业国家分布

司营收的4.27倍，在电力企业中遥遥领先。

表5 《财富》世界500强上榜电力企业 （单位：百万美元）

排名	公　司　名　称	营业收入	国家
3	国家电网公司（STATE GRID）	383 906.00	中国
87	意大利国家电力公司（ENEL）	89 906.60	意大利
105	中国南方电网有限责任公司（CHINA SOUTHERN POWER GRID）	81 978.10	中国
110	法国电力公司（ELECTRICITÉ DE FRANCE）	80 277.60	法国
188	东京电力公司（TOKYO ELECTRIC POWER）	57 407.00	日本
227	韩国电力公司（KOREA ELECTRIC POWER）	50 256.70	韩国
303	Iberdrola公司（IBERDROLA）	40 783.40	西班牙
364	Exelon公司（EXELON）	34 438.00	美国
370	中国华电集团公司（CHINA HUADIAN）	33 808.40	中国
420	CFE公司（CFE）	29 868.80	墨西哥
428	关西电力（KANSAI ELECTRIC POWER）	29 288.00	日本
440	英国森特理克集团（CENTRICA）	28 933.70	英国
454	日本中部电力（CHUBU ELECTRIC POWER）	28 199.80	日本
131	Uniper公司（UNIPER）	73 651.60	德国
159	Engie集团（ENGIE）	67 220.40	法国
255	意昂集团（E. ON）	46 861.10	德国
266	中国华能集团公司（CHINA HUANENG GROUP）	44 501.90	中国
316	国家电力投资集团公司（STATE POWER INVESTMENT）	39 406.80	中国
465	中国大唐集团公司（CHINA DATANG）	27 464.00	中国

四、中国能源企业：在世界能源体系和中国经济体系中扮演重要角色

总体而言，我国上榜2020年《财富》世界500强榜单的能源企业多达23家（详见表6），占据全球上榜能源企业数量（77家）的29.9%，这个数据极大程度上说明了我国能源企业在全球举足轻重的地位。本次我国上榜的企业（包括香港和台湾）总数为133家，能源企业在其中占比高达17.3%，这个数据说明了能源企业在我国经济体中扮演重要角色。从细分行业来看，我国上榜的煤炭、油气、电力企业分别占我国上榜企业总数的9.0%、4.5%、3.8%。

表 6 《财富》世界 500 强上榜中国能源企业 （单位：百万美元）

排名	名　　称	营业收入
煤炭行业（占上榜中国企业 9.0%）		
108	国家能源投资集团（CHINA ENERGY INVESTMENT）	80 498.00
212	山东能源集团有限公司（SHANDONG ENERGY GROUP）	51 892.50
273	陕西煤业化工集团（SHAANXI COAL & CHEMICAL INDUSTRY）	43 797.80
295	兖矿集团（YANKUANG GROUP）	41 323.40
406	冀中能源集团（JIZHONG ENERGY GROUP）	30 666.10
463	大同煤矿集团有限责任公司（DATONG COAL MINE GROUP）	27 556.60
485	山西焦煤集团有限责任公司（SHANXI COKING COAL GROUP）	26 178.90
486	河南能源化工集团（HENAN ENERGY & CHEMICAL）	26 162.50
489	潞安集团（SHANXI LUAN MINING GROUP）	26 077.60
496	中国中煤能源集团有限公司（CHINA NATIONAL COAL GROUP）	25 846.40
499	山西阳泉煤业（集团）有限责任公司（YANGQUAN COAL INDUSTRY GROUP）	25 490.80
500	山西晋城无烟煤矿业集团（SHANXI JINCHENG ANTHRACITE COAL MINING GROUP）	25 385.60
电力行业（占上榜中国企业 4.5%）		
3	国家电网公司（STATE GRID）	383 906.00
105	中国南方电网有限责任公司（CHINA SOUTHERN POWER GRID）	81 978.10
266	中国华能集团公司（CHINA HUANENG GROUP）	44 501.90
316	国家电力投资集团公司（STATE POWER INVESTMENT）	39 406.80
370	中国华电集团公司（CHINA HUADIAN）	33 808.40
465	中国大唐集团公司（CHINA DATANG）	27 464.00
油气行业（占上榜中国企业 3.8%）		
2	中国石油化工集团公司（SINOPEC GROUP）	407 008.80
4	中国石油天然气集团公司（CHINA NATIONAL PETROLEUM）	379 130.20
64	中国海洋石油总公司（CHINA NATIONAL OFFSHORE OIL）	108 686.80
265	陕西延长石油（集团）公司（SHAANXI YANCHANG PETROLEUM (GROUP)）	44 564.40
409	台湾中油股份有限公司（CPC）	30 545.90

五、从国家视角分析榜单中的能源企业

在世界500强榜单中，通过整理上榜企业总数以及能源企业上榜数量得到表7。

表7　500强榜单企业总数和能源企业数量关系

国　　家	上榜企业总数	上榜能源企业	占　　比
奥地利	1	1	100.00%
波兰	1	1	100.00%
马来西亚	1	1	100.00%
挪威	1	1	100.00%
沙特阿拉伯	1	1	100.00%
泰国	1	1	100.00%
土耳其	1	1	100.00%
俄罗斯	4	3	75.00%
印度	7	4	57.14%
墨西哥	4	2	50.00%
西班牙	9	3	33.33%
意大利	6	2	33.33%
巴西	7	2	28.57%
韩国	14	3	21.43%
澳大利亚	5	1	20.00%
英国	21	4	19.05%
中国	133	24	18.05%
法国	31	4	12.90%
日本	53	5	9.43%
荷兰	12	1	8.33%
加拿大	13	1	7.69%
德国	27	2	7.41%
瑞士	14	1	7.14%

续 表

国　　家	上榜企业总数	上榜能源企业	占　　比
美国	121	8	6.61%
爱尔兰	4	0	0.00%
比利时	1	0	0.00%
丹麦	1	0	0.00%
芬兰	1	0	0.00%
卢森堡	1	0	0.00%
瑞典	1	0	0.00%
新加坡	2	0	0.00%
英国/荷兰	1	0	0.00%

美国和中国是世界排名前二的经济体，在榜单中表现为中国和美国的上榜企业数量最多，同时能源企业数量也最多，尤其是中国有 23 家企业上榜，占据全球上榜能源企业数量（77 家）的 29.9%，占据中国上榜企业数量（133 家）的 18.05%，可见中国的能源企业不仅对世界能源体系有重要影响，在中国经济发展中同样占据重要位置。美国上榜的 8 家能源企业分别为埃克森美孚、雪佛龙、马拉松原油公司、Phillips 66 公司、瓦莱罗能源公司、康菲石油公司、Exelon 公司、全球燃料服务公司，其中，埃克森美孚是世界上最大的非政府石油天然气生产商，近 10 年 500 强排名除 2020 年（排名十一）外均在榜单前十，最好排名达到世界第二。

奥地利、波兰、马来西亚、挪威、沙特阿拉伯、泰国和土耳其 7 个国家只有 1 家企业上榜世界 500 强，且这 1 家公司属于能源行业。这 7 个国家在上榜国家中，GDP 排名处于中下游水平，整体处于 15~30 名，榜单上表现为上榜企业数量少，由于能源企业的独特性，其规模和体量都是其他行业不能比拟的，所以具有资源禀赋的国家最先闯入榜单的企业一般为能源企业，可见能源企业与国家经济发展息息相关。

俄罗斯和印度上榜能源企业占企业总量均超过 50%，其中，俄罗斯具有丰富的自然资源，是世界最大的能源出口国之一；印度是世界人口第二大国、第五大经济体，是能源消费大国和世界能源消费增长最快的国家，榜单上表现为能源企业占据半壁江山。由此可见，能源企业不仅是国家经济发展的重要组成部分，同时也是经济发展的不竭推动力。

能源是世界发展的动力。从世界 500 强中能源企业所占比例来看，能源行业应该受到足够的重视，我们应该投入大量人力物力，在理论上对于能源行业的发展历史、发展现状、存在问题、行业政策进行深入研究，为能源行业的可持续发展提供智慧和帮助，让能源行业更好地推动世界进步和人类发展。

供应链

神奇算法在哪里[①]

张大力[②]

【摘要】

本文以某电商仓配企业在分拣设备开发过程中面对的储位分配问题为背景，介绍了电商管理实际问题中对于智能算法设计的需求，讨论了如何通过线上订单分析优化问题的结构，进而提升智能算法的运行效率。

“1 分钟的时间能做什么事情呢？读 150 个字，跳绳 120 下，发一下呆……对于物流企业的一间仓库来说，1 分钟可以发出 1 200 个包裹，也可以分拣 6 250 件商品。没错，就是这个速度！”2021 年 3 月 12 日的《央视新闻》栏目报道了最近上海发网供应链管理公司研发的电商仓库自动分拣系统。这套分拣系统是如何高效率地代替人工的，相信大家都已经从众多的媒体报道中知道了，每一套高效的物流设备背后都有一个神奇的算法！我们行研院智能物流团队作为这一神奇算法的研究者，当然需要回答“神奇算法在哪里？”

想要知道神奇算法在哪里，我们得先知道所面对的问题在数学世界里是什么样的。而这套分拣系统的关键在于如何选择 SKU（库存量单位）放入线边[③]工站，“有 N 个订单，组成这些订单的是 K 个 SKU，应该选中哪 Q（小于 K）个 SKU 放入分拣线工站？”目标当然是 N 个订单中能在线边分拣得越多越好。

---

① 原文发表于上海交通大学行业研究院官方微信公众号《安泰研值》2021 年 5 月 6 日。

② 上海交通大学中美物流研究院副研究员、上海交通大学行业研究院智能物流行研团队负责人。

③ 线边指生产线、流水线的边上。

我们智能物流团队走出的第一步是选择一种最简单的分拣线型，即单线—单工站的情形（见图 1）：

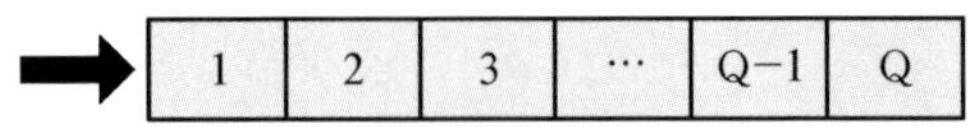

图 1　最简单的分拣线型

而它类似于 0—1 装箱问题，在数学世界里是这个样子的：

$$\max \sum_{k \in O} f_k z_k$$

$$s.t. \quad \sum_{i \in I} x_i = Q$$

$$z_k - (1 - \theta_{ki}) \leqslant x_i, \qquad \forall k \in O, \ i \in I$$

$$0 \leqslant z_k \leqslant 1 \qquad \forall k \in O$$

$$x_i \in \{0, 1\} \qquad i \in I$$

这里 x_i表示 SKU 是否被放入工站，只能取值 0 或者 1。当你为由这个 0—1 变量而产生的求解难度惴惴不安的时候，不用担心，我们通过对它的拉格朗日松弛问题求对偶，让一个只有连续决策变量的线性规划问题代替了它。在这个新问题中，其他都没有变，只是 x_i可以取 0 和 1 之间的任何值了。

针对这个问题，确定了问题的决策变量、优化目标、约束条件，建立了优化模型，并应用了经典的拉格朗日松弛算法进行求解，经过严密的证明推理，发现了拉格朗日松弛子对偶问题的对偶即为原混合整数规划模型的线性松弛模型。单纯借助拉格朗日松弛算法，在不需要借助商用求解器的情况下，对于订单数有 3 万的大订单集合，可以达到 85%的拣选率，且完成时间在 3 分钟之内。

在 3 分钟内知道 10 万订单如何分解！当你为上面的结果欢欣鼓舞的时候，其实你还没有面临发网的困境，但从表 1 中可以看出，随着订单量的增加，已

表 1　订单装箱问题的规模与最优解性质

问题规模	0—1 问题的最优值	0—1 问题求解时间	松弛问题的上界	替代问题求解时间
1 万量级	17 227	3. 66 秒	17 243	1. 57 秒
5 万量级	26 636	185. 72 秒	26 831	77. 89 秒
10 万量级	31 051	741. 78 秒	31 380	170. 25 秒

有算法的求解时间将呈现出指数型的增长。真实世界里的怪兽比你想象中的要庞大，发网的分拣线可不止一条线路、一个工站。我们面对的问题是这样的（见图 2）：

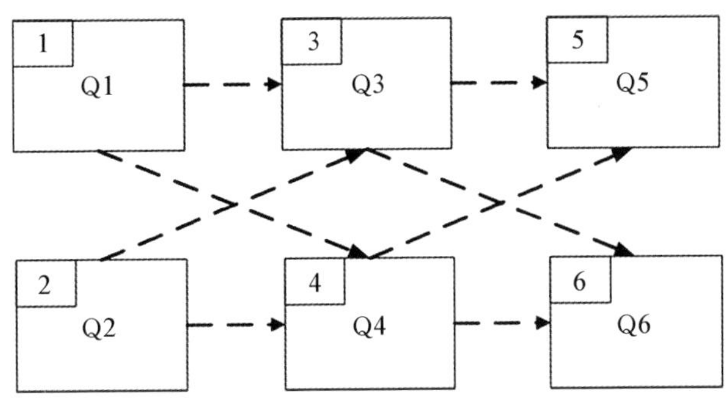

图 2　发网的分拣线

如图 2 所示，这里有 6 个工站，拣选订单的货框除了在面对面的工站无法传递之外，可以从第一列从左到右流通到最后一列。这样我们又得回答上面那个问题："有 N 个订单，组成这些订单的是 K 个 SKU，应该选中哪 Q（小于 K）个 SKU 放入分拣线工站？"不过现在是"应该选中哪 Q_i 个 SKU 放入第 i 个工站？"

小小一变，让我们对问题的回答超级困难，课本上的方法相继败北。若继续用拉格朗日松弛算法，结果发现算法始终无法收敛，上下界更新得像蜗牛一样慢；Benders 分解算法收敛更加缓慢。"神奇算法在哪里？"一张张订单给了我们一点灵感，每一张订单都是有父母姊妹的（见图 3）。

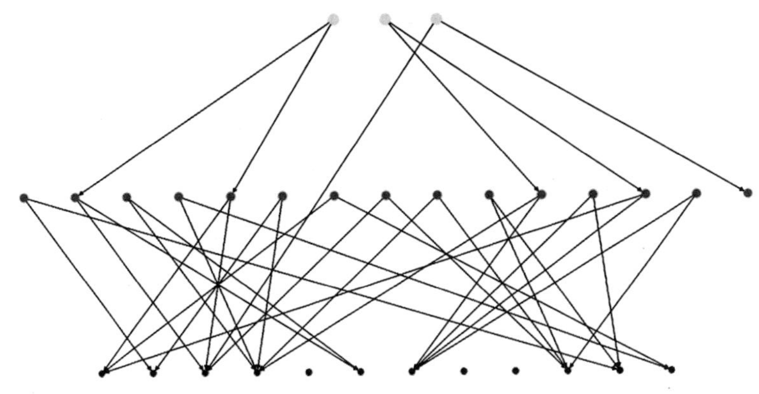
图 3　订单家谱

这是一张订单们的家谱，深灰色订单如果被满足，箭头所指的浅灰色订单就会被满足。“若订单 k 中的 SKU 集合是订单 p 中的 SKU 集合的父集合，则若订单 p 无法被拣选，那么订单 k 也不能被拣选”，这样我们就有了新的算法来解决问题——从这个谱系的结构中找到关键的订单，转化成相应的有效不等式（cut）添加进算法进行求解。添加的原理如图 4 所示。

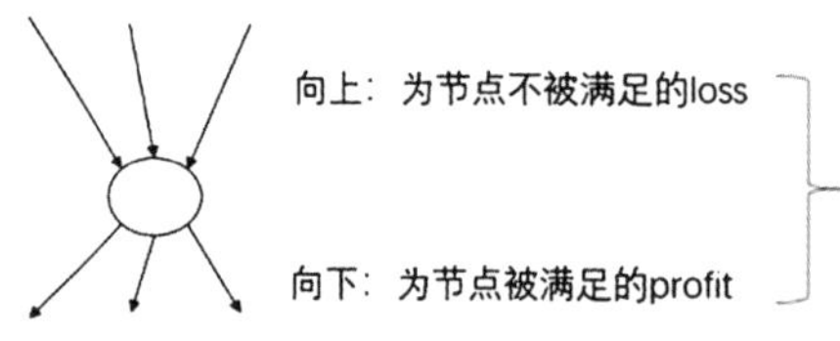

- 节点的value = profit/(loss * 节点包含的SKU个数)
- 其中，若不除以SKU的个数，则在同一链条中，节点的value是按照SKU个数的减少而减少的。

添加cut的两种方式：初始化选择的节点数量Max Node

1. 选择value值最小的前Max Node个节点：添加从此节点向上的边对应的order cut
2. 选择value值最大的前Max Node个节点：添加从此节点向下的边对应的order cut

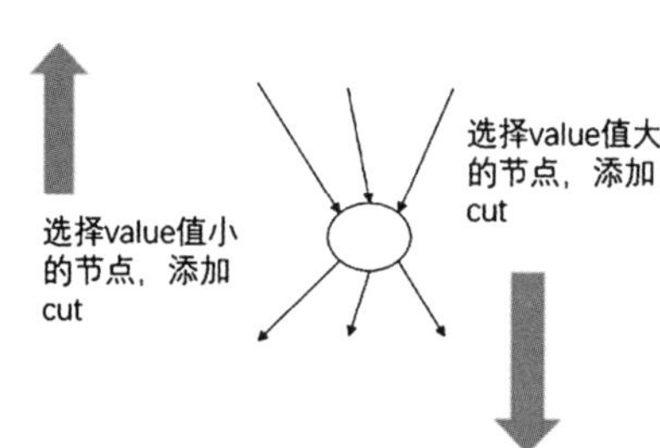

图 4　添加的原理

当我们将这些有效不等式药水添加进算法后，在相同的求解时间内，有效提升了订单拣选数量（见图 5）。

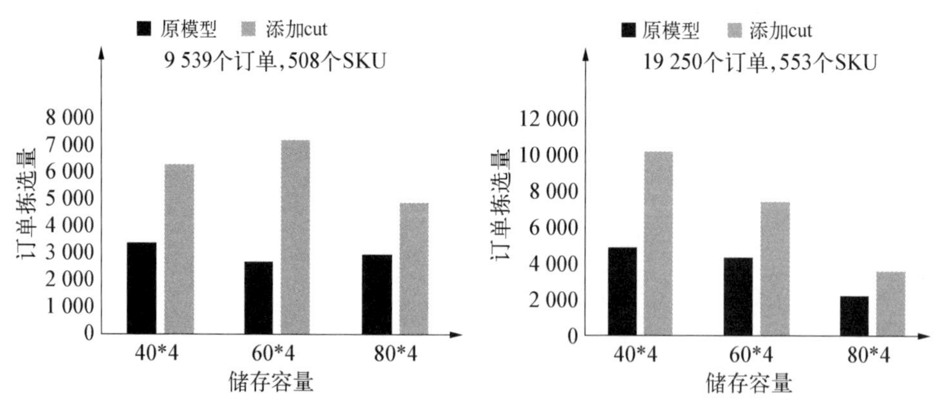

图 5　添加有效不等式后的订单拣选量变化图

在数值实验的过程中，虽然添加有效不等式的效果较好，但是对于部分超大的订单集合，例如 11 万的订单集合，直接使用求解器求解是无法在发网给定的时间窗内给出可行的布局方案的，需要更进一步改进算法。这时我们想到了前面利用的 SKU domination cuts，SKU 之间的 domination 关系一定程度上反映了各 SKU 的价值，基于这个发现进一步设计了基于 SKU 价值分析的贪心启发式算法。此启发式算法在设计时不仅考虑了 SKU 的价值信息，还充分考虑了拣选区的布局结构。设计的构造式启发式算法不但可以有效求解储位分配问题，还可以解决储位分配过程中的负载均衡问题，同时指导日常的储位调整。

"神奇算法已经找到了吗?" 远远没有！第一，就算是加入了这些药水，算法还没有我们期望得快；第二，发网新的问题又来了——如何在最大化订单拣选量的同时，让每个工站干的活尽量一样多?

问题虽然还没有完全被我们解决，但相信大家都已经知道问题的答案了！"神奇算法在哪里?"——神奇算法就在实际问题的结构里。行研院智能物流团队在为发网设计这一储位分配算法的过程中，也是经历了课本中一个一个算法使用无效的绝望后，才隐约看到了神奇算法的影子！

当然，如果你能和这些创造出算法世界中各类问题的人们站在一起就更棒了，我们有幸成为这样的算法研究者，和上海发网共同建立的联合研究中心也让我们能够把培养出的算法配置在这一条条的分拣线上。

从供求关系看疫情下逆势而行的国际航运业[①]

杨东明[②]　赵一飞[③]

【摘要】

本文认为尽管由于新冠肺炎疫情的不断发酵导致全球贸易迅速下滑，但是国际航运业的市场表现却出乎很多人的意料，其体现在不同货种的航运市场尽管不完全一致，却也充分显示出各个分市场的结构性差异。集装箱海运市场因为班轮公司更有话语权，因而表现最为积极；油轮市场由于贸易商更有话语权，因而受油价波动影响更大；干散货市场则由于更趋于完全竞争市场，所以表现低迷。离开了供求关系，单纯地讨论供应链稳定是没有意义的。

截至格林尼治时间 2020 年 8 月 10 日 0 点，Worldometer 网站显示，全球新冠肺炎确诊人数突破 2 000 万，死亡人数达到 73. 3 万。从新年伊始爆发的疫情仍在全球肆虐，并以每天新增约 20 万确诊人数、约 5 000 死亡人数的速率发展。这场公共卫生事件对全球经济和贸易造成的深远影响同样令众多权威机构始料未及。2020 年 6 月 20 日，国际货币基金组织修改其预测，认为全球经济和国际贸易在 2020 年的增长率将分别为-4. 9%和-11. 9%，相比 4 月的预期又下调了 1. 9%和 0. 9%。

---

① 原文发表于上海交通大学行业研究院官方微信公众号《安泰研值》2020 年 8 月 20 日。

② 上海交通大学董浩云航运与物流研究院高级经济师、东京大学国际合作学博士、日本海运经济学会和日本物流学会会员。

③ 上海交通大学行业研究院航运业行研团队负责人、上海交通大学中美物流研究院副教授。

作为世界贸易的后端承接产业，国际航运业在疫情发生的初期出现了短暂的下跌甚至混乱，但随着航运企业采取措施积极应对和中国经济率先复苏，国际航运业在本次疫情中的表现出乎许多专业机构的预料。

一、新冠肺炎疫情深刻影响航运市场

世界卫生组织（WHO）紧急委员会于日内瓦时间 2020 年 1 月 30 日召开会议，认定中国武汉发生的新冠肺炎疫情构成国际关注的公共卫生事件（PHEIC）。全球航运业立即做出反应。1 月 31 日，波罗的海好望角型船运价指数（BCI）应声跌至负 20 点，出现了自其建立以后的首次负值（见图 1），导致了部分无法显示负值的行情网站只能把当天的指数值显示在正 20 的点位上。各国因船员疫情拒绝船舶停靠的事件接连发生，船舶航程一改再改，令船公司疲于应付。全球知名的航运咨询机构 Sea Intelligence 做出预测：全球班轮业 2020 年将出现 230 亿美元的巨额亏损。

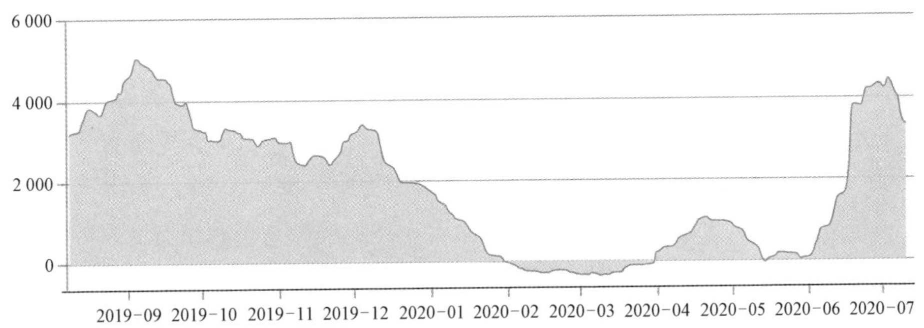

图 1　波罗的海好望角型散货船运价指数（BCI）

数据来源：克拉克森 https：//www.clarksons.net/n/#/sin/timeseries/browse。

同时，波罗的海交易所原油综合运价指数（BDTI）从年初的 1 500 点下降至 3 月 6 日的 764 点。3 月 9 日，美国新冠确诊人数刚刚超过 700 例，但是资本市场已经预见到全球疫情重心将从欧洲转移到美国，并将重创美国经济。3 月 9 日至 18 日的 2 周时间内，美国股市出现了史无前例的 4 次熔断，同时压低了全球原油价格。就在人们认为油轮市场也将一蹶不振的时候，BDTI 却出人意料地在 3 月 9 日开始抬升，至 3 月 16 日，已经回升至 1 518 点，更于 4 月 15 日上升至 1 984 点，令人惊奇。

集装箱班轮市场在疫情之下同样出现了短暂的低迷。从上海航运交易所公布的中国出口集装箱运价指数 CCFI 来看，2020 年 1 月，CCFI 在 970 点上下；至 4 月，下降至 830 点左右。在全球疫情进一步肆虐的 6 月以后，CCFI 却出现了反弹，7—8 月间 CCFI 均在 850 点以上。同期上海出口集装箱结算运价指数（美西航线）上升到 2 000 以上，而这一指数在 2020 年 1 月的时候刚刚达到 1 000 点。

二、供求关系依然是疫情下航运市场“无形的手”

面对新冠疫情的持续发展，全球航运的各个细分市场呈现出不一样的变化，例如前面提到的油轮市场和班轮市场。有必要对这两个细分市场的反弹机制做进一步探究，以发现不同应对策略对市场的影响规律。

1. 油轮市场

2020 年 3 月，受美国股市 4 次熔断的影响，WTI 原油和布伦特原油价格指数同期双双暴跌超过 30%。在此情形下，石油贸易商果断出手，低位购进大量原油。这些贸易商在签订原油采购合同的同时，租下一批超大型油轮，导致原油市场油轮运力短缺，从而 BDTI 上升。半个月后，由于市场上租不到船来运送原油，陆上储油设施爆满，开采出来的原油无处存放，致使美国原油期货于 4 月 20 日出现历史上的首次负值。美油 5 月合约盘中跌幅一度超 300%，最低报-40. 32 美元/桶。同期因大型油轮无处卸货而形成的“海上浮舱”有 114 艘，包括 59 艘超大型油轮（VLCC）。也有一些石油贸易商利用海上浮舱储油，以期待油价翻转谋利。2020 年上半年油轮运价指数（WS）平均 89 点，同比上升 115. 3%；超大型油轮日租金水平平均为 82 200 美元，同比上升 303. 7%。7 月以后，BDTI 再次下降到 500 点以下，油轮市场供大于求局面再现。

2. 班轮市场

一向习惯于采取低价竞争的班轮公司在新冠肺炎疫情这个特殊时期却表现得出人意料的自律。法国航运咨询机构 Alphaliner 统计表明，2020 年上半年，全球十二大班轮公司中，除现代商船外，都进行了“供给侧结构性改革”，采取停航的方式削减运力，迫使托运人接受较高的运价来保证所需的舱位，由此推涨了主干航线的运价水平。再加上近期原油价格下滑带动船用燃油价格走低，进一步提高了班轮公司的盈利能力。对此，分析机构对班轮业的盈利预期也出现了反转。前面提及的 Sea Intelligence 修改了他们的预期，认为如果班轮业能保持目前的自律，将上半年中国出口集装箱运价指数的涨幅维持到年底，那么行业全年将盈利 97 亿美元，超过 2019 年全球班轮行业 59 亿美元的总利润水平；即使下半年集装箱运价指数回落至 2019 年同期的水平，行业也将盈利 45 亿美元。

无论疫情存在与否，供求关系这只“无形的手”始终支配着整个航运市场的走势。国际油轮市场的运价波动源自需求的扩大，集装箱班轮市场运价的上升则是源自供给的减少，最终都形成了局部供小于求的市场格局。从现象上看，市场表现类似，但其背后的机制却大相径庭，再进一步看，供求关系的法则始终相同。

三、国际航运和全球供应链的稳定关系

表面上看，新冠肺炎疫情几乎摧毁了所有行业。经济停摆扼杀了市场对货物的需求，导致运费疲软、市场萧条。但是综合考虑所有因素，结合历来波涛汹涌的航运市场和其他受新冠肺炎疫情影响相对较大的行业，2020 年的世界航运业实际上表现得相当不错，甚至在局部市场和局部航线出现了较长时间的高位运行。

对于处于重要战略机遇期的中国来说，国际航运业的总体平稳发展对于确保国际供应链稳定意义重大：一方面能够确保战略性生产物资的稳定供应，比如原油和铁矿石；另一方面又是我国中间产品和最终产品稳定出口的重要基础。

回顾过去和疫情下的市场走势，航运市场的平稳发展还是离不开市场这只“无形的手”。只有从供求关系出发客观地分析供给和需求的发展走势，才能把握市场发展的主要方向。同时有效供给和最终需求又是相互影响、相辅相成的。只有形成国际航运市场有效供给和最终需求的良性循环，才能保证中国国际供应链的长期稳定。用行业内的俗话说就是“有船才有货，有货才有船”。离开了供求关系，单纯地讨论供应链稳定是没有意义的。

当前，中国经济率先复苏，极大地提振了中国企业的信心，对国际航运业也是如此。可以说，在瞬息万变的国际航运市场中，近阶段唯一不变的就是，中国因素是推动市场发展的主要动力之一。但是世界贸易归根到底还是各国最终需求和有效供给之间的落差的反映，国际航运相对于世界贸易又有一定的滞后性。2020 年第二季度以后实施的很多贸易合同都是新冠肺炎疫情发生之前确定的，下半年的很多货物运输也是在疫情发生之前确定的合同延期执行所

致，甚至近期中国出口集装箱形势好转也不得不归功于大量医疗物资的阶段性出口。估计下半年，全球航运市场将会维持一个低位态势。

展望疫情平息以后的经济发展，为了保证国际航运服务的稳定，我们必须尊重供求关系法则，从现在开始扎扎实实地稳就业，稳外贸，稳预期，在具体的货源基础上来讨论国际航运和供应链的稳定问题。也只有这样才能吸引更多的国际航运企业为中国提供稳定的供应链服务，并反过来进一步降低产业供应链成本，支持我国对外贸易货量的进一步提升。

面对“断链”危机，我们该如何应对？[①]

赵一飞[②]

【摘要】

本文认为因新冠肺炎疫情导致的全球产业链“断链”属于系统性风险，企业可以通过柔性供应链和协同供应链的构建来降低“断链”风险，也可以通过面向重大疫情的互助保险产品开发来分摊“断链”导致的损失。中国企业则可以凭借得天独厚的市场规模，建立面向国内的自主完整的供应链体系，以应对全球疫情蔓延断航所导致的供应链崩溃。

一、全球产业链“断链”情况概要

在新冠肺炎疫情的影响下，全球产业链出现了严重的“断链”现象，对中国经济造成了重创。国家统计局数据显示，2020 年 2 月、3 月和 4 月，中国发电量累计增长分别为-8.2%、-6.8%和-5.0%，从一个角度显示出中国经济在疫情防控期间出现的严重局面，并且随着疫情的缓解和“复工复产”的推进正在得以改善。

“断链”的原因至少有四个方面。一是消费端断崖式萎缩。疫情期间，很多国家都实施了“封城”措施，禁止社交集聚，餐饮、娱乐等消费场所关闭，

---

① 原文发表于上海交通大学行业研究院官方微信公众号《安泰研值》2020 年 7 月 2 日。

② 上海交通大学行业研究院航运业行研团队负责人、上海交通大学中美物流研究院副教授。

直接导致链接消费端的链条断裂。众所周知，供应链的一个重要特征就是面向最终用户。这一最终用户的“突然消失”，使得以销售为核心的消费型供应链大范围崩塌。表现在我国，服务业生产指数同比累计增长的数据就是：2020 年 2 月-13.0%，3 月-11.7%，4 月-9.9%。二是原材料供给严重不足。2020 年 2 月以来，全球原油价格暴跌，石油公司没有利润，纷纷封存油井，导致全球石油产出下降。国内以煤炭为例，往年的 1—3 月都还是北方地区的低温季节，煤炭的需求量较高。但是 2020 年，国内原煤产量累计增长 2 月为-6.3%，3 月为-0.5%，4 月为 1.3%。其原因之一是很多矿工被隔离在家，采掘一线工人数量不足。三是零部件制造商供给困难。从国际上看，由于中美贸易战和疫情的叠加影响，很多零部件供应商对中国制造企业的供应出现政治和经济的双重困境，并且这种困境还在加剧。从国内看，尽管 2020 年 2 月 3 日起，国内一些疫情不太严重的地方开始复工，但是从家乡返回工作地点的从业人员大部分还要隔离 14 天才能正常上班，使得很多国内零部件供应商的生产组织困难，产品供应不足。四是全球空海运大范围禁航。从湖北武汉的“国际关注的公共卫生事件”到全球大流行病，全球物流领域经历了从以中国海空港为起运港的“断航”到全球范围的“断航”的演变，全球供应链遭遇 21 世纪前所未有的“断链”。典型事例有：因为油轮停运，美国墨西哥湾产出的原油出现高额存储成本，进而导致原油 WTI 指数出现史无前例的负数。表现在国内，全国货运量累计增长 2 月为-21.9%，3 月为-18.4%，4 月为-13.7%。

从产业来看，在世卫组织和各国政府的努力下，全球目前基本的粮食、医药和能源供应链得以保证，互联网产业得以较快提升，而其他线下产业或多或少遭遇供应链“断链”的困扰，至少有 30% 的从业人员无法满负荷工作，失业率将达到 21 世纪以来的最高水平。

二、“断链”对中国产业的影响

现阶段全球供应链的“断链”对中国产业发展总体上造成了较大的负面作用，局部存在正向作用，并且将对未来新兴产业的发展起到诱发和推进作用。

1. 负面作用

负面作用主要体现在大部分的制造业和线下服务业上。国家统计局公布的国内制造业的 40 个产业中，有至少 30 个产业在 2 月、3 月和 4 月的累计增加值均为负数，表 1 是对就业率影响较大的 12 个制造产业的具体数据。

表 1　2020 年 2—4 月国内部分制造产业增加值增长累计

制造产业	产业增加值累计增长率/%		
	2 月	3 月	4 月
石油、煤炭及燃料加工业	-7.8	-8.1	-6.3
燃气生产和供应业	-7.3	-5.8	-5.8
文教体育用品业	-29.4	-21.2	-18.1
家具制造业	-30.5	-20.1	-16.0
汽车制造业	-31.8	-26.0	-15.0
农副产品加工业	-16.0	-11.1	-7.0
纺织业	-27.2	-16.8	-10.6
仪器仪表制造业	-27.4	-16.1	-7.0
食品制造业	-18.2	-7.9	-3.3
医药制造业	-12.3	-2.3	0.0
计算机、通信和其他电子设备制造业	-13.8	-2.8	1.8
废弃资源综合利用业	-11.6	-2.4	3.4

可见，疫情对我国主要产业的影响在 2 月最大。尽管 2 月 3 日国务院已经开始引导复工，但是鉴于疫情的趋势并不稳定，各地政府坚持了较长时间的隔离措施，复工效果到 3 月和 4 月才逐渐显现。部分产业在 4 月的累计增加值趋正（电子设备制造、废弃物资综合利用和医药制造业等），但依然有部分产业的累计增加值为负的 2 位数（汽车制造业、文教体育用品制造、家具制造等）。

同样根据国家统计局公布的数据，整理出服务业 12 个项目的收入累计增长率，如表 2 所示。可见，零售业、餐饮业、货物运输业和进出口贸易都受到疫情的重大影响，在 2 月、3 月和 4 月，连续 3 个月的累计增长率有 11 个项目为负数。铁路货运量累计增长为正，但是呈递减趋势，说明其在 3、4 月份的增长为负。

表 2　2020 年 2—4 月国内部分服务业收入累计增长率

产 业 增 加 值	2 月	3 月	4 月
限上单位消费品零售额	-23.4	-20.5	-16.3
餐饮收入	-43.1	-44.3	-41.2
出口总值	-17.2	-13.3	-10.2
进口总值	-4.0	-2.9	-1.3
公路货运量	-27.2	-22.2	-15.9
铁路货运量	2.1	1.8	0.7
航空货运量	-13.8	-17.4	-18.0
水路货运量	-17.0	-15.5	-12.6
软件业务收入	-11.6	-6.2	-0.1
软件产品收入	-13.7	-10.2	-3.9
商品房销售额	-35.9	-24.7	-18.6
办公楼销售额	-40.6	-36.8	-37.5

2. 正面作用

在 40 个制造业门类中，连续 3 个月增加值均为正的产业只有 1 个：烟草制品业，2 月为 6.9%，3 月为 9.6%，4 月为 7.3%，基本没有受到供应链“断链”的影响，表明我国烟草业供应链具有很强的自主性和完整性。

服务业中，备受瞩目的网上零售的统计结果显示，其累计增长率 2 月为-3.0%，3 月为-0.8%，到 4 月才是 1.7%，与想象的情况大相径庭。实际上由于疫情期间很多互联网企业，如最流行的会议软件 ZOOM，为了引流，降低甚至取消收费，使得用户增加但是收入并没有增加。从网上消费的商品类型看，食物类商品累计增长 2 月为 26.4%，3 月为 32.7%，4 月为 36.7%；日用品类累计增长 2 月为 7.5%，3 月为 10.0%，4 月为 12.4%。但是服装类就不同了，呈现负增长，2 月为-18.1%，3 月为-15.1%，4 月为-12.0%。

围绕电商服务的快递行业并没有呈现人们想象的爆发式增长态势，原因是企业的快件业务量急剧下降，与个人业务的快速上升发生对冲。因此，其最后的统计结果是：2 月累计增长率为-10.1%，3 月为 3.2%，4 月为 11.5%。这与国内企业复工的速度紧密相关，说明快递业务最重要的服务对象依旧是企业，而不是个人消费者。但是无论如何，快递业在疫情中是交通运输行业中受到冲击最小的一个板块，它对于维护面向终端消费者的供应链起到了至关重要的作用。

3. 推进作用

理论研究表明，减小“断链”对供应链造成的影响，一个重要的手段就是构建柔性供应链和协同供应链。此次全球范围内的供应链“断链”问题影响范围大，涉及企业广，断链环节多，属于系统性风险，是全行业乃至全球共同面临的问题，而非一家或多家链上企业协同运作就可以解决的。这将极大推动面向全球风险的供应链应急管理问题的研究，尤其是在供应链信息共享、产品柔性化和零部件的标准化方面，会有更大更多的改变。

三、应对建议

中国地大物博，人口众多，政府有较高的市场调节能力，可以从以下三个时间维度着手修复各产业的供应链。

近期，采取积极的财政政策快速提高实际就业，增加人民群众的收入，鼓励消费，快速启动消费领域的拉动式供应链修复。以旅游业复苏为例，现阶段，为防止新冠肺炎疫情复发，仍需要在各旅游景点实施严格的游客预约制度，鼓励以家庭和好友组成的团队出游，推出“一门式”游客服务举措，包括旅行、游览、住宿、餐饮和购物等，在提供高端旅游服务的同时，杜绝新冠病毒传播的可能。

同时，尽快开发重大疫情的互助保险产品，一旦企业员工在工作期间和上班途中被感染，则无须为治疗及相关费用担忧，由此为企业和民众提供安心复工的社会保障。此举不仅可以全方位推进各产业链尽早修复“断链”，本身也将成为金融保险产业的一个重要产品来提高产业增加值。

中期，鼓励制造企业在构建全球供应链的同时，建立面向国内的自主完整的供应链体系，以应对全球疫情蔓延断航所导致的供应链崩溃。同时维护中国船队的全球地位，推进中国货运机队在全球地位的提升，鼓励以中国国有资本为主的全球供应链管理企业布局全球供应链管理体系，以维护中国制造业的全球供应链的稳定性。

远期，以“人类命运共同体”理念为引导，联合周边国家和地区开展重大公共事件的协同处置，鼓励中国制造业、供应链管理企业在相应区域内完善产业链和供应链布局，提高企业供应链应对区域性甚至全球性重大公共事件风险的能力。此项工作建议由应急管理部门尽早开展筹划。

船舷不再是集装箱货物运输风险转移的界限[①]

赵一飞[②]

【摘要】

本文认为在集装箱班轮市场中，对于一般贸易商、供应链管理者和非贸易货主三类不同的货主，运输风险转移的界限不再是贸易和航运惯例中的“装运港船舷”。国际商会2000年以来出版的三个版本的《国际贸易术语解释通则》（缩写Incoterms）都建议如果货物是放在集装箱内交付，不要采用FOB（离岸价）等常规贸易术语。这是既有的国际贸易制度与新型的全球供应链管理模式之间存在的规则间隙之一，亟待弥合。

尽管一度中断的苏伊士运河已于2021年3月29日恢复通航，滞留的400余艘商船也已经全部穿过苏伊士运河完成了自己的航程，但事件的主角“长赐”号货船却被埃及法院发出扣船令，至今仍抛锚在大苦湖中，无法重启航程。英国保赔协会已经发出了保函，仍无济于事。主要原因是苏伊士运河管理局（SCA）提出了匪夷所思的9.16亿美元的赔偿诉求，包括3亿美元“打捞津贴”、3亿美元“声誉损失费”等。而船东日本正荣公司认为在SCA的诉求中，大部分费用未告知计算基础，并缺乏相关凭证。双方认识差距太大，短期内无法达成一致。

---

① 原文发表于上海交通大学行业研究院官方微信公众号《安泰研值》2021年4月23日。

② 上海交通大学行业研究院航运业行研团队负责人、上海交通大学中美物流研究院副教授。

为尽量减少货主的货物损失以及相应的由于货物延迟交付产生的间接损失，“长赐”号的租家，也是船上所有货物的实际承运人长荣海运于 2021 年 4 月 15 日提出了船货分离方案，即在保持扣船的状态下，先将船上的货物卸下转运。但这一方案被 SCA 无情拒绝。无限期扣船由此演变成了无限期扣货。

到 4 月 22 日，“长赐”号的这次航程已经中断了整整 30 天，媒体的报道大多聚焦在 9.16 亿美元这一巨额索赔上，却对船上超过 18 000TEU 货物的货主损失关注甚少。分布在欧亚大陆两端的万名货主欲哭无泪：“我们做错了什么？要被你们如此对待！”“你们的无限期扣船造成的货损以及产线停产损失谁来赔偿？”“我们可以起诉你们的不履行契约和不当侵权吗？”伴随着新冠肺炎疫情在欧洲的持续蔓延和在印度等国的不断加剧，众多跨国企业的供应链总监在这 1 个月里处理的事务数量真的是史无前例。

《华尔街日报》报道，“长赐”号上的货物大多是在中国港口装船，因而判定这些货物基本是从中国出口。表面上看，货主们应该对货物能否早日交付十分关注。但事实上，如果仔细观察，可以发现站在不同立场的货主，其关注程度大相径庭，而原因很大程度上取决于贸易方式。根据当前国际上的主要贸易方式，可以将该船上的货主分为三大类：第一类就是最为普通的一般贸易下的买方和卖方，以及因买卖双方的交易行为而卷入进来的银行、保险人和贸易代理商，记为 G 类货主（即 general trader）；第二类则是加工贸易方式下的供应链管理者，以及供应链上的各级供应商，如原材料、零部件和产成品的加工供应商和销售供应商，记为 S 类货主（即 supply chain manager）；第三类则是非贸易下的货主，记为 N 类货主（即 non-trade cargo owners），他们委托运输的货物并非贸易标的，而是自有物资和设备，例如对外承包工程所需要的工程设备和物资、参加国际展会的展品等。

在对“长赐”号上货物的货主做了大致的分类后，就容易了解不同类别的货主对待被困货物的态度上的差异了。

G 类货主有两种：货物销售合同上的买方和卖方，以及将货物交付给承运人后出现的提单持有人。一般国际货物销售合同上都会有贸易术语条款，尽管 Incoterms® 2010 和 Incoterms® 2020 都不主张买卖双方明知货物采用集装箱运输时仍采用 FOB 或者 CIF 术语，但目前国际贸易中使用这两个术语的比例还是非常高。大多数贸易商习惯依照这两个术语来约定交货方式，并认为货物一旦在装运港越过船舷，并且离岸了，货物运输的风险就从卖方转移给了买方。

在这种情况下，对于被困于“长赐”号上的货物，卖方完全有理由不像买方那样关注其解困的时间，因为卖方已经履行了全部的交货义务，同时向承运人或者货物运输保险人索赔的权利也已经从卖方转移到了提单持有人手中。如果买方或者提单持有人以货物延迟到达或者货物在运输途中损坏为由拒绝支付货款或者货款的一部分（例如尾款）给卖方，卖方完全可以向法院或者仲裁机构提起违约之诉，以寻求司法救济，如图 1 所示。

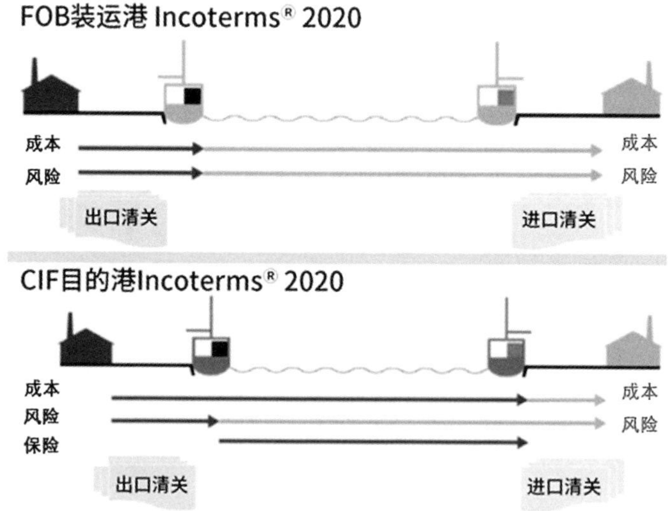

图 1　Incoterms® 2020 中对 FOB 和 CIF 成本与风险划分的示意图

对于 S 类货主和 N 类货主就不能按照上述情况来对待了，其中的关键是：在发货人将货物交给承运人的时候，甚至直到收货人收到货物，货物的物权都不会转移！因而所谓的风险转移并不会发生，且始终都在货物所有人这里。

在供应链管理理论的推动下，中国越来越多的制造企业不断拓展供应商管理库存（VMI）的业务模式，从而扮演着 S 类货主的角色，且购买的保险产品大多是全球财产险，其中可能并不包含海上货物运输的相应风险，或者因为没有保险意识，没有购买任何保险。在这样的情形下，一旦遭遇到“长赐”号这样的事件，即使双方签订的订货合同里有着 FOB 或者 CIF 的条款，但是由于实施的是 VMI 管理模式，发货人的“风险随着货物‘越过船舷’而转移给买方”的主张能否得到支持，的确存疑。由于 FOB 或者 CIF 只是国际惯例，其规定并不具备强制性，双方当事人可以选择适用，也可以在使用时对货物交付以及物权转移的很多细节，通过特别约定来加以修改。其中关于 VMI 的约定就可以理解为对价格术语的部分修订。

同样在全球供应链管理理论下，即使没有实施 VMI 模式，也有很多 OEM（原始设备制造商）工厂采用来料加工模式组织生产。这种情形下，原材料、零部件供应商如果采用集装箱运输向 OEM 工厂送货，表面上看起来，发货人是供应商，收货人是 OEM 工厂，与一般贸易的模式没有差别，但实际上此时的 OEM 工厂即使持有提单，也不一定是物权所有人（通常此时的提单应当都是记名提单或者海运单，不应该是指示提单）。要甄别真正的物权所有人，就要看供应链的核心企业对整个供应链的组织方式了。

对 N 类货主而言，由于发货人和收货人一般都是同一集团下属的不同子公司，或者是收发货代理人，因而表面上分别处于起运港的发货人和处于目的港的收货人实际是同一人。这样，发货人即使将货物交给承运人并取得提单而成为提单持有人，也不意味着物权转移，更不意味着货物运输风险的转移。对于他们而言，物资、设备、展品等货物在运输途中的损失，如果没有事先购买货物运输保险的话，就只能自己承担了。

综上所述，在全球供应链管理的条件下，有相当一部分国际贸易货物的运输风险已经不再是“货物越过船舷，风险转移给买家”。既有的国际贸易制度与新型的全球供应链管理模式之间存在着规则之间的间隙，特别是对于这种突发事件的风险处置，两者之间的间隙更为突出。所以有必要感谢“长赐”号货船和苏伊士运河管理局，这次事件为全球供应链管理揭示了一个重要的难点，激励着全球供应链管理专家们对此进一步开展研究并提出切实可行的解决方案。

“共同海损制度”无法抵御全球供应链管理的风险[①]

赵一飞[②]

【摘要】

本文仔细分析了“长赐”号事件各方的直接和间接损失项目，并从全球供应链管理的角度重审了“共同海损制度”，认为该制度与全球供应链管理理念大相径庭，有必要对全球供应链的各类风险进行深入研究，为供应链上的企业提供更加完备的风险防控解决方案，同时对现行法律给予班轮公司的超然地位提出了质疑。

乍一看这个标题，感觉很奇怪：诞生于古希腊地中海的“共同海损制度”与现代全球供应链管理有什么关系？但是就在2021年的3月23日，长荣海运运营的“长赐”号集装箱船搁浅在苏伊士运河。这一事件吸引了诸多跨国企业的资深供应链总监的视线，并引发了对“共同海损制度”的重新思考。原因是，就在“长赐”号成功脱浅并被拖至大苦湖抛锚后，苏伊士运河管理局向“长赐”号船东日本正荣汽船提出了高达9.16亿美元的索赔。为此，正荣汽船向班轮公司长荣海运及全体货主发出了“共同海损”分摊的通告。“什么？我的货物交给了你们，也足额支付了运费。现在你说不仅无法按时将货物

---

① 原文发表于上海交通大学行业研究院官方微信公众号《安泰研值》2021年3月31日。

② 上海交通大学行业研究院航运业行研团队负责人、上海交通大学中美物流研究院副教授。

送到指定目的港，还要我分摊因船舶搁浅而导致的你的损失？这是什么道理？”但这就是“共同海损制度”，一个延续千年，并于最近的2004年和2016年两次修订的以《约克·安特卫普规则》命名的国际惯例，也是今天国际海商法、海上保险普遍依赖的一项制度。

一、“长赐”号事件究竟有哪些损失，各有多少

冷静下来分析，“长赐”号事件所造成的损失分为直接损失和间接损失两大类。现在看来，在船东（正荣汽船）、期租租家（长荣海运）和管理公司（桧垣公司）的积极配合下，在苏伊士运河管理局和荷兰海上救助公司SMIT Salvage的积极努力下，本次事件的直接损失主要是两个：苏伊士运河航道的损坏和“长赐”号的船体损失。到目前为止，没有发现造成货损、油污、人身伤害等重大次生损害。因此，这是一次成功的救助行动，将直接损失控制在了非常小的范围内。就新闻报道和外部摄像的情况看，这两项损失各自粗略估计都在数百万美元。即使加上荷兰海上救助公司、挖泥船公司、各拖轮公司以及堤岸上那台出了名的挖掘机的救助费用，总计也就在5 000万美元左右。

近期媒体报道中描述的，也是各方关注的所谓重大损失，主要是全球供应链在途库存增加，还包括苏伊士运河的通行费收入的“损失”，承运人的航次成本增加，部分船舶增加的绕航费用，货主紧急调拨物资导致的补货成本增加，等等。这些损失粗略估计远大于上述直接损失，但无论如何，所有这些都是间接损失，其中还有不少其实很难归类为“损失”。

二、这些损失将会由哪些人来承担，如何理赔

这次事件暂告一段落。站在现行国际商法的角度看，这就是一起普通的海事触碰加上搁浅的事故，但涉及多个国际商务合同关系，如图1所示。

首先来看直接损失，主要是运河修复费用、船舶修复费用、船舶救助费用三项，也有一些小项，如船员工资增加、船舶管理费用增加等。

(1) 运河修复费用。尽管“长赐”号船体漆成长荣海运的标志性墨绿色，且左右舷侧都印有巨大的“Ever Green”白字，船名也是按照长荣海运的惯例冠以Ever一词，但是在这次事件发生后，无论是正荣汽船还是长荣海运，都多次表态说：双方就“长赐”号集装箱船存在长期期租（time chart）合约，正荣汽船是船东，长荣海运是租家，且事件发生在合约有效期内。按照目前国

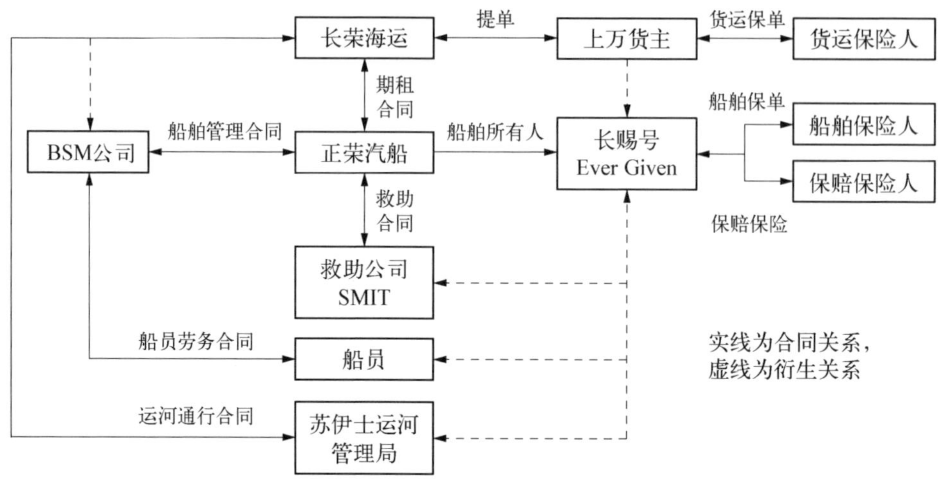

图 1　“长赐”号苏伊士运河搁浅事故相关方的合同关系

际上通行的期租合约格式条款，就本次触碰加搁浅事故而言，对苏伊士运河负有触碰侵权责任的是“长赐”号集装箱船，因此，苏伊士运河航道因本次触碰和搁浅所造成的修复费用，应当由船东正荣汽船公司承担，与租家长荣海运无关。如果正荣汽船不赔偿，苏伊士运河管理局可以向法院提出扣押“长赐”号船，直至拍卖获得款项以弥补损失，但无法获得向租家长荣海运索赔的胜诉。

（2）船舶修理费用。同样根据期租合约，在期租时间内，船舶因意外事故导致损坏的修复费用，应当由船东承担。此次“长赐”号的触碰并搁浅的事件导致船体损坏的修复费用，应该由船东正荣汽船承担，长荣海运没有责任。反过来，长荣海运有权就修理船舶所耗费的时间索要补偿。如果船舶修理时间为 1 个月，长荣海运可以要求无偿延长 1 个月的租赁时间，或者免交 1 个月的租金。

（3）船舶救助费用。事件发生后，围绕船舶救助的所有行为都应该由救助合同、拖船合同等来约束，这些合同的甲方应该都是船东正荣汽船，中间可能有很多经纪人、船舶管理公司的工作，但是期间所产生的全部费用毫无疑问都应该由船东正荣汽船承担。

（4）船员费用。由于“长赐”号航程延长，船员在船上工作时间也一并延长。根据期租合约的规定，这一费用的增加应当由船东正荣汽船承担。具体计算方法，则因船员劳务合同的差异而有所差异。

(5) 船舶管理费用。因为处理这一海事事故，船舶管理公司的工作量显然是增加的，但是否可以由此向船东要求额外的补偿，就要看船舶管理合同的约定了。不过这个费用与前面的4项费用相比很小，从事件总费用的角度看，几乎可以忽略不计。

(6) 运河通行费用。就“长赐”号船此次运河通行而言，运河通行费不会增减。

(7) 货主损失。很多分析文章都提到了货主损失问题。实际上，班轮业务的国际通行惯例是提单持有人与签发人之间的权利和义务由班轮公司签发的提单来规范。如果船东就是提单签发人，则提单约束到货主和船东。在本案中，船东正荣汽船不是班轮公司，更不是提单签发人。提单签发人是长荣海运，因此全体提单持有人与船东正荣汽船之间没有直接的合同关系。

国际海运领域有两个特别的情况需要引起注意：一是共同海损制度，二是海上保险制度。

从海运界众所周知的“共同海损制度”看，本次事件中船东和租家为拯救搁浅船舶、船上人员和货物，主动采取措施所造成的“牺牲”和产生的费用，理应由全体受益人分摊。由于长荣海运、中远海运集运和东方海外等班轮公司出具的提单，其背面都有“共同海损条款”，因此这一事件发生期间船上所有货物的提单持有人未来都可能会面临船东和班轮公司提出的共同海损分摊的要求。也就是说，相关货主很可能不仅无法从班轮公司得到赔偿，反而需要支付给承运人一笔共同海损分摊费用。

海上保险险种大体上分为三类：货物运输保险（cargo transportation insurance）、船壳保险（hull insurance）和保赔保险（P & I）。本次事件中的船体损坏和航道损坏基本属于船壳保险中船舶碰撞责任范围，因此，前述正荣汽船需要承担的船舶修复费用和航道修复费用，应该可以向船壳保险人求偿。如果所投保的保险单中的船舶碰撞责任是3/4碰撞责任，则剩余的1/4责任由保赔协会负责。由此可见，这一次事件，船东和班轮公司的直接损失，基本上可以转移给保险人和保赔协会。

保险人和保赔协会在赔付被保险人后，可以根据保险合同和共同海损制度的规定，向提单持有人代位求偿。目前国际上主要的货物运输险保单中，都将共同海损牺牲、费用和分摊作为保险责任，因此，只要提单持有人投保了海上货物运输险，就可以将承运人要求的共同海损分摊转移给货物保险人。

这样，上述直接损失的赔偿，通过保险合同，最终都转嫁给了保险人。不得不说，这样一系列的国际海事海商规则环环相扣，很好地将此类风险责任最终转移给了保险人。这种做法有利于承运人和货主专注于自己的业务发展，与保险人及各相关方发挥各自专长，提高社会总体劳动效率，降低风险管理成本。

三、间接损失及其引发的思考

1. 间接损失项目

这次事件之所以引起广泛关注，除了苏伊士运河本身的经济地理特殊性之外，主要是媒体对事件造成损失的渲染。媒体所列举的损失主要有以下项目：

（1）运河收费损失：据报道，正常情况下，苏伊士运河平均每天的通行费收入在 1 500 万美元。而运河断航之后几天的收入为零。

（2）制造业、零售业的供应短缺损失：据报道，由于不少牲畜船、纸浆船、化学品船和近百艘集装箱船被阻断在运河两端，亚欧大陆上很多跨国企业的供应链经受了严峻的考验，不少企业正在为生产原料和零部件短缺或者销售缺货而焦虑不已。一些企业已经在用高于市场正常状态的价格采购应急的零部件、备件和商品，也有企业选择空运或者中欧铁路班列来实现特别紧急的物资调拨。供应短缺损失似乎正在被无限制地放大……

（3）原油等大宗物资短缺：油轮、液化天然气船、散货船等中断航程，导致欧洲能源及原材料供应短缺、价格上涨，而传递到全球制造业，则会推动生产成本上升，给全球供应链带来了短期的巨大压力。

（4）船公司的船期损失和绕航成本上升："长赐"号搁浅事故，导致苏伊士运河两端积压的船舶最多时超过 420 艘，如果算上提前绕航的，可能有将近 500 艘船受到影响。这些船舶的船期和绕航损失如果按照正常的期租水平测算，每条船的租金是 3 万 ~6 万美元（船型不同、船舶吨位不同，差异很大）一天的话，500 条船一天的租金总计最多达 2 000 万美元。近期媒体上流传的每天 2 000 万美元损失可能就是指这个。船舶如果绕航，运营成本肯定会增加。但是不同船舶的绕航成本差距太大，无法预估。

2. 间接损失索赔的可能性

（1）运河收费损失：尽管运河关闭期间，运河管理局的收入为零，但是大部分船舶都表现出了对运河复航的坚定信心，坚守到了 3 月 29 日。从最近几天的船舶 AIS 数据看，苏伊士运河每天通过的船舶数量明显增加，堵塞现象开始缓解。所以如果将时间跨度放长，不是仅看堵塞的这几天，而是看整个3—4月，估计运河管理局并没有很大的收费损失，有的可能是引航员和员工的加班成本增加。这个加班成本应该不会是一个天文数字。

（2）制造业、零售业的供应短缺损失：货主要主张赔偿，首先必须确认要提起侵权还是违约之诉。有关供应短缺损失，很难与侵权挂钩，通常只能是违约之诉。因此有权向承运人提出索赔的，应该是提单持有人依据提单向提单签发人提出。而今班轮公司提单均为格式合同，条款均遵循《海牙规则》或者《维斯比规则》。该两项国际公约均不支持提单持有人就货物的延迟交付向提单签发人进行索赔。所以这两项损失，如果有，也只能是提单持有人自行承担。而由此引发的供应链上的断链成本，则更与承运人无关。

（3）原油等大宗物资短缺：由于原材料短缺导致的市价上扬，进而导致生产成本的增加，这本属于市场风险。很难证明“长赐”号搁浅事故导致的苏伊士运河堵塞是原材料价格上涨的唯一因素，并且布伦特原油期货价格在发生堵塞的第三天还有过下跌（3月23日收盘60.44美元/桶，3月24日收盘64.06美元/桶↑，3月25日收盘61.65美元/桶↓）。如果真的要求赔偿，是否救助公司也要承担赔偿责任？例如，运河海域本次高潮位有27日、28日、29日三天，为啥不能在第一天27日就搞定，从而可以让运河尽早通航？肯定相比29日的操作方案，27日的方案还有不当之处。这种不当之处，是否可以作为救助公司的过错？如此这般，以后就没有救助公司愿意去承担此种风险了。

（4）船公司的船期损失和绕航成本上升：超过400艘船的船期损失，同样难以向“长赐”号的船东索赔，理由是没有索赔的诉由。“长赐”号与这400多艘船没有任何契约，因而不存在违约行为。是否存在侵权行为？侵犯其进入苏伊士运河的权利？这个就过于牵强了。其实船公司在运河堵塞的问题上应该是同病相怜，“长赐”号更是不仅延误了船期，还有船体的损坏、救助费等一系列的问题要处理。2 000万美元每天的“损失”对于400多艘货船而言，是船东的正常风险阈值。其实全球船公司每年因为各种原因发生的绕航、停航不计其数，绝大多数都不会产生索赔，除非有明确的直接的侵权行为。

3. *思考*

由此可见，对于媒体上大肆渲染的各种间接“损失”，按照现行的国际规则，货主很难从船舶所有人和承运人这里拿到赔偿。这一事件之所以产生如此巨大的反响，与全球供应链管理的理念在众多制造企业和商贸企业内的广泛践行有很大关联。进入21世纪以来，全球主要跨国企业为了降低制造成本，按照罗纳德·哈里·科斯（Ronald Harry Coase）教授的观点，不断将非核心业务外包，海外投资占比不断扩大，将产品和服务的供应链不断拉长，其结果是：在制造和服务成本下降的同时，供应链风险管理问题日益凸显。

需要研究的问题是：这种非核心业务外包的极限在哪里？就跨国供应链的组织而言，为了全球供应链的稳定发展，有必要对全球供应链的风险防控机制进行深入研究并给出解决方案，以便供应链上的所有企业相互间建立一个更加完备的风险防控机制，以完善当前以《海牙规则》《约克·安特卫普公约》及相关国际惯例为基础的国际规则体系。

另一个需要关注的问题是，此次事件之所以产生如此之大的轰动效应，也与近百艘大型集装箱船上承载的货物有关。随着集装箱船的大型化愈演愈烈，远东欧洲航线上的集装箱班轮的平均载箱量已经上升到15 000万TEU的水平。假定每2个TEU对应1个提单持有人，则“长赐”号1艘船就对应了1万个提单持有人。再加上运河两端堵塞时涉及的近百艘船，每票货物的发货人和收货人都不同，那就是有近200万家地处几十个国家的企业受到了牵连。从这个视角看，这已经不是个别进出口商与承运人之间的“私法”问题，完全就是一个国际“公共事件”。此时，单纯以“契约精神”为基础的英美海商法已经不能解决如今的集装箱班轮问题，它已经成为一项公共服务，因此，迫切需要一套调整此类新型关系的法律制度来规范相关当事人的权利和义务。

我们期待着这一法律制度的早日到来！

从供应链管理角度看“双十一”的利弊[①]

陈方若[②]

【摘要】

每年“双十一”期间，各大电商平台和数百万家企业参与其中，各方的业务量与成交量都出现大幅度上升，其中备受关注的就是快递业务的增长。市场需求的波动会引起供应链成本上升，造成管理难度加大，影响生产、仓储与流通的效率。我们应当全面考虑，使得这一人造需求波动既满足社会需求，也能顾及资源利用的有效性。

前不久去昆明走访一家很成功的校友企业，深有感触。这家企业的主营业务是医药零售，通过连锁店的模式，不断发展壮大，已经成为一个区域知名品牌。几年前，该企业开始尝试线上销售渠道，为了满足日益增长的线上需求，企业在其分销中心里专门开辟了一个区域，用于线上订单的分拣、装箱、发货。负责人介绍说，“双十一”很快就要来了，业务量将会有一个急剧的上升，因此他们正在千方百计地提高线上业务区域的处理能力，进行流程优化、人员培训，当然也招兵买马、添加设备，甚至考虑24小时不间断工作。当时，笔者就在想，全国像这样的企业该有多少啊？他们为了迎战“双十一”，深挖洞、广积粮，仿佛就在备战备荒。“双十一”特种兵团迅速集结，投入战斗。

---

① 原文发表于陆家嘴金融网2020年11月08日。

② 上海交通大学安泰经济与管理学院院长、上海交通大学行业研究院院长、上海交通大学光启讲席教授。

短暂的战斗之后，兵团被遣散，一切又恢复原来的平静，直到下一个战斗的到来。

“双十一”已经走过了 12 个年头，成交额每年创新高，各大电商平台和数百万家企业参与其中。每年的“双十一”期间，各方业务量都会大幅度上升，其中备受关注的可能就是快递业务的增长。为了做好服务保障工作，全国的快递行业开展了大量的准备工作，包括新增近 50 万临时用工人员、10 万辆汽车和 539 万平方米的临时处理场地等。当然，从全国范围来看，这只是“双十一”准备工作的冰山一角。为了备足货物，企业早就开始谋划生产，把对市场需求的预测化为订单，层层传递到供应链的上游。对于生产周期比较长的行业，如家具行业，这样的准备工作甚至要提前好几个月。可以想象，为了满足“双十一”的销售高峰，全国各行各业投入的人力、物力、财力一定是一个天文数字。在一段很短的时间内，产能冲到一个峰值，之后又回落到日常水平。

市场需求的波动会引起供应链成本的上升，它使得管理的难度加大，影响到生产、仓储与流通的效率。在很多情况下，市场需求的波动是与生俱来的，它也许是我们文化的一部分（如各种传统节日所带来的需求波动），或是周而复始的季节变换使然，或是由生活中各种随机因素的叠加造成。我们只好积极应对这种情形，努力去适应这样的需求环境。但是在另外一些情况下，需求的波动却是人为的，比如“双十一”。既然是人为的，我们就有可能考虑得更周到一些、更全面一些，使得这样的人造需求波动既满足我们的社会需求，也能够顾及资源利用的有效性。

一、创造平稳的工作环境，是运营管理的第一原理

运营管理是关于如何具体做事的一门学问，它最核心的一个思想就是要密切关注不确定性对运营系统的影响（这里的不确定性包含不稳定性），然后想方设法地去减小这个影响。当然，不确定性多种多样，其主要来源有需求端和供给端。通常来说，一个高效、低成本的运营系统应该是风平浪静的，而最怕的就是惊涛骇浪。对许多供应链来说，“双十一”就是一个人为的需求端的惊涛骇浪。这个需求端的海啸传递到供应链的上游，带来了生产流通领域的起伏不定，增加了不确定性，提高了供应链成本，而这个成本最终还是要由我们的终极消费者来买单。

100 年前，亨利·福特基于“我们的工厂只生产一种颜色的汽车，而这个颜色就是黑色”这一理念，专注一个产品，并把它做到极致以尽量减小不确定性，这是很聪明的经营之道。产品种类越多，管理越复杂，管理的注意力就会分散，可能引起很多问题，造成许多不确定性。这样的“专心致志”威力无穷，当你专注于一件事的时候，你的心境就会变得风平浪静，做事就会事半功倍。当然，现代工厂之所以可以同时生产不同的产品，甚至能做到大规模的定制化生产，其主要原因是生产设备的高度数字化，而数字技术可以提供无穷的“记忆”，把不同产品的最优生产工序记录下来、重复使用。因此，相比于 100 多年前的工厂，现代工厂更具有柔性。

丰田生产系统的精益生产理论，在全球更是有无数的追随者。丰田通过“成品库存”在市场与工厂之间建立起一道“防火墙”，把来自供应商的不确定性降到最小，比如零部件供应的保质保量、准时供货。另外，尽量阻断来自市场的不确定性，即尽量不让市场需求的波动影响到工厂。这些措施使得丰田的工程师们可以在一个相对稳定的环境里，不断去探索、总结生产管理的办法，最终找到了管理的真谛。

有一个相对稳定、平静的环境，我们才有可能专注于手头的事情，凝心聚力、事半功倍。这个道理与其说是运营管理的第一原理，还不如说是做事的一个基本条件。当然，稳定、平静的环境是需要营造的，比如通过福特的产品单一性或丰田的库存防火墙。而这样一个环境的营造，不仅是管理者的事，也是社会各界的责任。

二、人为需求集中，违背运营管理第一原理

哈佛有一个案例，研究的是美国一家生产罐头汤食的企业金宝汤公司（Campbell Soup Company），他们的主打产品鸡汤面因为开罐即食，保质期长，又很美味，深受用户的喜爱。多年以来，公司一直采取一个营销策略，即在每年的 1 月和 6 月针对渠道商开展一次促销活动。这些渠道商都会在每年的促销期间买足下半年的量，囤货再慢慢销售，直到下一次促销。这种行为，我们称之为“提前购买”（forward buying）。

当然，金宝汤公司早就预料到渠道商的这种行为，因此制定了相应的生产计划。由于工厂的产能只能按照平均需求来设计，而一年的销售主要都集中在 1 月和 6 月，就导致在一年当中的大部分月份，生产量都是超过当月的需求量

的，多出的部分就囤积在仓库里，一直等到促销的到来。

对于渠道商来说，促销一来，庞大的车队就把货物从制造商的仓库搬运到自己的仓库，然后再各自将存货卖给客户。一般情况下，后面的这个销售过程并没有太多的促销，主要是由终极市场的需求来拉动的。

大家可能已经注意到，金宝汤公司的需求过程不是分散平稳的，而是高度集中的。这样一个高度集中的需求过程并不是自然产生的，而是（人为）促销造成的。这个结果是不是和“双十一”很相像？

上述这个案例并不特别，类似的事情到处都有。关键问题是：这种人为的需求集中是好事还是坏事？《哈佛商业评论》（1990 年）研究发现，美国食品行业每年由于渠道促销而引发的成本增加估计会在 16.5 亿美元到 29.34 亿美元之间，分别占“年食品零售总额”的 1.15%和 2%。这些数字包含了所有行业内的制造商、分销商、零售商的成本增加。大家不要小看这个 1%～2%的比例，因为食品行业的利润率本来就很低，一两个百分点不是一个小数字。所以说，人为的需求集中会给供应链带来一笔不小的成本，而这些成本最终还是由消费者来买单的。人为的需求集中实际上违背了运营管理的第一原理，使得运营系统多了一些波动，少了一些平静，结果导致生产、库存、物流成本上升，因此上述数据也就不足为怪了。

三、“双十一”，需求端的惊涛骇浪

“双十一”本质上就是一次大促销，一次全国性的营销活动。商品价格的下降吸引了全国人民的注意力，大家纷纷抢购，而由于网购的发达与便捷，下订单变得十分容易，足不出户，一键搞定。“双十一”销售是“价格效应”与“群体效应”叠加的结果，大部分顾客是受到价格的吸引，当然也有一些顾客，他们之所以下单是因为看到周边的许多朋友都这么做了，想凑个热闹，也相信此时的价格应该是不错的。结果是“双十一”当天的销售额剧增。对有的商家来说，这一天的营收甚至能达到一年营收的一半。半年的活一天干完，快哉！

“双十一”是一次有计划的大促，它发生在每年的同一天，这样已经持续了 12 个年头。因此，“双十一”当天的销售应该由两部分组成：一部分是“转移销售”，即原本在另一天发生的销售，由于“双十一”促销家喻户晓，顾客把购买时间挪到了 11 月 11 日；另一部分则是“增量销售”，即由于“价格效应”或“群体效应”而激发的新的购物冲动。当然，第一部分的销售是顾客“占了便宜”、商家让利，商家更希望看到的是第二部分的销售。可是，这两部分销售的相对占比我们并不知晓，因此“双十一”究竟带来了多少营收的增加，一般商户可能并不清楚。

虽然每一位顾客的购买动机各不相同，商家也不尽了解到底有多少销售是属于净增量，但是一个不争的事实是：“双十一”彻底改变了市场需求的过程，使得需求高度集中在“双十一”这一天里。下面，我们来考虑一下这样一个大规模的促销活动，它的利弊都有哪些？

“双十一”可能带来几个方面的好处。

首先，它已经是一个节日了。虽然国家还没有把它定为一个法定的节假日，但是人们一样十分期待，而且那一天的成就感还很容易量化，如花了多少钱，抢了多少货，捡了多少便宜，等等。对商家来说，这也是激动人心的一天，很少有一天能做这么多的生意，哗哗的银子，干完这一天就可以休息了。中国很多传统节日都伴随着吃喝，只有“双十一”是纯粹关乎交易的，有利于身体，也有利于经济。（当然，“双十一”餐馆也打折，但估计很多人顾不上。）

其次，大促销有利于刺激消费，带动经济。前面讲过，这种刺激一方面来自商品的价格，另一方面来自群体的相互感染、相互影响。特别是在一个销售的淡季，这样的促销活动无疑是冬天里的一阵春风，温暖市场，拉动需求。当然，十一月初是否是一个传统的销售淡季？也许是吧，夏天的热情经过秋风的吹拂已经消失得无影无踪了，而新年还要拐个弯，因此，在这个时间段刺激一下市场应该是一个不错的想法。这和美国的感恩节有点类似，商家也是铆足了劲，进行年底的冲刺，只是感恩节在十一月底罢了。

再有，“双十一”也为商家提供了一个难得的清仓机会。供需匹配永远是一个难题，滞销的商品需要一个出处，而“双十一”揭开了一个巨大的、价格敏感的市场，非常适合滞销商品。

最后，由于“双十一”带来了巨大流量，这也为品牌推广提供了一个绝好的机会。

当然，它也有一些弊端。一个显而易见的问题是“双十一”的销售期是十分短暂的，顾客是在很短的时间内做出购买决定的，甚至是“冲动购买”（impulse buying），因此，有一定比例的顾客在下单后反悔，或收到商品后反悔，这就会带来退货，增加了逆向物流的压力。以往的“双十一”只有一天的购物时间，这是很短的。2020 年相对好一些，一些平台从 10 月 21 日起就允许预付定金，因此，顾客有更多的时间来做决定。即便这样，一些商家的退货率还是相当高的。

但是更大的问题是“双十一”引发的需求波峰对上游供应链的影响。前面提到了运营管理的第一原理，也就是说一个运营系统的高效运转需要一个相对平稳的环境。相反，如果这个系统高度动荡，那么管理的复杂度就会剧增，管理者就需要不断地救火，系统的效率一定会受到影响。“双十一”使得市场需求高度汇聚，在很短的时间内达到一个巨大的峰值，这个需求的巨浪一定会波及供应链上游的每一个环节，使得供应链这个运营系统动荡不安。也就是说，“双十一”违背了运营管理的第一原理，因此，一定会带来供应链成本的上升。但成本具体会上升多少是一个很难精确回答的问题，因为这牵涉众多的产业链，而且和企业的管理水平以及企业之间的协调能力有关。

虽然由于“双十一”带来的供应链成本的增加很难精确计算，但我们不妨用前面提到的哈佛案例成果来做一个粗略的估计。就以天猫为例，2020 年的“双十一”成交额为 4 982 亿元，而 2019 年为 2 684 亿元。阿里巴巴财报数据显示，2019 年天猫商城的实物商品交易总额为 2. 612 万亿元。按比例推算，2020 年天猫平台的年交易总额为 4. 85 万亿元。上述哈佛研究成果把供应链的成本增加界定在“年食品零售总额”的 1. 15%和 2%之间。我们就取这两者的平均值吧，即 1. 575%。也就是说，我们估计天猫平台背后的供应链，因为“双十一”的促销活动，增加了 764 亿元的成本（1. 575%×4. 85 万亿元）。如果我们把不同平台的数据加在一起，再考虑到很多实体店同样也有“双十一”大促，同时算进去 2020 年疫情的影响以及促销方式的不同，由此产生的（全国）供应链的增加成本应该在 1 000 亿元到 2 000 亿元之间。笔者认为这应该是一个比较保守的估计，因为“双十一”带来的需求波动要远远大于哈佛研究中的需求波动。这个成本最后由谁来承担呢？应该还是消费者吧。（认真的读者也许会注意到，上述哈佛研究考虑的是渠道促销，而“双十一”做的却是消费者促销。这两者是有区别的。但是不管哪一种促销，它都会引发某些需求的波动，进而带来供应链成本的上升。我们应该承认这里直接使用哈佛的结论并不十分严谨。）

四、结语

从营销的角度来说，“双十一”是非常成功的，这只要看销量的增加就可以了。有趣的是，“双十一”在营销上的成功恰恰给运营埋下了苦果，销量在短时间内的剧增给运营系统带来了巨大的压力，造成了供应链成本的上升。

那么是否有什么办法可以缓解这个压力？办法是有的。比如是否可以考虑延缓送货时间？如果顾客愿意等待多一些时间，或许商家可以提供额外的优惠，这样对运营系统的要求就不会那么集中，生产、分销、流通系统的压力就可以得到一定程度的缓解。还有，2020 年的“双十一”和往年不一样，促销活动不是只集中在一天，而是有所延长，它从 10 月 21 日就开始了。这不仅给了顾客更多的购物时间，做出更慎重的购物决定，同时它也分散了运营系统的压力。另外，像“双十一”这样的购物节也渐渐多了起来，比如“618”和“520”购物节，还有其他各种各样的较大规模的促销活动。所有这些都在一定程度上分散了市场的需求，避免过度集中，这对供应链/运营系统无疑是一个帮助。

总之，营销和运营是企业管理的两个重要组成部分。如果我们只关注营销而不顾运营，久而久之，产品就会失去竞争力，最终也就没有什么营销可言了。从宏观层面看，只关注产业链的终端也是不够的，产业链的上游也十分重要，没有上游哪来的下游？“双十一”是一个营销奇迹，人们都惊叹于它的威力，却很少去注意幕后发生的一切。让我们更多地关注产业链的上游，尽量做到上下游、全链条协同发展。